直伝！釣りたての食卓

漁父・料理人に伝わる釣魚の食べ方

桜多 吾作

目次

1 イセエビ……006
2 マルイカ……008
3 シイラ……010
4 シロギス……012
5 マゴチ……014
6 ハゼ……016
7 イシモチ……018
8 アマダイ……020
9 マダイ……022
10 メバル……024
11 メゴチ……026
12 アナゴ……028
13 マダコ……030
14 イワシ（シコ）……032
15 マルソーダ……034
16 ベラ……036
17 イイダコ……038
18 イトヨリ……040
19 アカボラ……042
20 アオリイカ……044
21 シーバス……046
22 アイナメ……048
23 ホウボウ……050
24 カレイ……052
25 クロダイ……054
26 ハナダイ……056
27 イナダ……058
28 カジキ……060
29 タチウオ……062
30 カワハギ……064
31 スミイカ……066
32 ヒラメ……068
33 アコウ……070
34 オニカサゴ……072
35 サワラ……074
36 コノシロ……076
37 シマガツオ……078
38 メダイ……080
39 カツオ……082
40 シマアジ……084
41 スルメ……086
42 メジナ……088
43 ワラサ……090
44 ウマズラ……092
45 キンメ……094
46 チカメキントキ……096
47 ヤリイカ……098
48 オキメバル……100
49 カサゴ……102
50 マルアジ……104
51 タカベ……106

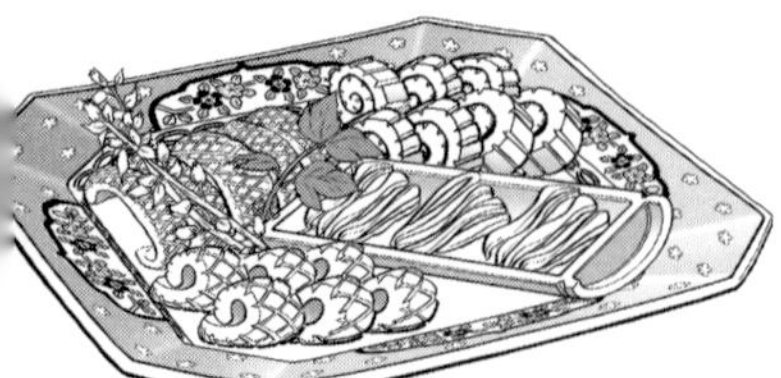

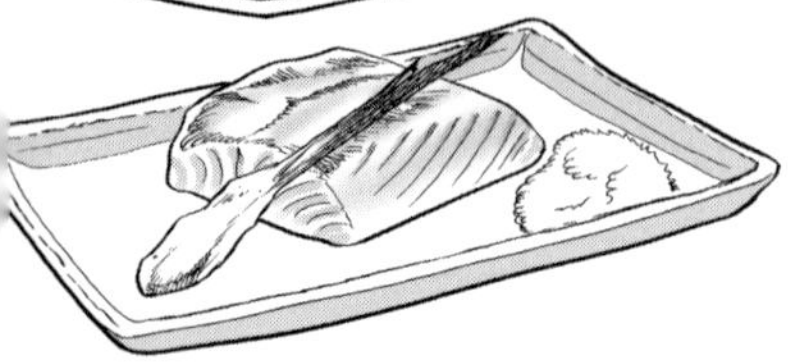

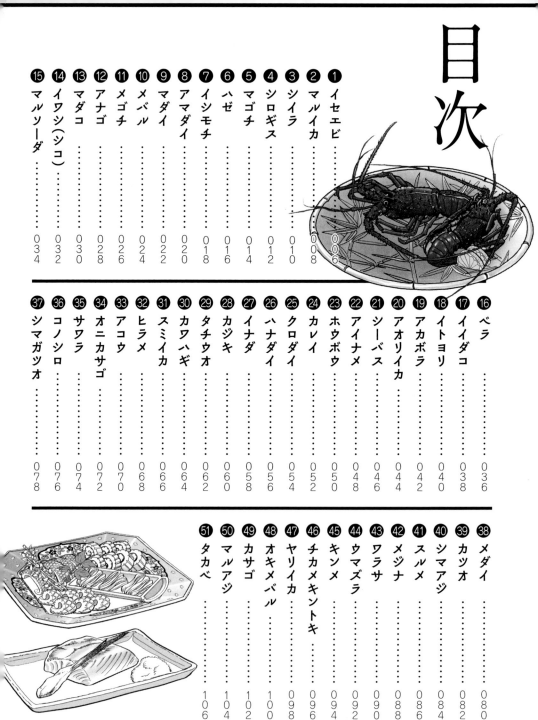

52 サメ……108
53 トビウオ……110
54 ヒラマサ……112
55 マトウ……114
56 カガミ……114
57 スミヤキ……116
58 ドンコ……116
59 ボラ……118
60 イシダイ……120
61 アカムツ……122
62 カイワリ……124
63 ヒメ……126
64 シタビラメ……128
65 アカエイ……130
66 ムギイカ……132
67 マス……134
68 カマス……136
69 カンパチ……138
70 フグ……140
71 オジサン……142
72 ワタリガニ……144
73 サヨリ……146
74 アジ……148
75 グルクン……150
76 アコウ(キジハタ)……152
77 ヒイラギ……154
78 アイゴ……156
79 スズメ……158
80 ネンブツ……158
81 フエフキダイ……160
82 マダイ・2……162
83 クエ……164
84 ブダイ……166
85 マイワシ……168
86 ヒラメ……170
87 マサバ……172
88 ワニゴチ……174
89 ハチビキ……176
90 ヒラソーダ……178
91 メジ……180
92 エソ……182
93 オコゼ……184
94 エビ類……186
95 ワカサギ……188
96 マダラ……190
97 キハダマグロ……192
調理器具(包丁)……194
調理器具(ウロコ取り、ハサミ、砥石)……196
調味料(醤油、味醂、塩、酒)……198
保存法(締め)……200
保存法(冷蔵・冷凍)……202
スモーク……204
あとがき……206

まえがき

一般的にどういう魚がいちばん旨いのかといえば、それは「旬」で「天然モノ」の、「釣りたて」の魚であることは言うまでもない。さらに、その釣りたての魚をいちばん美味しく食べる方法を知っているのは、日々魚を扱う漁師たち、料理人たちだ。

本書は月刊『ボート倶楽部』（舵社）誌上に連載されていた『直伝！ 釣れたての食卓』コーナーをまとめたものだ。無類の釣り好きであり、料理好きでもある漫画家・桜多吾作が全国を釣り歩き、地元の漁師や料理人から聞きだした極上レシピを描いた。

本書で扱うのは、よく知られている〝本命〟の魚はもちろんのこと、なかには一般的に食べる魚とは思われていないものや、流通量や鮮度の問題から市場には出回りにくい、自分で釣ることによってのみ味わえる魚や調理法もある。

例えば、傷みの速いシイラやイワシ、高級料亭でのみ食べられるハゼやめだいやかいわり、漁獲量の少ないフエフキダイ、あかむつ（ノドクロ）や、外道として捨てられることの多いベラ、アカボラ、ヒイラギ、ヒメなんかも調理法しだいで美味しくいただける。

また逆に、あえて時間をおくことで旨くなるボラや沖メバルやめじ、旬でないからと捨て値で売られるようなカジキやメジナなどの魚を絶品料理に変える方法もある。

魚を釣ってすぐに食べられるのは「釣り人の特権」だ。釣り人漫画家桜多吾作が厳選した、それぞれの魚の〝いちばん美味しい食べ方〟を読者にもとくと味わってほしい！

① イセエビ 伊勢海老

幼生は半透明で普通のエビと見分けがつかない。生殖可能になるのに２年かかり、育つのは遅い。模様が違うので種類を見分けやすい。

わあ～天気予報大外れ～
せっかく昨日泊まりで遠征して来たのにね…
飯くって帰るしかないか～

こんな時には
ぜひ寄りたいのが地元の魚屋さん
うわ～い見た事もない魚が並んでる
それよりもこれよ
伊勢エビ！
100g 中型 600円 小型 400円
でもちょっと小さいわね
30㎝級の立派なサイズは高値で引き取られて行くけど
漁網から外す時ヒゲが折れたり足の取れたやつや20㎝以下のサイズなら激安よ
特にお土産屋さんじゃない
地元の人が買いに来るうちなんかはビックリする位安いのさ
箱にオガクズや木屑を入れてもらって
生きたまま持ち帰る
具足煮
⑤頭を2つに割り大きな物は更に横からも切る
胴は輪切り
⑥水・酒・砂糖を入れ沸騰したらアクを取り淡口しょう油を入れて味を整える
⑦薄切りショーガを入れて火が通ったらOK（煮すぎると硬くなって味も落ちるよ）
みそ汁
⑥水・酒少々を入れ火にかける
沸騰したらアクをすくい
⑦味噌を溶かし入れる
刺身を食べた残りの殻だけでも良い味が出るよ
サンショ焼き
③殻ごと縦に2つ割り背ワタ・砂袋を取り
④金具師を打って身の方から焼く
⑤ミリン・しょう油同量・酒で煮つめたタレを2～3回付けて焼く
⑥粉サンショを好みで振る
小さいのがやりやすいよ

6～8月の産卵期は禁漁　旬は寒い時期だが地域によって禁漁期は多少変わります。

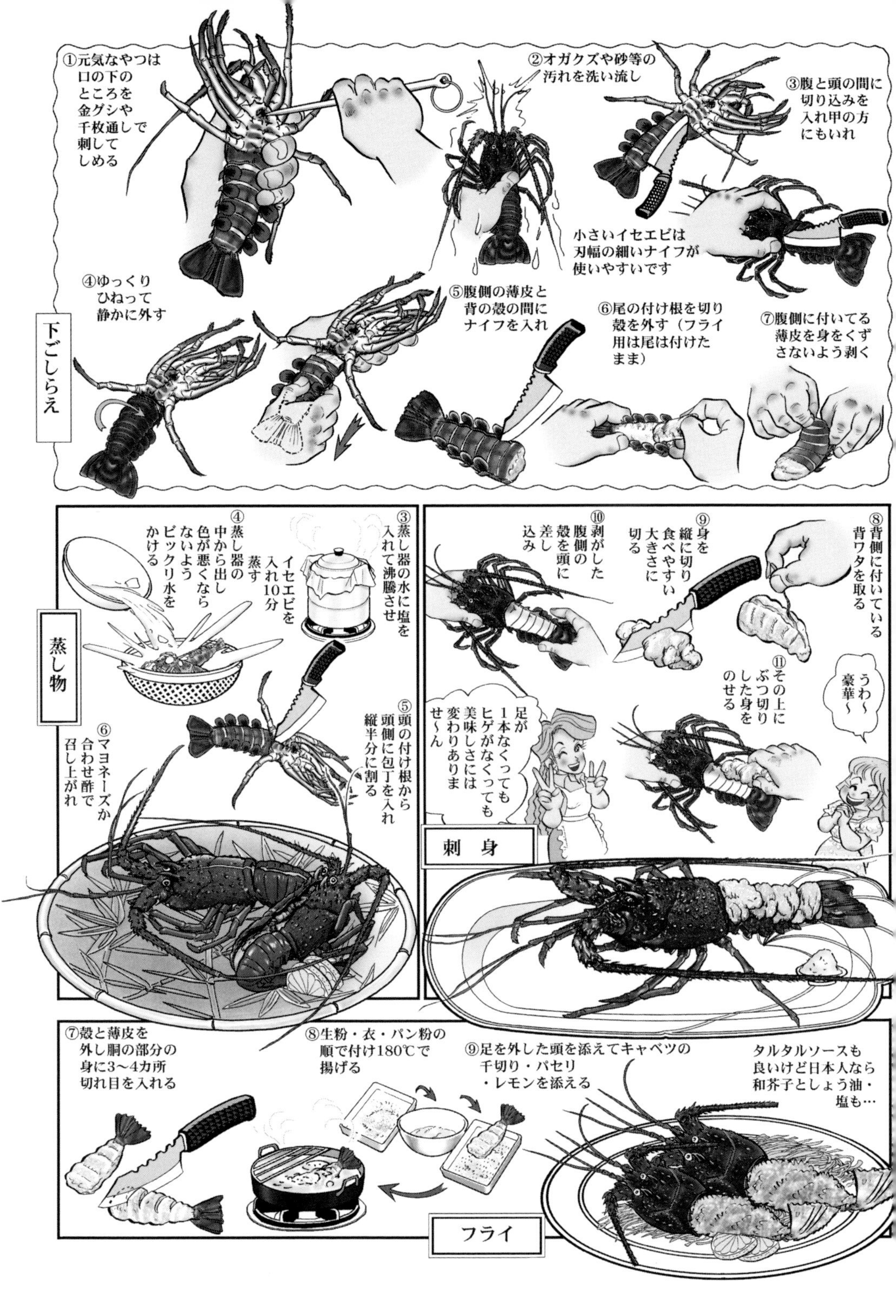
下ごしらえ
①元気なやつは口の下のところを金グシや千枚通しで刺してしめる
②オガクズや砂等の汚れを洗い流し
③腹と頭の間に切り込みを入れ甲の方にもいれ
小さいイセエビは刃幅の細いナイフが使いやすいです
④ゆっくりひねって静かに外す
⑤腹側の薄皮と背の殻の間にナイフを入れ
⑥尾の付け根を切り殻を外す（フライ用は尾は付けたまま）
⑦腹側に付いてる薄皮を身をくずさないよう剥く
蒸し物
③蒸し器の水に塩を入れて沸騰させ
イセエビを入れ10分蒸す
④蒸し器の中から出し色が悪くならないようビックリ水をかける
⑤頭の付け根から頭側に包丁を入れ縦半分に割る
⑥マヨネーズか合わせ酢で召し上がれ
刺身
⑧背側に付いている背ワタを取る
⑨身を縦に切り食べやすい大きさに切る
⑩剥がした腹側の殻を頭に差し込み
⑪その上にぶつ切りした身をのせる
うわ〜豪華〜
足が1本なくってもヒゲがなくっても美味しさには変わりありませ〜ん
フライ
⑦殻と薄皮を外し胴の部分の身に3〜4カ所切れ目を入れる
⑧生粉・衣・パン粉の順で付け180℃で揚げる
⑨足を外した頭を添えてキャベツの千切り・パセリ・レモンを添える
タルタルソースも良いけど日本人なら和芥子としょう油・塩も…

② マルイカ
丸烏賊
春は深い所にいるが、夏は浅い根周りで釣れだす。
やっと釣れた
悪い日にあたっちゃったね～
でも みーんな5～6杯は釣れたんだからパーティーは開けるよ
じゃ早めに戻りますか
あれ?
イカは氷の溶けた水に浸かると白くなってしまうのでビニール袋に入れて別々にして持ち帰るんだけど…
氷
① 家まで近ければ海水に入れたままちょっと時間がかかる距離なら海水をビニール袋に入れて持ち帰る
海水
海水に10分ぐらい漬けて焼く
うっすらコゲ目が付いたら出来上がり丸かじりよ!
時間(日数)のたったものは良く焼いてね
超簡単 丸焼き
マルイカ特有のねっとりした甘みとうっすらした塩味はくせになるよ～
⑥ 酢 大サジ3 砂糖大サジ2 塩 少々で合わせ酢を作る
⑤ 中をきれいに洗う
④ ご飯を炊く
⑦ ご飯が炊けたらボールか皿に盛り合わせ酢をふって
⑧ うちわで冷ましながらまぜる
⑨ 黒ゴマまたは白ゴマ大葉を細かく切ったものをまぜてご飯が冷めたらスプーンで詰める
酢めし 夏はきざみショウガを入れても美味しいよ
④ ワタをはずし目と口を取り足は2～3本に切り分ける
⑤ エンペラや足の水気をふきとる
⑦ 片栗粉または小麦粉をまぶし
160℃ぐらいのサラダ油で

下ごしらえ
① エンペラに手を差し込み
② 皮ごとむしり取る
③ 胴と足の間に指を入れワタと足を抜く
④ 残った皮をむきイカを開く
⑤ ワタをしごくようにこそぎ取る
⑥ 水洗い
マルイカはスミが多いので気を付けてきれいに…ね
⑦ 端を切り落とし半分に切る
⑧ 包丁をななめに使いそぎ切る
刺身　ただ切ったイカを盛り付けてもいいけれど…
ねっとりの甘みを味わいたい人は薄く
歯ごたえを楽しみたいなら厚めね
料理もいろいろあるけど
マルイカはやっぱり生よね～
ちょっと火を通し過ぎても硬くならないのもマルイカの良いところよ
イカってほとんど捨てるところが無いってのが…
あれ…
⑨ 四角に切って
⑩ スジを入れて
⑪ 洗った大葉を巻き付けて
⑫ 適当な大きさ（7~8　幅）に切る
ゴミが出ないのもいいね
縦に細く切るとイカそうめんめん汁でもワサビ醤油でもお好みでどうぞ
他に焼きのりや茹でた春菊などを巻いたり挟んでサンドイッチにしたものも揃うと豪華
⑥ ミリン大サジ1
醤油大サジ2
調味料・コショウ
ニンニク
すり下ろした生姜少々と
卵をとき
10分間漬ける
朝が早かったから…ね
酔いつぶれちゃや～ん
期待させて
ニンニク卵ショウガ等をまぜて揚げるのが夏のスタミナ源…というところね
ゲソのから揚げ

3 シイラ

鱰

万力と言われるくらいパワーのある魚で、ルアーの好対象魚。嫌う地方もあるが、独特の漁法を生み出し、重宝している地方もある。

うは
プラグ飲み込んでる〜
血を流したらリリースしても生きる確率は低いから食べてあげよう
シイラ…って食べられるの？
日本じゃ下魚として軽くあしらう地域もあるけど…
近頃やっと各地で認められつつある魚だよ
40〜70㌢のペンペンシイラは　フライがいい
⑦皮は青臭いから剥いでしまってから適当にブツ切り
⑧塩，胡椒して30分おく
30
⑨ナッツ類を刻んだものと荒びきの白ゴマを用意
⑩小麦粉，とき卵をつけたら
⑪パン粉をまぶしそのまま揚げる
1グループはナッツを
1グループには
白ゴマをまぶす
⑫170℃くらいの油で揚げる
マーケットなんかではだいぶ以前から沖サワラなんて名で売られていたよ
黒い点があるわ
不当表示!?
まずいの？
いやハワイではマヒマヒ料理として重宝されている魚だよ
じゃ刺身も
釣ってから2日目までは……ね
？

フライ 三触揚げ

刺身は2～3㌔以上の魚はおいしいよ
下ごしらえ
①ウロコをこそぎ取る
②エラの上と下の付け根に包丁を入れてエラを取り
③尻ビレの手前まで切り込みを入れてワタを抜く
④エラのすぐ下から斜めに切り込みを入れ頭をはずす
⑤中骨にそって包丁を入れ
⑥身をはずす
注 包丁が中骨まで届かないような大きいサイズはヒラメのように真ん中から切り分け5枚おろしにする
⑦皮を引く
大きくってやりずらかったらサクにしてからやると良い
⑧食べやすい大きさに切る
身の薄い魚だから腹身でトロを取ろうとしてもダメ腹」は小骨をとり塩焼き
⑨塩をふって30分ぐらいおく
下は身から出た水につかないように
ワサビじょうゆもいいけど
沖縄の漁師風に酢じょうゆなんてのもいいよ
漂流物に付く習性があるから死人食いとか言われて嫌う地域もあるけど
⑨身がバリバリと硬いから切れる包丁で薄くそぎ切り
刺身
⑩七輪に火をおこし火が落ち着いたら焼く
塩焼き
美味しいじゃない
成分表で見ると水分はキハダマグロとそれほど変わらないのに…
シイラは時間がたつと身から水が出てくる
食べきれず三日以上たった魚はフライやバター焼きがいい
⑨カタクリ粉をまぶし
⑩バターで両面キツネ色に焼く
バター焼き
フライは水分があるためにホックリ感を残してジューシーに仕上がるし…
バター焼きはバターの塩分が油分と水分を吸い出してくれるせいか意外にさっぱりとおいしい…し
でもリリースが基本の魚ですから
残念!

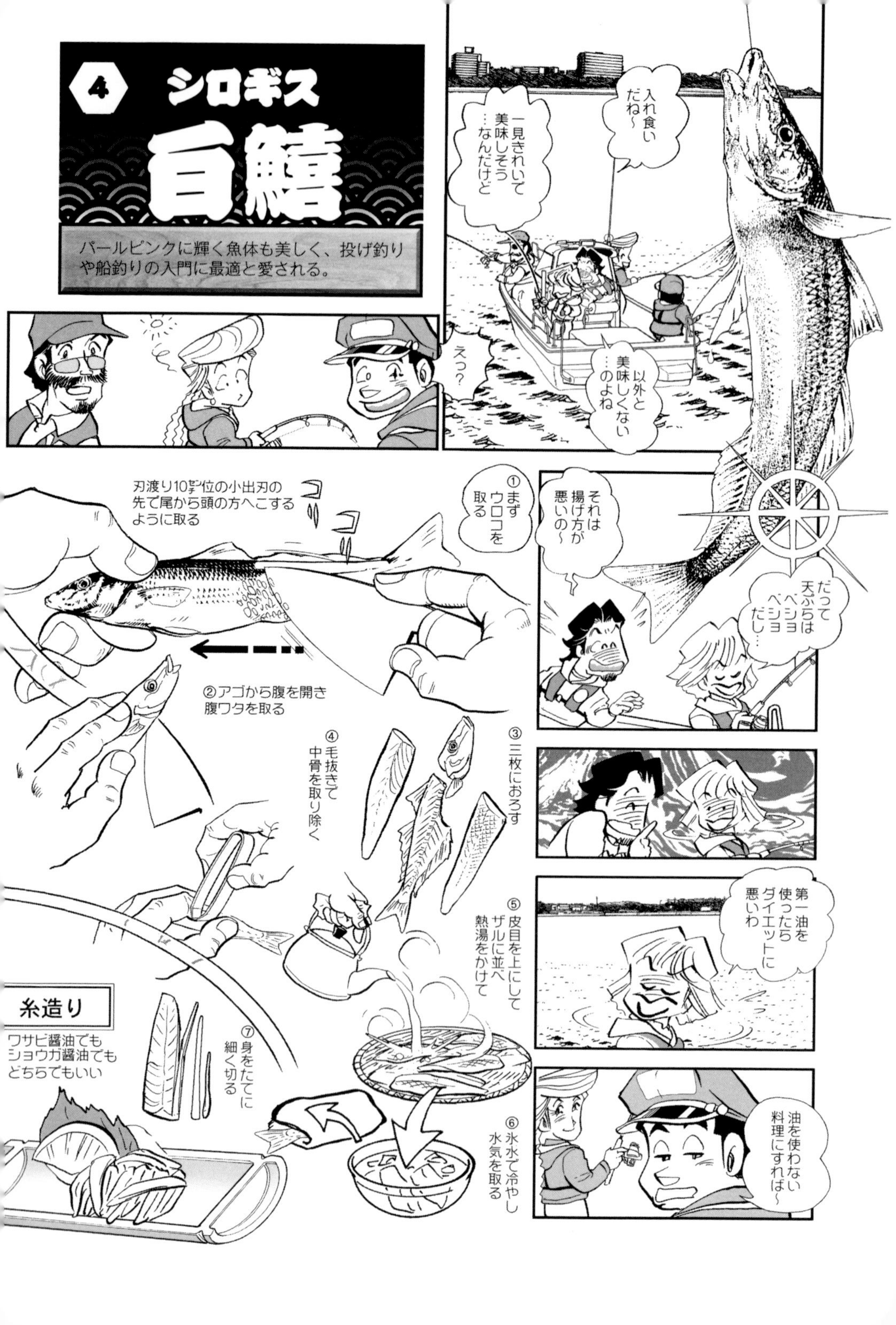
4
シロギス
白鱚
パールピンクに輝く魚体も美しく、投げ釣りや船釣りの入門に最適と愛される。
入れ食いだね～
一見きれいで美味しそう…なんだけど
以外と美味しくない…のよね
えっ?
それは揚げ方が悪いの～
だって天ぷらはベショベショだし…
第一油を使ったらダイエットに悪いわ
油を使わない料理にすれば～
①まずウロコを取る
刃渡り10センチ位の小出刃の先で尾から頭の方へこするように取る
コ
コ
②アゴから腹を開き腹ワタを取る
③三枚におろす
④毛抜きで中骨を取り除く
⑤皮目を上にしてザルに並べ熱湯をかけて
⑥氷水で冷やし水気を取る
⑦身をたてに細く切る
糸造り
ワサビ醤油でもショウガ醤油でもどちらでもいい

③頭を取って腹開きにする
④醤油1 ミリン1 お砂糖少々の汁に20分漬ける
⑤干し器に並べたら白ゴマの炒りゴマを振りかけ
⑥日の当たる所に半日干す
寒い日や乾燥している日は失敗しないよ
以外と乾きが悪いから触ってみてペタペタくっつかなくなったらできあがり
ミリン干し
さっとあぶったやつはおかずにも良いし
お酒のつまみにもさ～いこう
小さめのシロギスはこれが無駄なくいいね
③皮をそいで
④てきとうに切ってたたく
⑤アサツキみじん切り（なければ長ネギでいい）と味が付く程度のミソを混ぜたたく
食べるときはお醤油をちょんと漬けて
信州みそ
これも酒が進むよね
沢山作って余ったら…オーブンで焼いたりホイルに包んで網で焼いても良いし…
フライパンに油を引いて焼くと魚風ハンバーグ?
2日目に焼く時は少しすりショウガを加える
みそタタキ
⑦食べやすい大きさに切る
⑧酢大さじ5 サラダ油大さじ6 コショウ少々 レモンの輪切り…でドレッシングを作る
⑨玉ネギ ニンジンを千切り ピーマンの輪切りと魚を合わせ20～30分漬ける
⑩レタス・大葉を皿に敷きマリネを盛りつけてできあがり
ドレッシングを工夫することで和洋折衷のオードブルサラダにもなるし、冷蔵庫に入れておけば数日持つから作り置きして置いても良いわよ
マリネ
シロギスが美味しいのは産卵前
4～6月がさ～いこう…だね
あ～思い出しただけてヨダレが…
皆さん自慢げにおっしゃいますけど
本当に料理してらっしゃるの?
作ってみせようか
私の魚でお願い～
ワナにはまった
この間50数匹ほとんど友人の奥さんに料理してもらっちゃった

5 マゴチ
真鯒
見た目はグロテスクだが、その味わいの良さと、釣りの面白さで人気が高い。
やった～
やっといいのが釣れた
このトゲキケン
今日は30センチ以下のチビば～つかりだったもんね
大きいのは1匹あれば刺身に十分よ
マゴチの骨はこんな風になっているからちょっとたいへん
釣れたのは女性ば～つかりよ
お疲れさまお腰お揉みいたしましょうか
…と言うわけでいつもどうりの和気あいあいの晩餐となりまして…
30センチぐらいの小さいやつは
⑦アラ（頭など）に塩をふって水洗い
⑧鍋に水をはり中骨などのアラを入れてコトコト煮るアクは丹念に取ること
⑨ゆで上がったらアラや骨を取り除く
⑩少量の身を入れさっと煮る
⑪そうめんをゆでる
⑫味をととのえた汁に（麺つゆで割っても良い）そうめんをを入れるとにゅうめんの出来上がり暑い時は水で冷やした冷たいそうめんも美味しいよ
にゅうめん＆夏はそうめん
⑦2～3センチにぶつ切りにして
⑧塩・コショウをして30分おく（この間に大物を片付けるとよい）
⑨片栗粉をまぶし180℃くらいで揚げる
⑩熱いうちにたっぷりのレモン汁をかけて召し上がれ
から揚げ
そうめんは夏の味覚だよね
あっ一人たけ…

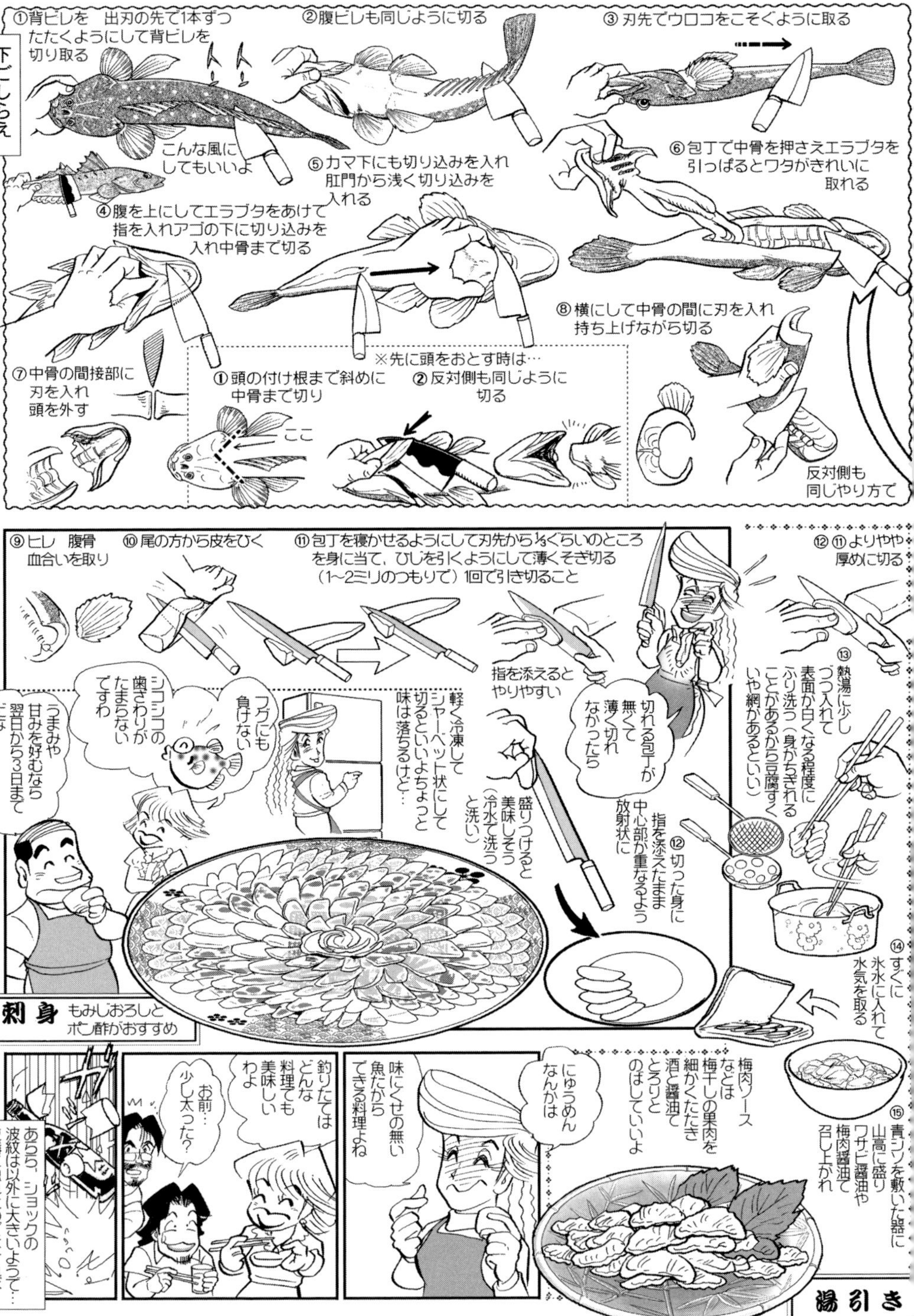
下ごしらえ
①背ビレを　出刃の先で1本ずつたたくようにして背ビレを切り取る
こんな風にしてもいいよ
②腹ビレも同じように切る
③刃先でウロコをこそぐように取る
④腹を上にしてエラブタをあけて指を入れアゴの下に切り込みを入れ中骨まで切る
⑤カマ下にも切り込みを入れ肛門から浅く切り込みを入れる
⑥包丁で中骨を押さえエラブタを引っぱるとワタがきれいに取れる
⑦中骨の間接部に刃を入れ頭を外す
※先に頭をおとす時は…
①頭の付け根まで斜めに中骨まで切り
ここ
②反対側も同じように切る
⑧横にして中骨の間に刃を入れ持ち上げながら切る
反対側も同じやり方で
⑨ヒレ　腹骨　血合いを取り
⑩尾の方から皮をひく
⑪包丁を寝かせるようにして刃先から⅓ぐらいのところを身に当て，ひじを引くようにして薄くそぎ切る（1〜2ミリのつもりで）1回で引き切ること
指を添えるとやりやすい
⑫⑪よりやや厚めに切る
切れる包丁が無くて薄く切れなかったら
軽く冷凍してシャーベット状にして切るといいよちょっと味は落ちるけど…
フグにも負けない
シコシコの歯ざわりがたまらないですわ
うまみや甘みを好むなら翌日から3日までだな
盛りつけると美味しそう（冷水で洗うと洗い）
⑫切った身に指を添えたまま中心部が重なるよう放射状に
⑬熱湯に少しづつ入れて表面が白くなる程度にふり洗う（身がちぎれることがあるから豆腐すくいや網があるといい）
⑭すぐに氷水に入れて水気を取る
刺身　もみじおろしとポン酢がおすすめ
⑮青ジソを敷いた器に山高に盛りワサビ醤油や梅肉醤油で召し上がれ
梅肉ソースなどは梅干しの果肉を細かくたたき酒と醤油でとろりとのばしていいよ
にゅうめんなんかは
味にくせの無い魚だからできる料理よね
釣りたてはどんな料理でも美味しいわよ
お前…少し太った？
あらら，ショックの波紋は以外に大きいようで…逆鱗に触れたのでなければ良いのですが…
湯引き

6 ハゼ 鯊

親子で楽しむファミリーフィッシングの王者。ビギナーでも釣りやすいが、ハマると奥が深いのは他の釣りと同じ。

おっ
18cm級の良型だ
洗いにできるぞ
ハゼも洗いで食べられるんですか?
ハゼは洗いの中でも特別さ
う〜む
知らないのもムリはないな元々料亭や高級割烹でしか食べられないから…ね
生きているハゼじゃないと作れないから
これに入れて
こんな平らなタッパに?
ハゼは水に入れるとハゼの体からはがれたヌルを食べて死んでしまうから洗いに出来るような16cm以上のハゼは水を入れない浅いタッパに並べて持ち帰る
ハゼの美味さを知っている釣りのベテランはこんな手桶を用意してくるよ
バケツの水の中で死んだハゼは白っぽくなって見た目にも不味そうだよ
ハゼは水が無くとも1~2時間は元気だし
家に帰った頃でも半分は生きているまた、死んで間もないハゼは洗いに使えるよ
小さめのハゼは保存用
①ハラワタとエラを取る
エラからフォークの2本にエラとワタを巻き付けて取る（壺抜き）
少しでもワタが残るのが気持ち悪い人は腹を切って出す
②水洗いし半日程干す
ザッと水洗いしたら
おっとと
生きているハゼは暴れて滑りやすいので気を付けてね
③強火の遠火で素焼きにする
④タコ糸をエラから口に入れ15～20匹通し
⑤風通しのいい所で白い粉がふく状態になるまで数日干す
5~6人前のみそ汁で2匹そのままダシ用に使っても良いし
鍋に竹の皮を敷いてたっぷりの水で煮もどし正月の甘露煮などにも使えます
晩秋から冬は卵を持っているハゼも多いよ
(a)薄皮を切って沸騰した煮汁でサッと煮る花煮か!
(b)塩を振って
水分を切り一晩冷蔵庫に入れると固まってカラスミ風になるよ

下ごしらえ
①頭を小出刃でおさえ
②持ち替えてエラの所をおさえて
③頭をおとす
ざんこく～
④ 尻ビレの所まで腹を切り包丁の先でワタを出す
⑤中骨に沿って包丁を入れる
⑥三枚におろす
新鮮なうちは中骨が金色に輝いているよ
⑦黒い腹膜と腹骨ごと削ぎ取る
⑧尾と皮の間に切り込みを入れ
小さくってやりにくい時は尾の方をおさえて削ぎ切る
天ぷらににするときは
⑥身を三枚に切り離す
⑦反対側も同じようにやったら尾の付け根で中骨を切る
⑨尾の皮をおさえて小出刃をまっすぐ立てて、包丁をずらすと身はペロリとれる
⑩氷水でサッと冷やし水気を切る
⑪器にロックアイスを盛りその上に身を並べる
飲んで談笑している間にトロ～リと粘液がにじみ出てきます
それがお肌若返りの元！コラーゲンなのね
口に入れた時はヌルっと感じるけど噛むとコリっとして
うっすらと甘みがありなんとも言えない味だね
⑫ショーガ醤油で召し上がれ
マハゼの洗い
これって料亭だと幾らぐらいするの？
一切れ千円ぐらい…かな
ひえええスーパーの天ぷら用ハゼなら1パック百何十円なのに～
200円
いくつ食べた？
私10切れ以上食べたわよ
ちょっとは贅沢な気分を満喫できたかな
…って
こんな事を言ってるようじゃ本物のリッチとは程遠いわな
違いねえ

7 イシモチ
鮖
近種にニベなどがいるが、ほとんど区別されることなく扱われている。これの燻製は最高。
うわ〜大きい
35㎝級刺身にできるぞ
イシモチの刺身なんて聞いた事もないわ
うんムリもないよ
ハゼの時もそんなこと言ってたね
イシモチの美味さが知られてきたのはまだ10〜15年ぐらいだから
新鮮な魚を豊富に扱う築地市場に勤める人が何故かイシモチの乗合船の出る季節になるとセッセと通って来るのを不思議に思った人が尋ねたら…
?
白身の魚は赤身の魚に比べて身持ちが良いと言われるけれど例外もあってマダラやイシモチは鮮度が落ちるのが早いので刺身は釣った人の特権だそうだその人は自分で刺身を食べたい一心で釣りの来ていたんだそうだ
そう言えば刺身用って言うのはスーパーでは見かけないね
保存の為塩をした鍋物用か焼き物等の熱を通す料理用だろ
しかも、刺身で食べるためには忘れちゃいけない事がある
釣り上がったら直ぐハサミでエラの下に有る丸い心臓を切って海水を入れたバケツの中で放血させる
エラがきちんと切れてないと何時までも生きているよ
血が抜けたら氷と海水を入れたクーラーで保存する
沢山釣れたら
⑤20㎝以下のイシモチは頭をおとす
⑤ちょっと大きめは腹を開き
⑥頭を割る
⑦残っている血などをきれいにする
⑧塩が少し残るぐらいの塩水に10分漬ける
次回作る時の為に塩水の濃さ漬けた時間をキッチリ覚えておくこと
塩辛〜
サバのような油のある魚は1時間漬けてもしみないよ
直接塩を振ってもできるよ
30㎝以上離すと平均的に塩が付きやすい
この方法は塩辛くなりやすいので塩は少な目に
⑨風の当たる所で半日干す
小さいやつは丸干し
午前中に干した時は夕方まで干すと湿気がもどってしまうわよ
※天候の悪い時は開いた魚を冷凍にしておき

下ごしらえ
①ウロコを包丁でこそぎ取る
鮮度の良い大きいイシモチはウロコを取ってからまたヌルがしみ出すから
沢山出るときは塩をまぶして水洗いしてからワタを取ってね
②エラのつけ根を切って
③腹に包丁を入れワタをかき出す
④水洗いし中骨周りの血合いもきれいにこそぐ
⑤背骨に沿って包丁を入れ3枚にする
⑥腹骨をすき取り皮を剥ぐ
※皮にまだヌルがしみ出すようなら⑦マナ板を洗うか別のマナ板で薄切り
たたき
⑦ややラフに切った身を細切れしたたく
⑧身の量の1/4～1/5のミソを加えてたたく
信州
⑨最後に（水が出るから）みじん切りのネギを混ぜる
イシモチハンバーグ
残ったら…⑩フライパンで焼くと
ミソ汁
⑩小鍋に入れ熱湯をそそぎ
⑪一煮立ちさせれば
刺身
⑧器に並べワサビ醤油などお好みで召し上がれ
うむ
これから冬になるとけっこう油が乗ってくるよ
この丸干しは上下から押すと身がホクッと離れるわね
イシモチは沢山釣れるから保存に困っていたんだけど干物にする事で冷凍も利くし…干物って万能ね
20㎝級の丸干し
干物
天気の良い日にうす塩の水に漬けてもどして干す
⑩ペタペタくっつかなくなったら出来上がり
干したやつの唐揚げなんてのも絶品よ
⑪1枚ずつくっつかないようにして冷凍保存
ラップ
家庭用は1ケ月が限度
このタイプはけっこう保つ
食べる時は冷凍のままこんがりと焼く

⑧ アマダイ 甘鯛

関西では昔からグジと呼ばれ重宝されたが、関東では海のゴミなどと言われた時代もあった。

鍋物

①魚をぶつ切り
②水 カップ5
　うまみ調味料 小サジ½
　塩 大サジ1
　醤油 小サジ1
③魚とシイタケ 5〜6個を入れ 5分煮る
④野菜を入れる
　白菜 ¼
　エノキ 1巻
　シメジ 少々
　春菊 5〜6枚
　長ネギ 2cm切り 2本分
⑤煮えたら味を見て塩辛かったら水をさす
⑥塩ゆでし花形に切ったニンジンを添える

下ごしらえ

①ウロコを取る アメリカ製のプラスチックウロコ取りやウロコに食い込むこの形ならウロコを取りやすいけど
②エラと一緒にワタを取る（中骨に付いている血合いも取る）
③水洗いし水気を取る
④斜めに頭をおとす
⑤中骨に沿って包丁をいれ三枚におろす（裏表半身ずつ）
⑥薄ピンクの皮が付いているようエラブタを開いてエラを上下切る
⑦尻穴から包丁を入れアゴまで切る 中骨に身をタップリへたくそにおろす事

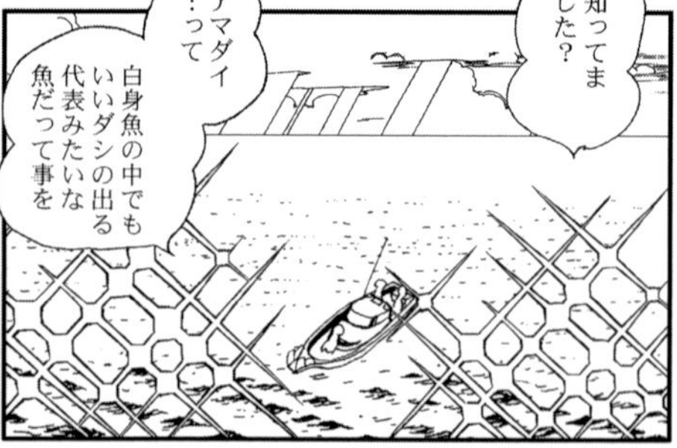

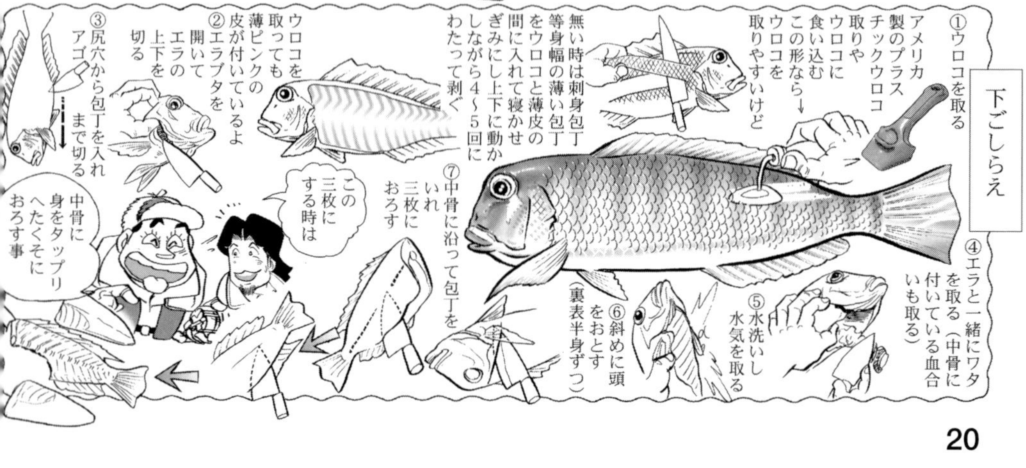

関西で有名な『一汐グジ』風なんかも美味いよね
⑥開いて水気を切って
⑦塩をかるくふってなじませるために酒を霧吹きで吹きかけ1時間半ぐらいおいたら
※たて塩（海水の塩分濃度と同じ程度の汁）8に酒2の付け汁なら小ぶりな魚20分良型30分漬けてでもいい（この時はウロコは取らない）
8
2
⑧日なたに8時間干す
⑨さっとあぶって食べる
ひらき
やっぱりアマダイは焼き物が良いよな～
幽庵焼き
⑫ある程度焼けたら醤油・ミリン（同量）酒少々のタレを3回ほど掛けながら焼く
⑪火が通るまで遠火で焼く
レンガ等
⑩金串に魚とシイタケ・ゆずを乗せ上から金串で押さえる
エビ
ユズ
⑨大根を角切りし金串を刺す
7cm
10cm
⑧適当な大きさに切って
茶わん蒸し
⑧腹骨・中骨を取る
⑨塩と酒を振りかけておく
⑩卵をときダシ汁 カップ2 塩 小サジ1 醤油 小サジ½を加えよく混ぜる
⑪フキンでこす
⑫アンを作る ・だし汁 1½カップ ・塩 大サジ⅔ ・醤油 小サジ½ を煮る
⑬カタクリ粉大サジ1を同量の水で溶きショーガのしぼり汁を2～3滴おとす
⑭4等分にして魚も入れる（フタはしない）
寒い日にはこれよ
⑮蒸し器のフタをずらし強火で3分
⑯表面がかるく固まったら茶わんのフタをして水加減をなおして15分
⑰アンを掛けて木の芽を添えて出来上がり
4人前 小1匹
なんかお酒のつまみばーっかりね
お酒に良く合うんだよ
美味しい話は釣らなくちゃできないわよ
うう
昔は海のゴミなんて言われるぐらいに釣れたんだがな…
中骨のおつまみ
⑧中骨に軽く塩をふって
⑨キツネ色に焦げ目が付く位に焼いて出来上がり
好みでレモン汁をかけて熱いうちにめしあがれ
あ～思い出しただけでヨダレが…
昔…って
う～ん25年ぐらい前…かな
うう～ん
環境変わってんですよ
このポイント大丈夫?

9
マダイ
真鯛
ピンクに輝くその姿から、一番重宝されてきた魚。そのためマダイ百珍と言われるくらい料理法も多い。
どうしたの？
マダイのお刺身…ですよ
……
アラ…は？
あ
べしょ
？？
まだ台所…
ダダ
ダ
ほっまだ捨てられてなかった
日本人に愛されているマダイは料理も数え切れないぐらいあるけど
ピンクできれいで見てくれの良い
魚の女王様みたいなもんだから
ちょっといい形ならそれなりに気どってやらなくっちゃ
しかも…あららウロコバシバシ飛んでる
あとで大変夏なんか部屋ごと捨てたくなるわ…
冬でよかった？
そーゆう話か？
下ごしらえ
①ウロコを取る
ウロコが硬く飛び散りやすいんで
大きめのビニール袋の中などでウロコを落とすといい
②頭の付け根から胸ビレの下に向けて切り中骨の所まで切り込んでいく…
30㎝程下の魚はこの方法ではやりにくいからエラとワタを先に取る
③手で腹身（下身）を持ちあげながら中骨と身をはなす
④魚の向きを変えて中骨に沿って包丁を入れ上身と中骨を切り
⑤エラの付け根からワタを切り離して取る
くりかえして3枚におろす
⑥残った内臓の部分をきれいに水洗いしふき取る
⑦片身の腹骨を包丁でおこし
おこした所から腹骨をそぎ取る
⑧小骨の多い真ん中は切りはなす

姿造りを作ろう
①つま楊枝を半分に折り
胸ビレの付け根に
刺し胸ビレを
立てる
②尾ビレも
指でつまみ
同じように付け根に
つま楊枝を
刺し立てる
③大根に
竹串を
刺し
④頭と尾の下に
おき
かっこよく
なるよう
整えてから
固定する
⑤中骨の上に
大根のツマを
ひき
⑥その上に
身を並べて
出来上がり
※頭を切ってしまった魚や小さい魚は
大根の斜めの台だけでもいい
ツマ
ダイコン
⑨皮を
引く
平造り
⑩節取りした身を
高い方を向こう側に
置き包丁のつけねを
斜めに
入れて
切る
薄造り
⑩やや斜めに
身をおき包丁を
ねかせながら
引くよう
に切る…
霜降り造り
⑩ザルの上に皮を
上にしてのせ
ふきんを
かける
⑪皮目に熱湯
をかけて
すぐ
氷水で
ひやし
⑫水気を拭き
取りそぎ
切る
姿造り
雑煮すまし仕立て
材料は
4人前
⑨一口大に
そぎ切り
皮目に
2本ぐらい
包丁目を
入れ
⑩塩を加えた
熱湯にサッと
通す
⑪カマボコを
波形をつけて
4枚に切る
ニンジン
5cmを桂
むきにして
縦に細く切る
ダイコン
2cmを厚めに
皮をむいて
薄い輪切りに
する
⑫沸騰した湯に塩少々を加え
ニンジン、ダイコンを九分通り
柔らかくなるまで
ゆでザルに上げ
水気を切る
⑬ダシ汁、塩、
薄口醤油でタイ、大根、
ニンジン、カマボコの
順で入れ火が通るまで
煮る
⑭もちを
焼き
サッと
熱湯に
通す
⑮ダイコン1枚を
敷き、もち、具、
汁を入れ木の芽を
添える
後で中骨はうしお汁　頭は…
①頭を2つに
切り
②サッと
湯通しして
③器にコンブを
しき、頭を
のせて酒を
ふりかけ
15～20分
蒸す…
カブトの酒蒸し
ポン酢で
めしあがれ
でも
1.5kg級の
マダイ1匹
釣れれば
…でしょ
他にも
タイめしや
サラダ等々
いろいろ
楽しめます
な～
今日は
あなたが
女王さま
ビギナーズ
ラックだよ

10 メバル 鮴

この仲間も種類が多く、浅場の藻周りから深場まで棲息する。浅場の魚は黒く深い所の魚は赤い。棲息エリアで色が違う。

こんばんわ〜
お酒とワイン仕入れて来たぞ〜
オウ
もう支度は出来てるぞ

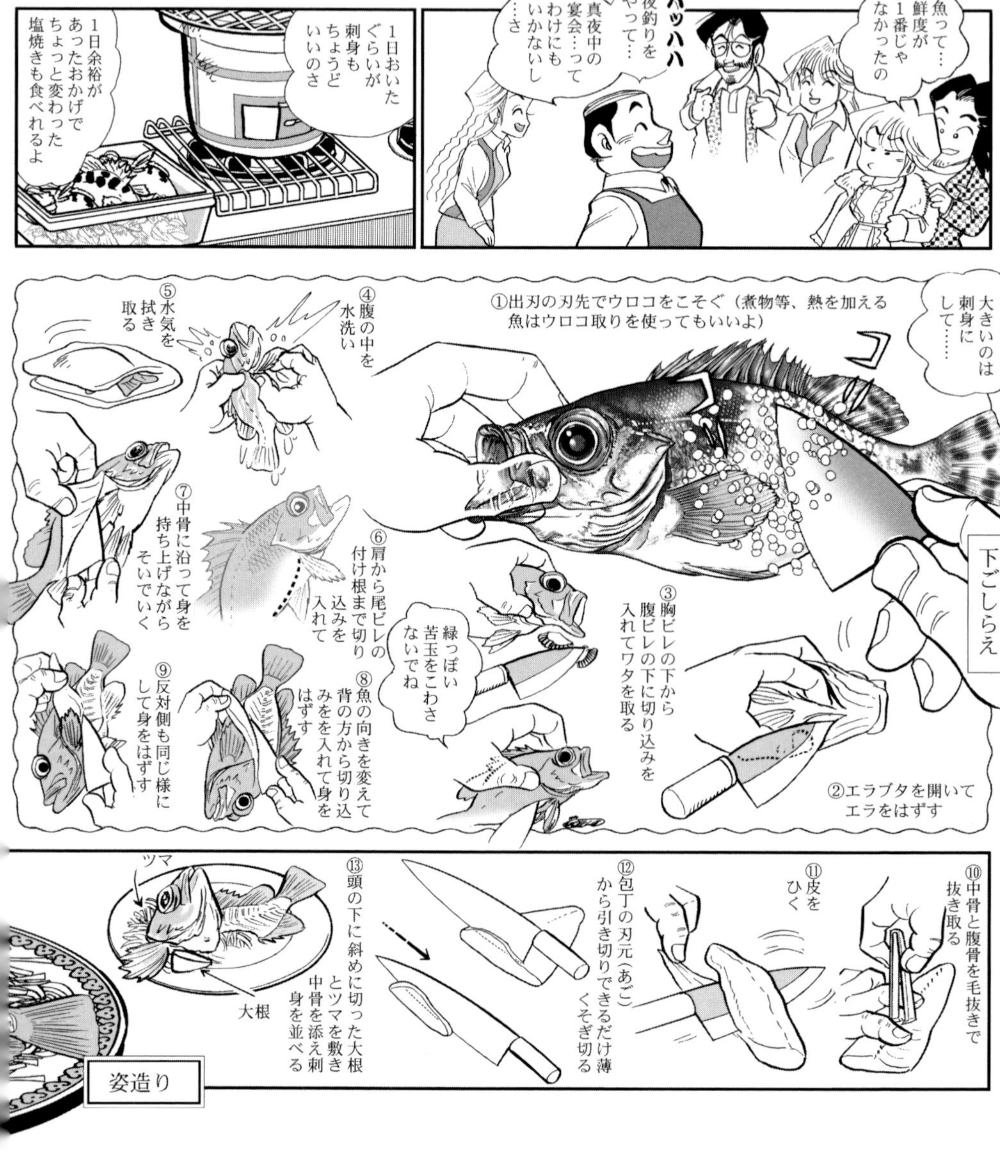

魚って…鮮度が1番じゃなかったの
ハッハハ
夜釣りをやって…
真夜中の宴会…ってわけにもいかないし…さ
1日おいたぐらいが刺身もちょうどいいのさ
1日余裕があったおかげでちょっと変わった塩焼きも食べれるよ
下ごしらえ
大きいのは刺身にして……
①出刃の刃先でウロコをこそぐ（煮物等、熱を加える魚はウロコ取りを使ってもいいよ）
②エラブタを開いてエラをはずす
③胸ビレの下から腹ビレの下に切り込みを入れてワタを取る
緑っぽい苦玉をこわさないでね
④腹の中を水洗い
⑤水気を拭き取る
⑥肩から尾ビレの付け根まで切り込みを入れて
⑦中骨に沿って身を持ち上げながらそいでいく
⑧魚の向きを変えて背の方から切り込みを入れて身をはずす
⑨反対側も同じ様にして身をはずす
⑩中骨と腹骨を毛抜きで抜き取る
⑪皮をひく
⑫包丁の刃元（あご）から引き切りできるだけ薄くそぎ切る
⑬頭の下に斜めに切った大根とツマを敷き中骨を添え刺身を並べる
ツマ
大根
姿造り

⑥飾り包丁を2カ所入れる（15㎝ぐらいと小さい時は1カ所）
※味をしみ込ませる為と、身がはじけるのを防ぐ
⑦長ネギ2本を3～4㎝の長さに切る
⑧酒 みりん しょうゆ 各コップ¾を入れ煮汁を作る 沸騰したら魚を入れる
水は入れないのよー
4人分 20㎝級 4匹
⑨落としブタをして8分
⑩長ネギを入れて2分で火を止め
⑪盛りつける時は魚をくずさないよう…に
釣り人のは鮮度がいいから10分以上煮ちゃダメ コラーゲンがみんな汁の中に出ちゃうよ
煮魚
⑥梅干しをほぐしてスリ身にし
⑦みりん しょうゆ ダシ汁を合わせて魚を入れ
⑧一晩冷蔵庫の中で寝かせる
⑨水分を拭き取り焼く
梅しょうゆ焼き
あら この塩焼き味が付いてる
うまいだろ
これは昨夜から漬けこんだやつ…よ
大型はおろし身を焼く
脂も乗りだしている季節だし
何にしてもうまいよね
20㎝以下の小型は煮付けなどの熱を加える料理が一番ムダなく食べれるよ
身自体があっさりしてるから、
熱を加える料理にしても和、洋、中華をじつにいろんな料理が楽しめるわよ…ね
日本酒をたしなまれる人は
ポン酢や梅酢がおすすめ
飲み過ぎないように
梅酢
①市販の梅肉か梅干しをきざんで
梅肉
②同量の赤ワインか日本酒でとかし好みでしょうゆを1滴
久保田

11 メゴチ 女鯒

ヌルが付かぬよう丁寧に作った刺身は絶品。
ふんわり甘みのある天ぷらは最高。

マメに誘わないからだよ
あ、もったいない
天ぷらなんかシロギスよりうまいんだよ
えー
ヌメリがあってちょっと臭いから嫌われるけど…
そのヌルを取るには砂まみれにすると良い…とか酢洗いにするといいとか言われるんだが…
そもそもメゴチって言うけど本当のメゴチはマゴチなんかの仲間で別にいて
ふだんシロギスの外道なんかで釣れるのはネズッポ科で5~7種をゴッチャに言ってるのよ…
メゴチ
ネズッポ
釣り上がった瞬間に強烈な匂いのやつだけお帰り願って…
他の魚にヌメリが付かないように冷凍庫のビニールパック等に入れて持ち帰ろ
早速野外の天ぷらパーティーとなりまして…
その面倒なヌルも…
ヌルを取らなくても楽で簡単な方法があるんだよね
だから型の良いのは逃しちゃもったいない
まず古新聞を折って
メゴチの大きさよりちょっと大きいぐらいに…8つぐらいに切る
あとはこの上で1匹ずつおろすと
マナ板にヌルもつかず作業も作りやすいよ
①背ビレの付け根から背に沿って背ビレを切り取る
扁平な魚だから安定がいいのでやや押しつけるようにして切る
②首の所まできたら小出刃を立てて中骨を切る
腹皮は切っちゃダメよ
③メゴチをひっくりかえして

⑧尾を切って腹骨を取りそのまま器に盛ってもいいけど
※尾にはヌルが付いているからさわったら注意
大きいものは食べやすい大きさに切る
おろしの途中でヌメリが付いたようなら濃い目の塩水を作り、氷を入れてその中に身を通す
きっちり水を拭き取る
刺身
⑧天ぷら粉をとく
⑨付け合わせのシソやシシトウを140～150℃の低温で揚げる
油はサラダやコーン油等あっさり系よ
ゴマ油をちょっとおとしても
⑩シロギスやメゴチは170～180℃の高温で揚げる
⑪沈んでいた天ぷらが浮いてきて…キツネ色になったら取りあげる
サクっとしてておい～しい～
ほいほいまた上がったわよ
オロシと天つゆもいいけど
塩もいけるね今度教えて
フライやフリッターにしてもいいんじゃない？
おまえ少し太った…
天ぷらは熱いうちに召し上がれ
もっちろん
けっこう食べれちゃう
天ぷら
沢山釣れたら刺身は昆布じめやカルパッチョ…なんてのも変化があって面白いよ
⑫カツオぶしをひと煮たちさせ
⑬アクを取ったらこして
市販のめんつゆなどを加えて暖め熱々のご飯へ振りかけ上に天ぷらを乗せる
天丼
④小出刃の先で中骨をおさえ頭を尾の方へ引くとワタも皮もきれいにとれる
⑤身はトレイや皿に置き、
ワタは新聞紙ごと丸めてゴミ箱へ
⑥①～⑤の作業が終わったら中骨から刃を入れて尾ビレの少し前で止める
⑦ひっくり返して反対側も同じようにして中骨を切り離す

12 アナゴ

穴子

釣って３日くらいはヌルに臭みがないので、白焼きが最高！その後は臭みが出るので甘辛のタレが必要となる。

ウナギサイズ
よいしょ…っと

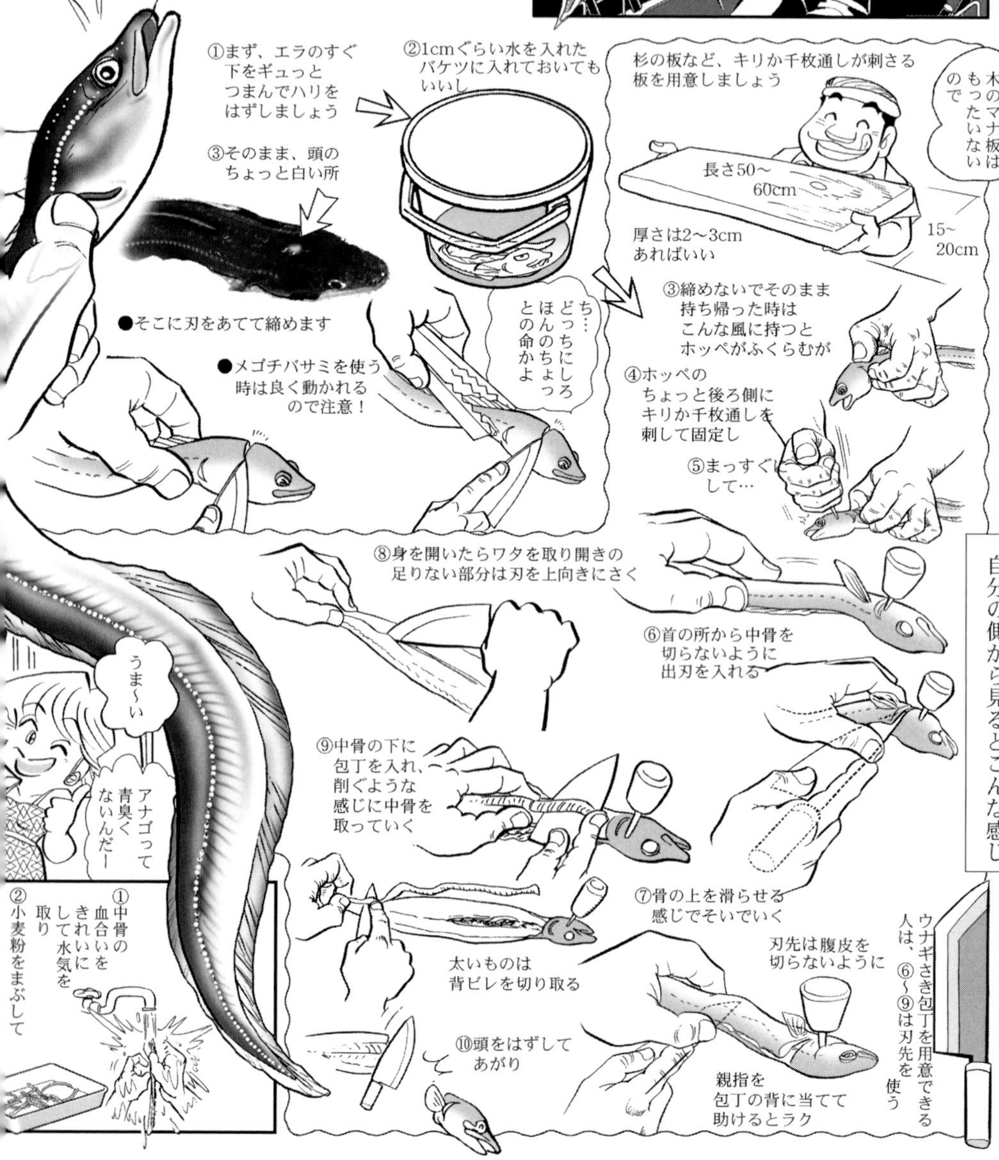
①まず、エラのすぐ下をギュッとつまんでハリをはずしましょう
②1cmぐらい水を入れたバケツに入れておいてもいいし
③そのまま、頭のちょっと白い所
●そこに刃をあてて締めます
●メゴチバサミを使う時は良く動かれるので注意！
ち…どっちにしろほんのちょっとの命かよ
杉の板など、キリか千枚通しが刺さる板を用意しましょう
木のマナ板はもったいないので
長さ50～60cm
厚さは2～3cmあればいい
15～20cm
③締めないでそのまま持ち帰った時はこんな風に持つとホッペがふくらむが
④ホッペのちょっと後ろ側にキリか千枚通しを刺して固定し
⑤まっすぐにして…
⑧身を開いたらワタを取り開きの足りない部分は刃を上向きにさく
⑥首の所から中骨を切らないように出刃を入れる
自分の側から見るとこんな感じ
⑨中骨の下に包丁を入れ、削ぐような感じに中骨を取っていく
うま～い
アナゴって青臭くないんだー
⑦骨の上を滑らせる感じでそいでいく
太いものは背ビレを切り取る
刃先は腹皮を切らないように
⑩頭をはずしてあがり
親指を包丁の背に当てて助けるとラク
ウナギさき包丁を用意できる人は、⑥～⑨は刃先を使う
①中骨の血合いをきれいにして水気を取り
②小麦粉をまぶして

白焼き
1日置いた魚は包丁の背でヌルをこそぎ
塩でもみ洗いし真水で流してから
①身のない尾を少しつめ七輪または焼くアミの大きさに切り
②平串をうつ
③七輪は火が完全に落ち着いてから焼き始める
油が滴り落ちたらゆっくりあおぐこと
鮮度の良いうちは皮目が縮んでくるっと丸まってしまうので
串がない時はアミ2枚でサンドイッチ
こんな工夫がいるのです
④程良く焦げ目が付いたら熱いうちに金串を回しながら抜き取る
岩塩などで食べるのがおすすめ…だけど好みでワサビ醤油やレモン汁ポン酢、モミジおろしでも
アナ川鍋
①4人前8本のアナゴに大サジ1の酒を振り10分おく
②熱湯を皮目にサッとかけ生臭さをとる
③ゴボウをささがきに(150〜200g)して水に入れてアクを取る
④だし醤油1カップみりん½カップを煮立て、アナゴを3〜4分煮る
⑤浅鍋にゴボウを敷き食べやすい大きさに切ったアナゴを上に並べ煮汁をかけて煮る
⑥火が通ったらとき卵を回し入れフタをして半熟程度で火を止める
ははは
好みによっては甘ダレを付けた蒲焼きなんかもいいけど…
鮮度のいいうちは味のうすい料理がいいわね
夏でもこの鍋は食べられるわよ
粉サンショウなどで召し上がれ
青臭いのは古くなった証拠よ
2日以上経って、臭いが出始めたら甘ダレや濃い味の料理ね
酢のもの
①醤油大サジ3に20〜30分浸す
②こがさないよう焼く
③キュウリを小口切りにし塩水につけてしんなりさせる
④ショウガを千切りにして水でさらす
⑤酢カップ1/2 水大サジ4 砂糖大サジ4 醤油大サジ1 酒大サジ1を合わせる
⑥2cm幅に切ったアナゴと水気を絞ったキュウリを混ぜてショウガを散らす
骨せんべい
油170℃ぐらいので揚げる(ダイエットが気になる人は七輪で焼いてもいいよ)
塩、コショウで薄く味付けしてどうぞ

13 マダコ
真蛸

輸入ダコしか食べたことがない人に、釣ったタコを食べさせると、あまりの味の違いにビックリ、やみつきになる。

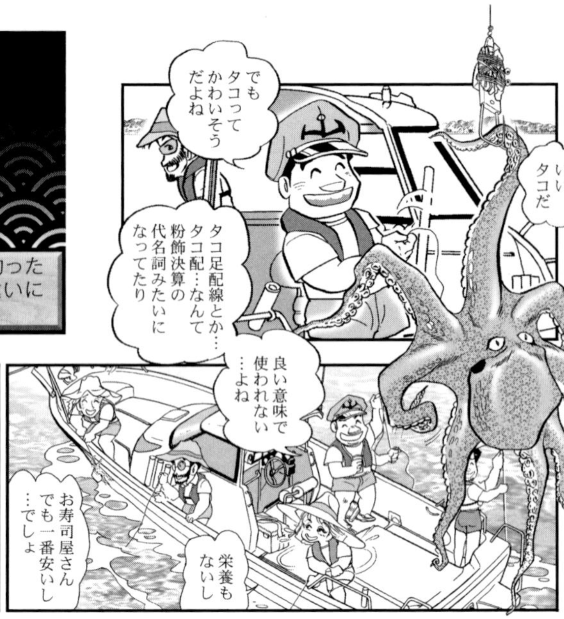
いいタコだ
でもタコってかわいそうだよね
タコ足配線とか…タコ配…なんて粉飾決算の代名詞みたいになってたり
良い意味で使われない…よね
栄養もないし
お寿司屋さんでも一番安いし…でしょ

ひょっとして…
変な事言った…？

下ごしらえ
①口（漏斗）についている内側のスジを切り
この部分
②頭（胴）をひっくり返す
③他のスジも切りながら墨袋をやぶらないようワタを取る
宇宙人みたいっしょ
白いカタマリがあったらラッキー卵だから煮て食べよう
沢山あって面倒な時はそのまま1杯ずつチャック付きの袋に入れて冷凍
④塩を手ですくって降りかける
え…科学塩だと塩辛さだけが残ります
⑤足1本1本頭の裏なども もむ…
風呂上がりのキチキチ感がでたらOKよん
冷凍したタコは自然に溶かして塩大さじ2杯ぐらいでヌメリを取る
タコはかなり長持ちするよ
高血圧などで塩分規制をうけてる方は…
230もあった
あたしゃ300よん
小型のタコ（500g）に対し大根3~5㎝をおろして生ガキを洗うような感じで
ヌメリを取る
⑥よく水洗いし
⑦スカート部の1カ所にスリットを入れる
や〜ん
Hね
⑦ヌメリを取ったタコの足を2㎝ぐらいに切って
サスペンス
太い所は切り込みを入れて
⑧油をひかない熱したフライパンで空炒り
コロ
コロ
これだけでもうまいけど…
もの足りない人はニンニクやショウガ醤油に5分程漬けてから炒めてもいい
から煎り

ゆでる
⑧たっぷりの湯に足からチョンチョンとつけていく
翌日茹でるときは塩をひとつまみ入れる
足が全部丸まったらお湯に沈める
⑨タコを入れたあと再度沸騰したらザルにあげて冷ます
1kg級で1分
500g級で30秒
ゆですぎると皮がボロボロ
頭にハシが刺さるのが茹で上がりの目安
プス
鮮度のいいタコはちょっと生っぽいぐらいがやわらかいし美味しいわよ
ゆでだこ 刺身
⑩薄く食べやすい大きさに切って盛りつける
⑧足を切り取り吸盤の方をマナ板にたたきつけて
⑨吸い付いた足の吸盤と皮をむく
内側の白い皮も取る 足の先と皮はサッとゆでて酢の物にでも…
薄く切って（切れないときは冷凍庫に10分入れシャーベット状にする）これが本当のタコ刺し 湯引きやしゃぶしゃぶにしても良いよ
タコ刺し
甘い
タコって味があったのね
何を言ってるんだ
マーケットに並んでる安いタコとは違うさ
あれはアフリカあたりから冷凍されてはるばる運ばれてくるやつだから…茹でるにしても釘や番茶を入れて誤魔化さないと美味しそうな色に茹で上がらない
明石や江戸前国内のタコは値段だって高くって大抵高級料亭へ消えちゃうのよ
あっさりした味だから栄養がないと思い込みがちなのもわかるけど
タコにはタウリンが多量に含まれていて心臓疾患の人はもちろん肝臓の働き疲労回復視力を増す効果もあり…
さらに特殊な強壮剤もふくんでいる
太平洋戦争の時はタコの煮汁から作ったタウリンを興奮剤として飲ませたんだって
怖じ気づかずに敵艦に体当たり出来るようにって
……
戦争行ったの？
んなわけないじゃないか
じいさんに聞いた話だよ
海の幸のタウリン
平和なら平和なりの楽しみ方ってあるわよ…ね
え…
夏バテの季節でもあるわけだしさ…
ハハハ

14 イワシ(シコ) 鰯

シラスの成長した姿。イワシ類は冷凍すると身が弛んでしまうので、昔はイワシのある寿司屋は高級店と言われた。

アジ狙いなのに イワシば〜っかり
この落ちろ
ジャッ
ジャッ

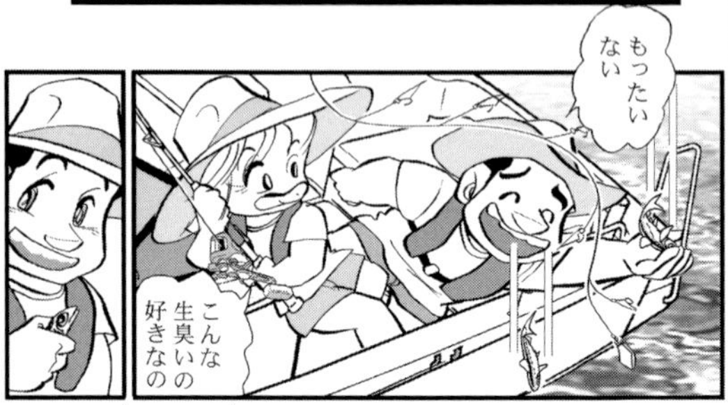

もったいない
こんな生臭いの好きなの

①ウロコを爪でごりごりと落とし
ちょっと手開き
③親指を腹に刺すようにして開き
海水でウロコを洗い
④中骨にそって身をはがす(両方)
②頭を折って取り
⑤尾の所で中骨をちぎり骨をつまんではずし腹骨を取る
え
はい
本当はこれは衣を付けたりのフライ用のやり方なんだけどね
あれ
ぜんぜん生臭くない!
生臭いってのは古くなった証拠なんだよ
あと…煮るとどうしても…ね
生臭みの強い魚ではあるね…な
吾作も30年ぐらい前
メジ釣りの餌食わされておいしさにびっくり…よ
ふつうイワシって言われる魚はそれぞれ旬とされる季節は違うんだけど…
ウルメイワシ(夏)
カタクチイワシ(冬) セグロとかシコとも言う
マイワシ(秋)
点黒が並ぶのでナナホシとも言う
ウルメもカタクチも夏にはボートでも堤防でもどこでも良く釣れるよね
春から初夏までのシラス漁のほとんどはカタクチイワシの幼魚だから…ね
ものすごい数棲息してるってことだよ…ね
よいしょ
よいしょ
2〜3cmの時は釜ゆでし形に入れられて干したのがタタミイワシだし…

自家製 煮干し
①冬なんかたっぷりのお湯を沸騰させて
※アミコマセで釣った場合はお腹だけ出す
②1分ぐらい茹でたらザルに出して天日干し
③夜は家に入れて
チ…
④朝になったら再び干す
晴天なら2日で乾燥
防腐剤なしのニボシだよ
煮干しって防腐剤入ってるの
夏の暑い時に沢山とれるから…ね
高度不飽和脂肪酸が多いんでどうしても脂焼けを起こすから…
夏に作られるニボシは仕方ないんだ
冬にドライブがてら産地の専門店で買って来て酸化しないようビニール袋に小分けして冷凍庫に保存
…でもイワシは
普通ではなじみのない魚…
そんな事はないよ
ピザなんかに使う缶詰のアンチョビはカタクチの塩漬けをオリーブ油に漬けたものなんだよ
あら
不調のアジに代わって主役になったイワシ君たちは
なんと言っても生が良い
刺身
①海水程度の塩水を作り氷を入れてクーラーから魚を出して入れる
②ウロコをこそぎ
③頭の上半分に刃を入れ下に折って内臓も取る
④3枚におろし
⑤腹骨を取る
⑥皮を手で取る
※カタクチは皮付きでもいい
⑦半分に折って皿に盛る
⑧白髪ネギなどを添えてショウガ醤油で召し上がれ
漬け
醤油・酒 各大サジ2〜3ぐらいずつの汁に刺身を10分ぐらいつけ込む
鮮度の良いうちはワサビで匂いが気になるようならショウガ 味が薄いようなら醤油をたらし好みでどうぞ
ウ〜ン どれもほんとに生臭くない
イワシは冷凍すると溶けた時に身がグチャグチャになるから…食べ物としての冷凍はしないから
昔は冷凍できないイワシが置いてあるってのは寿司屋さんとしてもそれなりのお店ってえ格式があったんだが…
便利になって平均化してしまったね

15 マルソーダ
丸宗太

釣りではどちらかと言えば嫌われものだが、
食べ方を知ったら、もう捨てられない。

ヒラソーダなら初期の本ガツオより美味しいからいいんだけど…ね
ビビビ
あ〜ん
マルソーダ

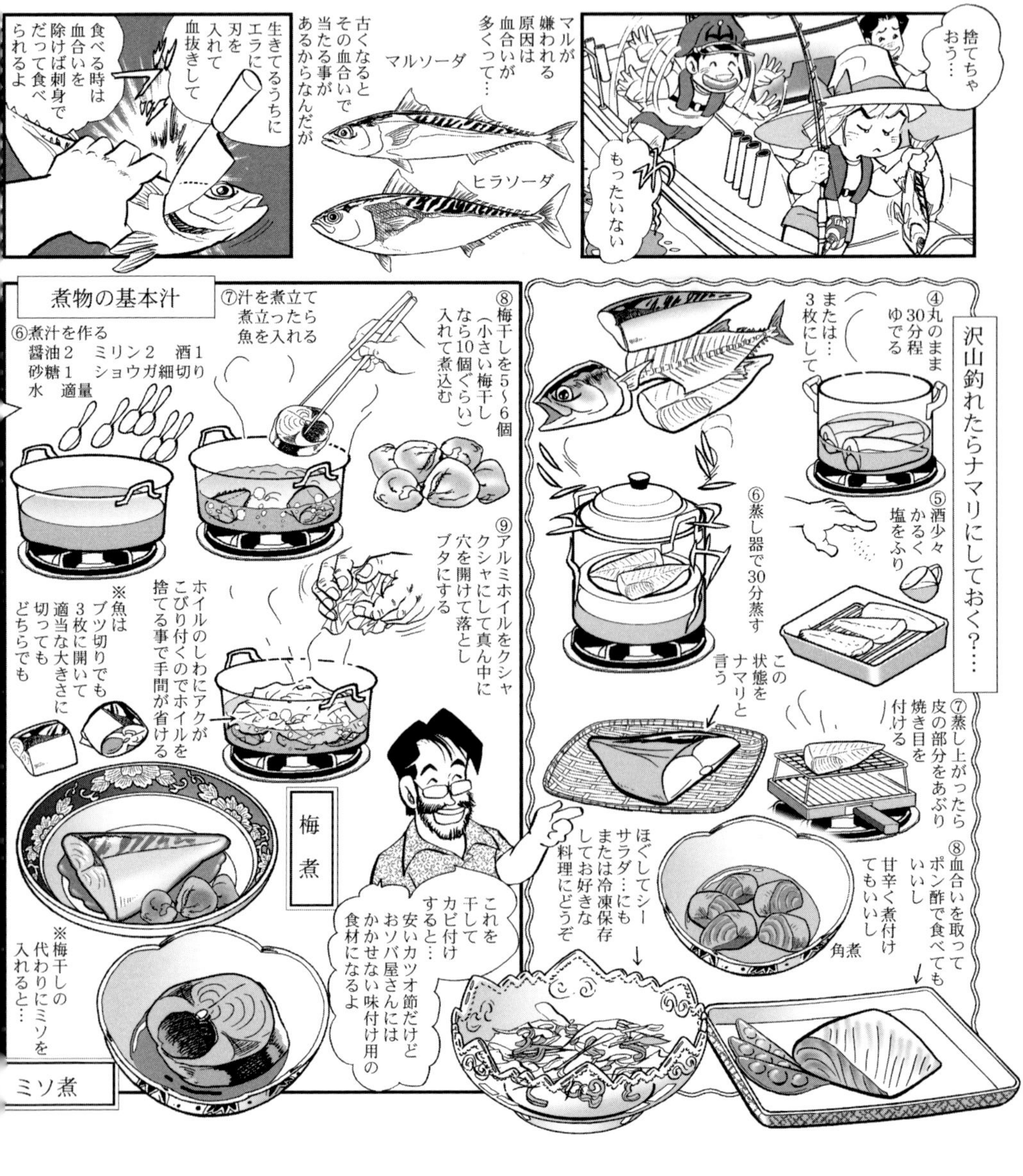

捨てちゃおう…
もったいない
マルが嫌われる原因は血合いが多くって…
古くなるとその血合いで当たる事があるからなんだが
マルソーダ
ヒラソーダ
生きてるうちにエラに刃を入れて血抜きして
食べる時は血合いを除けば刺身でだって食べられるよ
沢山釣れたらナマリにしておく?…
④丸のまま30分程ゆでる
または…3枚にして
⑤酒少々かるく塩をふり
⑥蒸し器で30分蒸す
この状態をナマリと言う
⑦蒸し上がったら皮の部分をあぶり焼き目を付ける
⑧血合いを取ってポン酢で食べてもいいし
甘辛く煮付けてもいいし
角煮
ほぐしてシーサラダ…にもまたは冷凍保存してお好きな料理にどうぞ
煮物の基本汁
⑥煮汁を作る
醤油2　ミリン2　酒1
砂糖1　ショウガ細切り
水　適量
⑦汁を煮立て煮立ったら魚を入れる
⑧梅干しを5〜6個（小さい梅干しなら10個ぐらい）入れて煮込む
⑨アルミホイルをクシャクシャにして真ん中に穴を開けて落としブタにする
ホイルのしわにアクがこびり付くのでホイルを捨てる事で手間が省ける
※魚はブツ切りでも3枚に開いても適当な大きさに切ってもどちらでも
梅煮
これを干してカビ付けすると…
安いカツオ節だけどおソバ屋さんにはかかせない味付け用の食材になるよ
※梅干しの代わりにミソを入れると…
ミソ煮

下ごしらえ
①のどの骨が硬いので逆さにして骨を切り エラブタに沿って頭を落とす
②のどの下の骨を切り肛門まで包丁を入れてワタを出す
③ワタがこわれたら水洗い
④肩口から包丁を入れて中骨に沿って切り離す
⑤刺身で食べる魚は5枚おろし
⑥血合いをこそぎ取る
ぶつ切りで煮物にする時は…
④尾を切り
⑤適当な大きさに輪切り
※煮物用は輪切りにしてからワタを取っても良い
刺身
⑦皮をそぎ
⑧やや厚め(7ミリ以上)にそぎ切り盛りつける
ショウガ醤油で召し上がれ
サバに似て足が早いのに注意
※釣った日はワサビ醤油でもいけますよ
ナメロ
⑨荒く刻んで
⑩玉ネギ ショウガをみじん切り ミソを入れて
⑪ネバリが出るまでたたく
好みで七味トウガラシを加えてもいい
七味唐がらし
梅煮の酸っぱさは食欲をそそるわね
暑い時残暑向き…よね
お前にはいつだって食欲あるじゃん
クリームシチューなんかでも良い味が出るわよ
ハハハ
煮魚はぐつぐつ良く火を通す事よね
言おうと思ったのに
ちょっと洋風
ローストパン粉焼き
⑦塩 コショウをして
⑧ソテーして表面に焦げ目を付ける
⑨刻みニンニク バター 醤油 パン粉をのせて
⑩オーブンで焼く(200℃で7～10分)
⑪パセリ，大葉 アサツキのみじん切り タイムなどを振りかけトマトの輪切りを添える
マッシュルームとトマトの 地中海風
⑧小麦粉を付ける
⑨オリーブ油を熱しキツネ色に焼いておく
⑩マッシュルーム ニンニクをオリーブ油でかるくソテー
⑪市販のトマトソースまたはピザソースを加えて魚を入れて煮る(煮すぎないこと!)

16 ベラ
遍羅
カワハギ釣りの外道で嫌われるが、関西では椀種として重宝され、専門乗り合い船もあった。
根周りだからベラもけっこう釣れたけど
こんなのどうするの？
もっちろん食べるのさ
……
またあんな顔してる
よしよし
⑥一日陰干し
⑦ネギを大きめに切り鍋の底に敷きつめ
⑧魚をその上に並べてさらにネギをかぶせて並べる
⑨醤油、ミリン砂糖…を入れてとろ火で時間をかけて煮る
ネギのあわせ煮
キューセンは関西のお魚屋さんならたいていあるし
デパートではけっこうな値段が付いてるわよ
560円
600円
キューセン（１番美味しい）
ま
普通に食べられるベラとしてはこんなところ
オスはここが長い
ササノハベラ（ちょっと水っぽいので干してから焼く）
オハグロベラ（ちょっと見てくれが悪いけれど…）
色がきついのとちょっと匂いがあるから嫌う人もいるけれど…
料理のコツは一度焼いたり油を使う事で美味しく食べられるわ
論より証拠食べてみましょう
明日の夕方集まって～
ドドドドドド
ベラってメス先行型でオスに性転換する魚なんですって
…って事は…
これってオス？メス？
のほほ
変なこと考えてないで食べて食べて
あら
これがベラ…なの
一度焼いてあるから香ばしいし、あわせ煮はネギの甘みと溶けあって…
美味しい～

下ごしらえ
①ウロコを取り
②水洗いしウロコを流す
③包丁の先をエラブタに入れてエラをはずす
④腹に小さく切れ目を入れてワタを取る
(注)小魚はエラ下から肛門にかけて切り三角形に切って捨てると簡単
焼きもの
⑤薄塩をして
⑥4~5時間干す(夜干すなら夕方から朝まで)
⑦炭火でこんがり焼く
ササノハベラがいいよ
南蛮漬け(和風)
⑧用意した南蛮酢にすぐ漬ける
⑨長ネギも焼き、タカノツメと共に漬ける
南蛮漬け
⑦薄く塩コショウをして
小麦粉をまぶして
⑧170℃のたっぷりの油でゆっくり揚げる
2~3分して沈んでいた魚が浮いてきたら2~3度裏返す
⑨5~6分で油の泡が細かく静かになる
⑩南蛮酢(土佐酢)にそのまま入れる(唐揚げとして食べてもいい)タカノツメも入れると香りが良い
好みでレモンの薄切りを乗せてもいい
グラタン
③頭、ワタを取り筒切りにする
④熱湯をかけて水でよく洗う
⑤カップ1/2の水酒少々、玉ネギ4等分を入れ調味料を加えて煮る
⑥魚を入れて火が通ったら皮と骨を取りのぞく
⑦スープをこす
⑧玉ネギ薄切りを塩、コショウしてよく炒める
⑨バター牛乳小麦粉でホワイトソースを作り
⑩魚の身、炒めた玉ネギ、ホワイトソースを入れて、ゆでたジャガイモとチーズ、パン粉を乗せてオーブンで焼く
身自体はあっさりした白身だから…ね
魚自体が小さいから煮たり焼いたりが一番手頃
関西なんか椀ダネにも重宝されてるわね
魚の輸入量激減を余儀なくされてきている昨今釣れた魚をムダに捨てたりしたらバチが当たるわね…

17 イイダコ 飯蛸

おでんなどに入れてもいいダシが出るよ。面倒だけど、カラカラにした燻製はビールに最高。

か〜わいい
う〜ん 今年はちょっと遅れてて… 大小混じり……だね

ん？
…
今日はこれ食べれるんですか〜って聞かないね…
そのくらい分かります
じゃ…どうやって…
え…
いじわる
釣ってすぐならタコだけでいいけど2日目はイイダコをサッと湯がいて
昆布なども一切れ入れる
⑧大きめのタコはブツ切り
小さいやつはそのまま
⑨お米をといで水はいつもより2割ぐらい少なく
⑩米5合に対して酒、醤油各25ccくらいイイダコ10〜15匹を入れてスイッチON
⑪炊きあがってそのままだと
炊きあがったら一煮立ちさせたアオヤギの小柱（100g）を入れて10分蒸らすと富津飯と言われる風情の有る料理に変身よ
タコ飯
⑧タップリのお湯に足からつけて足が丸まったら湯の中に沈める
⑨煮すぎると硬くなるから3〜4杯づつ気長にやる事
茹で時間は大なら20秒小なら10秒
ワサビ醤油でもそのままでも美味しいよ
茹でダコ
うわ…やわらかい…
ぎゃ〜台所グシャグシャ

下ごしらえ
①頭(胴)が指で輪を作れるぐらいの大きさなら、頭の後ろから指を入れてスジを切って頭をひっくりかえす
②茶色っぽく光る墨袋を取る
※指が入らないような小さいタコは、少し切ってひっくり返す
キッチンバサミが安全
白いこうゆうのは卵だから捨てではダメ！
③他の内臓も食べれるから、あまりきれいにしなくってもいい
大きいタコは臭いの元になる目や食べる時に邪魔になる口も取ると後がラクです 普段取らないけど
③足の付け根に一カ所切り込みを入れる
④頭を戻し
⑤大小20杯前後のタコに粗塩大さじ1を入れて
⑥かるく揉むようにしてヌメを取る
⑦灰色っぽい泡が出てきたら流水ですすぎ、サラサラ感が出たらOK
湯上がりのお肌のモチモチ感が出たらＯＫなのね
⑧小粒のサトイモ15〜20個を熱湯に入れて3分茹でる すぐ冷水で冷やすとサトイモの外皮が簡単にむけます
料理の本には皮をむけ…って書いてあるけれどイモがまずくなるので皮をむいちゃダメ！
⑨皮をむいたサトイモを入れ酒、ミリン50ccぐらい砂糖大さじ1を入れて3〜4分煮る
ちょん くる
⑩タコを足から入れていき再沸騰したら醤油50〜70ccを入れて落としブタをして5分程煮る（あらかじめ茹でて置いたタコを使ってもいい）
サトイモ煮
⑪12㎝クラスはそのまま大きいのは足を2〜3本に切って頭を切り離し
⑫あり合わせの野菜をそえる
⑬昆布でダシを取り数秒湯に通して召し上がれ
昆布でダシを取らなくても昆布ポン酢で食べると手軽
しゃぶしゃぶ
にんにく醤油に20分漬けた唐揚げだよ
唐揚げは吸盤の水を良く切らないと油がはねるんだよね〜
イイダコはペペロンチーノのような洋風にもバター炒めにも出来るね
料理のキモは大きいイイダコはブツ切り、小さい全長12㎝ぐらいまでは1匹まんまやる事

18
イトヨリ
糸縒鯛
カロリーは低いが、身にカルシウムが多く、筋肉の動きを正常にするミネラルのバランスもいい魚。
マダイじゃないけどきれーいな魚
アマダイ狙いなんかでも良く釣れるイトヨリだよ
でも根周りに近い所で釣れる方が良型だよ…ね
…でこれ…食べれるの？
でたー
ムッ
怒んないで
これ食べれるの？…を聞くとほっとするのよ
やっぱりそれって…
バカにしてんじゃん！
白身であっさり淡泊な味なので和・洋・中どんな料理もあうよね
照り焼き
⑦大きい魚は2つぐらいに切って
⑧ミリンと醤油各大さじ4くらいの汁に20分ぐらい漬け込む
⑨金串を打ち
⑩身の方から焦がさないように焼く
⑪裏返して火が通ったら
⑫漬け汁をぬり乾かす様に焼き2～3回くりかえして照りがでたら出来上がり
熱いうちに串を回して抜いて器へ
お吸い物
⑨適当な大きさに切って塩をしておく（10分ぐらい）
⑩塩をさっと流して
⑪鍋に入れて切り身が白っぽく変わったら出来上がり（沸騰させてはダメ）
⑫好みでミツバなどをそえる
蒸しもの
⑩水にも塩少々を入れて沸騰させる
⑪切り身を入れ10分程蒸す
これは蒸し物の基本形 このバリエーションとして酒を使う酒蒸しなんかがあるし
昆布をしいてアルミで包み焼きな～んていうのもいいな

下ごしらえ
①ウロコを落とす
②アゴ下の継ぎ目を切りエラに沿って包丁を入れ頭を切りはなす
②沢山あって面倒な時は頭の付け根から腹ビレへ刃を入れて頭を切り落とす
③腹を開きワタをかき出す
④背ビレの上を中骨に沿って尾まで切り下げる
⑤上身をめくり中骨をなぞるように切り開く
⑥反対側も尾から中骨まで包丁を入れ中骨に沿ってそいで3枚にする
⑦血合い骨を抜き腹骨をすき取る
⑧皮の表面に熱湯をかけて
⑨氷水で冷やし水気を抜き取る
刺身
⑩薄いそぎ切りにして巻きつける
つけ焼き ミソ漬け焼き バター焼き
身が柔らかいから煮物以外は塩を振って身をしめてから…が基本ね
お鍋できたよ～
皮の色がきれいだから椀種にいいのね
旬は秋～冬 まさに今！
ワサビもいいけど白ミソ大サジ4 ミリン$\frac{1}{3}$カップ 砂糖小サジ1を練って酢とカラシを加えた辛子ミソ…なんてのもいけるよ
⑧カツオ節と昆布でだし汁を作り（グツグツ煮てはダメ）塩と調味料で味を調える
⑨頭や中骨を入れて火にかける
春菊とネギ(うちは白菜も入れちゃう)
切り身
豆腐
⑩好みで煮えるまで時間のかかる野菜を先に入れ…切り身は入れて色が変わって周りがぐつぐつと煮たったらあがりでも良いよ
あっさりとした塩味のお鍋

19 アカボラ 赤鯔

甘鯛釣りの外道としてたくさん釣れるので嫌われるけれど、美味しいよ。ただ小さいのが難。

赤いけど アマダイじゃ ないみたい
アカボラ だよ
赤ボラ？
なんか 美味しそうな 色をしてるけど …？
なんで アカボラって 呼ばれるかは 分からない けど…
この3種類が 漁師にそう 呼ばれて いるんだ
ヒメコダイ
ホシヒメコダイ
カスミサクラダイ
その通り 身もしっかり しているし 捨てたら もったいない
湘南のホテルや 料亭でも同じみの 魚なんだよ
ただ 25㎝くらいにしか ならない魚だから それでも大きい方の 部類だよ
アマダイが 2～3匹でも
アカボラは 結構数が まとまるから 20㎝級の 大きいのは 刺身やカル パッチョ
15㎝級の 小さいのは 天ぷらや 南蛮漬けが おすすめ
③水洗いして
④水気をよく拭き取る（腹の内側もしっかり拭かないと油が飛び散るよ）
⑤エラの内側 腹などにもしっかり小麦粉をまぶして
⑥170℃の油で揚げる
⑦5～6分して油が静かになったら
⑧南蛮酢（土佐酢）にタマネギのスライス、タカノツメを共に入れる
南蛮漬け
塩焼き
③薄く塩をして30分おき
④焦げすぎないように焼く
塩焼きは ホクホク してるわ
身が 硬いから 薄くそぎ 切る のね
普通の 刺身でも いけるけど

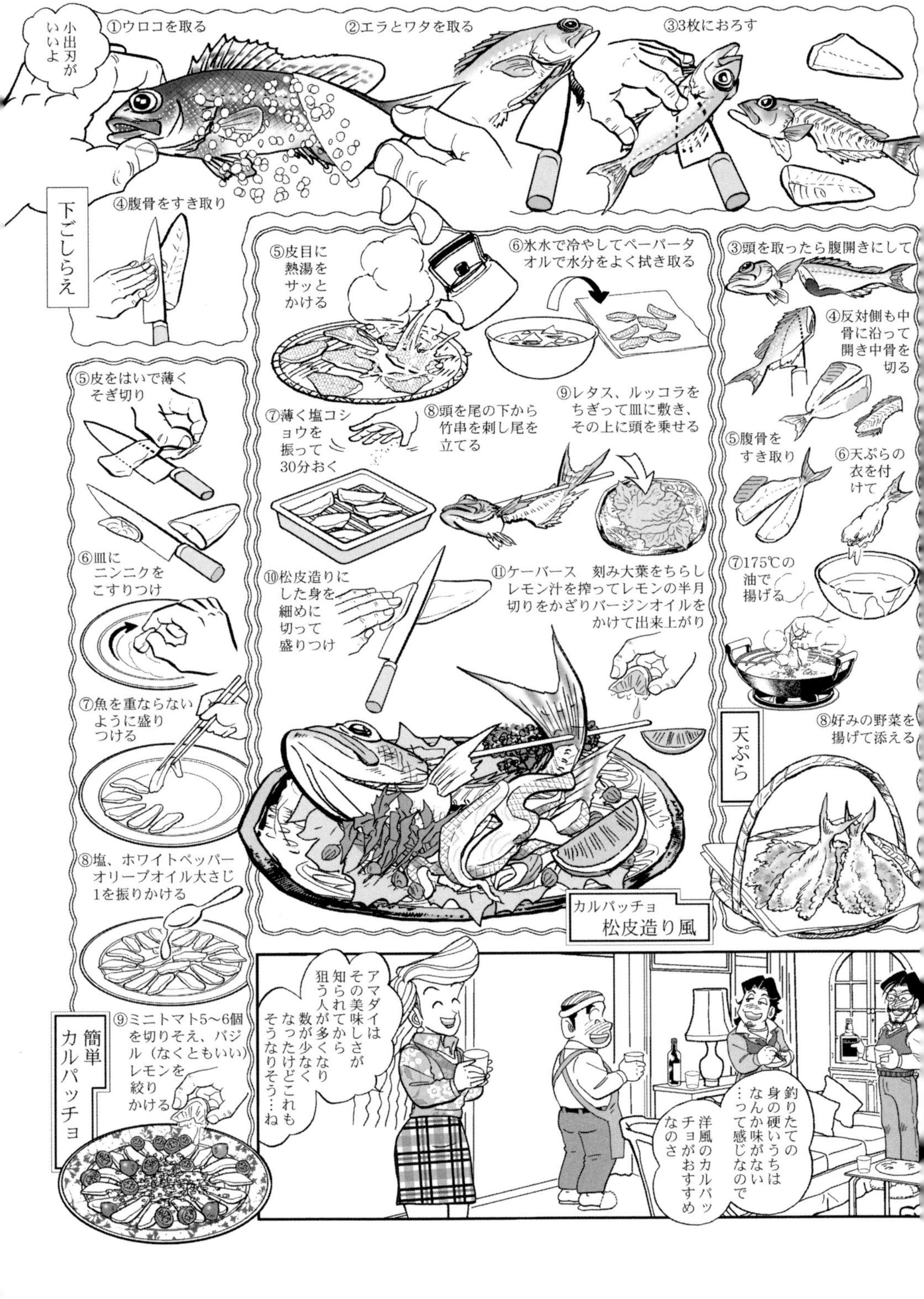

下ごしらえ
小出刃がいいよ
①ウロコを取る
②エラとワタを取る
③3枚におろす
④腹骨をすき取り
簡単カルパッチョ
⑤皮をはいで薄くそぎ切り
⑥皿にニンニクをこすりつけ
⑦魚を重ならないように盛りつける
⑧塩、ホワイトペッパーオリーブオイル大さじ1を振りかける
⑨ミニトマト5〜6個を切りそえ、バジル（なくともいい）レモンを絞りかける
カルパッチョ松皮造り風
⑤皮目に熱湯をサッとかける
⑥氷水で冷やしてペーパータオルで水分をよく拭き取る
⑦薄く塩コショウを振って30分おく
⑧頭を尾の下から竹串を刺し尾を立てる
⑨レタス、ルッコラをちぎって皿に敷き、その上に頭を乗せる
⑩松皮造りにした身を細めに切って盛りつけ
⑪ケーパース　刻み大葉をちらしレモン汁を搾ってレモンの半月切りをかざりバージンオイルをかけて出来上がり
天ぷら
③頭を取ったら腹開きにして
④反対側も中骨に沿って開き中骨を切る
⑤腹骨をすき取り
⑥天ぷらの衣を付けて
⑦175℃の油で揚げる
⑧好みの野菜を揚げて添える
釣りたての身の硬いうちはなんか味がない…って感じなので
洋風のカルパッチョがおすすめなのさ
アマダイはその美味しさが知られてから狙う人が多くなり数が少なくなったけどこれもそうなりそう…ね

20 アオリイカ
煽烏賊
磯から堤防から何処からも狙える。温暖化の影響で関東でも多くなった。釣り方も餌木も一大進歩をとげた。
ぷしゅっ
きゃ〜
アオリは釣り上げた時乱暴に扱うとスミを吐くよ
…っておそかったか…
すぐに海水で洗い流そう
吐かれたスミは時間が経つとおちなくなるから
ひゃ…まだ怒ってる
食われたくないって…抵抗してるわけね…
アオリは甘みがあって
姿・形・引き・味共にイカの王様にふさわしいのよ
たっぷり食べてやるんだから
ふんもう逃げられないでしょ…
危ないよ
きゃ〜
ほ〜ら言わんこっちゃない
ゲソは…⑨ワタと切り離して ⑩足を2〜3本ずつ切りサッと湯がいてワサビ醤油でもいいし
⑩細かく刻み
⑪ペーパータオルで水分をよく取り除く
⑫ミツバを切り刻む
長ネギをみじん切り
⑬天ぷら粉に混ぜて
⑭オタマですくい取って180度Cの高温でこんがりキツネ色に揚げる
天つゆもいいけど岩塩なんかをちびっと…と言うのもいい
かき揚げ
かき揚げを天丼にしたのもおいしいわよ
ボートの方が大事だったんだよね…
無農薬・後藤園（04 2934 1705）のほうじ茶が最高ってんでしょ
⑫鍋にダシ汁を沸かしてシャブシャブにしてポン酢で食べる
コンソメ味なんかもお好みでいいわよ
シャブシャブ

下ごしらえ
①包丁を浅く入れて切れ目を入れる
②切り口を開いたら骨を取りゲソとワタを離す
③水洗いして
骨
④裏から胴とエンペラーの間に切れ目を入れてエンペラーを離す
⑤裏返しのまま身の下縁に沿って身の厚さの1/3の深さに切れ目を入れて
⑥表に返して切れ目を引いて表皮と薄皮をはがしていく
注 開いた切れ目に指を入れエンペラーの方に皮を剥いでエンペラーと身を剥がしても良い
身
エンペラー
⑦裏側は先端からキッチンペーパーなどでむいていく
⑧エンペラーは表皮を下にして切り口に沿って切れ目を入れ
端をつかんで剥いていく
鮮度のいいうちは薄皮は剥きにくいけど
つまようじなどで薄皮を起こしながらていねいに取ること
刺身
⑨身を適当な大きさに切り分け
⑩3ミリくらいの幅で切り込みを入れる
⑪イカと同じ大きさの海苔を合わせて巻き1cm幅ぐらいに切る
磯辺巻き
⑩細く切っただけ
糸造り
⑩直角に切れ目を入れて
⑪熱湯にサッとくぐらせ氷水で冷やし
好みの大きさに切る
鹿の子造り
塩とワサビ熱々のほうじ茶で天茶もさいこう
ユッケも黄身があるから意外なほど辛くないし…でも…
アオリは1にも2にもやっぱり刺身だよな～
普通に細く切っただけでもいいし…
それもワサビ醤油だけでなく
ショーガ醤油や梅酢・梅醤油も一味違って美味しいわよねー
早く食べてきげんなおして
ユッケ
⑪コチジャンとトウバンジャンを混ぜて
ミリンでトロミを付ける
⑫醤油で味を調整してイカと混ぜ合わせる
⑬卵の黄身をのせる
コチジャン
豆板醤
⑩薄く切り皿に並べる
⑪醤油と長ネギを乗せて漬けにする

21
シーバス
鱸
出世魚スズキのこと。人家に近いエリアでも釣れるので馴染み深い。大きく黒い魚はまれに臭いときがある。
わーん小さい
でもそれって美味しいよ
シーバス…って食べれるの…
でたー
シーバスはゲームフィッシュとして貴重だからリリースを奨励してるけど
ごめんごめん
もっちろん食べれるさ
特に外から入ってきたばかりの銀ピカピンシャンのやつなんか…
ただ大きい魚はパワーもすごいしスリリングだから大切にリリースしてやって…
出来れば50cm以下の小さいのを食べよう
30〜40cmクラスなら…その場で開いて洋上干しだ
しめたら
しめ方
キケン○エラブタで手を切らないように
○背ビレは刺すと手が腫れる事がある
持ち帰って家でおろす魚は尾の所にも刃を入れて血を抜く
小さい魚は頭の上を切ってもキッチンバサミでエラの根本を切ってもいい。
ナイフもハサミもない時は手でエラをひきちぎる
①ザザッとウロコをそいで
②エラ、ワタを取って
③開いて
④海水で洗って
⑤身を上にしてボートの上で干す
海水が良い塩味になるんだよ
わーい楽しみ
…
じかにやられると後でボート洗うのちょっと大変なのよ…ね
…

家に持ち帰ってやる時は…
①ウロコを取る（ちょろちょろ水をかけながらだとウロコが飛びにくいよ）
これからの季節…飛び散ったウロコはあとで臭うのよね
流しに入らない場合は
ゴミ袋の中でやるといい
②胸ビレの上から頭を落とし尻穴から腹を開きワタを抜く
魚が大きいときはカマを切り取り焼き物に…
③背から・腹から中骨まで切り込みを入れ3枚におろす
④腹骨をそぎ切る
⑤皮を引き
⑥薄く斜めにそぎ切る
⑦たっぷりの氷水の中で2〜3分洗い水を切って盛りつける
洗い
ワサビ醤油やカラシミソ梅肉酢などお好みでどうぞ
④皮付きのまま適当な大きさに切る
⑤醤油、ミリン酒各1の割合のタレに10分程漬ける
⑥金串を刺して焼く
⑦途中で火からおろしタレを付け直してもう一度焼く
照り焼き風 焼き魚
塩で焼けば塩焼きサラダ油を塗って焼けばオイル焼き
ハネとかセイゴフッコ級の焼き物ってこの季節ならでは…の物…よね
フッコ級はソテーも美味しいわよね
シーバスはそれ自体が味が強く美味い…って魚じゃないから季節によってあっさり味の焼き物や
洋風のトマト煮やクリーム煮などどんな料理にも合うんだ
洗いの魚は身自体が生きていないと出来ないから帰り際にしめて濡れたタオルで包んで持ち帰る
死後硬直が始まってちゃ洗いは出来ないから釣り人の特権ね
でも死後硬直が始まってしまっていたら刺身や
⑦湯引きにして
氷水で洗ってみるってのもあるよ…
お造り
七輪の火が落ち着いたら皮目から焼いていく
身は…狐色にちょっと焦げ目がついたらOK
焼きづらかったら切り身にしてからでもいいですよ
洋上干し
旬は夏って言われるけれど
初冬の落ちスズキは油がのって美味しいよね
夏はまた別
これで作ったそうめんも格別よ
じゃ夏に釣れたらそれをやろうか

22 アイナメ 鮎魚女

根周りの陰の部分を好む。磯や堤防、テトラ周りなど関東以北に多く、以南は同種のクジメが棲息。

うわー タモタモ
うわ いい型
洗いが楽しみだね

くそ 食われてたまるか
アイナメもシーバスと同じで洗いが最高
最高の意味は
氷水で洗うと身が縮むのでお客さんを招いての「洗いのショー」なんかをやると大受けよ
帰りまで生かしておかなくっちゃ
あ…
この間のやつ…
よし 恩師を呼んじゃお
⑦中骨に沿って小骨が多いので…
気になる人は毛抜きで丁寧に抜くか、その部分を切り取ってから
⑧皮を引く
⑨切れる包丁で薄くそぎ取り皿に盛りつける
この薄切りを氷水でさらして氷の上に並べて出すのが本式の洗いなんだけど…
水を沢山入れた器で
お客さんの目の前で洗って食べてもらう…と
このまま刺身として食べてもいい
⑦中骨を付けたままぶつ切り
⑧ありあわせの白菜や豆腐ネギ等をそえる
魚すき鍋
おお見事に縮おるわ
鮮度のいいうちのはこうゆうものなのか
…で⑩ペーパータオル等で水気を拭き取りお好みのタレで召し上がれ
ポン酢
梅酢
ワサビ醤油
洗い
新鮮だよ朝捕れたよ
…などと言われ買ってきた魚を洗いにしてもなぜか身は縮まない
刺し網などで
れるから

下ごしらえ
小型魚は小出刃で
①ウロコを落とす(ウロコが細かいのでやりづらかったら塩水でヌメリを洗ってから)
②大型は腹ビレの下から包丁を入れて頭を切り落とす
②小型は頭を付けたままエラワタを取って水洗い
中骨の血合いを取る
③肛門から開きワタを取る
④腹骨から中骨に沿って切り込みを入れ身をめくりながら中骨から切り離す
⑤反対側も同じようにして 3枚にする
⑥腹骨をスキ取る
小型魚の唐揚げ
③水分を拭いて小麦粉をまぶす
④160℃ぐらいの低めの油で5分くらい揚げる
不味くなるから2度揚げはしないこと
揚げ煮
⑦一口大に切り小麦粉をまぶして170℃であげる
⑧酒、みりん、各カップ$\frac{2}{3}$醤油$\frac{1}{2}$カップ砂糖$\frac{2}{3}$カップ カツオ節ダシ汁150cc塩少々でカラ揚げしたアイナメを中火で落としブタで煮る
⑨ゴボウ１本分を千切りにし湯がいて、火を止める３分前に加える
⑩インゲン生シイタケ4本オクラ8本を別鍋で塩茹で
⑪茹で上がったものをカツオ節のダシ汁に30〜60分漬ける
⑫温めた器にアイナメや他の具も盛る
焼き霜造り
⑦1cm程の厚さで平造りに切る
⑧金串を刺し皮目を火であぶり
⑨氷水で冷やして水気を拭き取り
鍋を始める前に刺身をシャブシャブ…
…っていうのもいいんだよ
釣りたての刺身は硬くて…今はまってるのがこれ
⑨魚を先に煮てアクを取ったら野菜を煮る
死んでから時間が経っているからかもしれないよね
でもどちらかと言うとこっくり美味しいのは…
2日目の刺身だよね
だからこれも作ったのよ
アイナメって冬に沢山釣れるから冬の魚と思われがちだけど…
食べて美味しいのは春〜初夏ほのかな脂の乗る時なのよ

23 ホウボウ 魴鮄

大きい胸びれを広げ、グライダーのように漂い移動する。胸ビレ下部の３本の鰭条は味覚器になっており、海底に潜む餌を探す。

この魚泣いてる
逃がしてほしいのかしら
がさごそ

イシモチなんかと同じで
ウキブクロを伸縮させて音を出してるんだ
通称その『鳴き袋』はていねいに洗って細く切って
ポン酢じょうゆで食べるとイカや貝をあっさりしたような味と食感なんだよ
へえ…こんな毒々しい色なのに…
魚を良く見てごらんウロコは細かく
美味な魚の代名詞になっている『巨口細鱗』に当てはまる魚だろ
よく釣れる仲間カナガシラなどもいて
ホウボウ
カナガシラ
ややウロコが大きい
胸ビレが小さく
胸ビレの前3本の軟条が足のようになっている
これは一夜干しなんか京都の『一汐グジ』（アマダイ）に並ぶ贅沢食品
上品な味を殿様が好んで食べた事から「君魚」と呼ばれ未だに「きみよ」と呼ぶ地方もあるどちらもめでたい魚としてお頭付きが貴ばれた
まれに40cmをこす1kgオーバーの魚も釣れるけどそんな魚はすぐ血抜きして持ち帰る
20cm以上あれば姿造りが楽しめる
②ウロコを取ったら首筋から包丁を入れて
③背開きにしエラ取る
ワタを
④海水程度の塩水に入れて30分
⑤水気を切って拭き取り
⑥風通しのいいベランダ等で一夜干し（生干しぐらいがいい）
⑦サッとあぶれば酒のつまみやおかずにも最高
一夜干し
⑫沸騰した湯に入れて
⑬アクを取り
⑭アクが少なくなったら赤ダシ味噌を溶き入れて好みでアサヅミのみじん切りを散らす
赤出し

下ごしらえ
①ヌメリを包丁の先でこそぎ ウロコを取る
②頭を切り落とし
③背開きにする
④ワタを取り除き ハート型のウキブクロをはずしておく
⑤中骨に沿ってもう片身を取る
⑥腹骨をていねいに1本ずつ毛抜きで抜く
⑦皮を引き包丁を寝かせる様にして斜めにそぎ切る
⑧ウキブクロは水洗いし ２つに切り開き 食べやすい細さに切る
⑨皿にツマや大葉を敷き中骨は水平におく
⑩頭をヒレが開くようツマヨウジなどで整えておきその上にそぎ切りを並べる
姿造り
⑧お米カップ1をといで少し置いておく
⑨ぬるま湯に30分浸した干し貝柱4～5個を細かくほぐす
⑩貝柱を加えサラダ油大サジ1を加えたら強火で炊く
⑪煮たったら弱火にして焦げないよう時々かき混ぜる
⑫１時間程煮たら塩で味を調えゴマ油大サジ１をたらし
⑬刺身に香菜・松の実、万能ネギなどをそえて召し上がれ
海鮮がゆ
姿造りを食べおえたら
⑪頭・カマ中骨を適当な大きさに切り
⑫強めの塩をして30分
⑬水洗いして
⑭ダシ昆布を入れて水から炊く
⑮アクを取りながら10分程で昆布を取り除き
⑯弱火にして20分
塩で味を整えて出来上がり
または…こんがり焼いて熱湯をそそいでもいい
潮汁
う～んどれも美味しい
あっさり上品な味だから
シーフードカレーや洋風料理にしても抜群の味よね
一年中外道として釣れる魚だけど薄い油を持つ秋から冬には時価の値が付くほど貴ばれる
だけど産卵は中部以南では春で（南方はもっと早い）その頃と秋によく釣れる
美味しいから旬と言うのと沢山捕れるから旬と言われた昔の旬の語源がしのべる魚だよね

24 カレイ 鰈

種類の多い魚だが、一般に知られるのはマコガレイやマガレイなど。細胞が細かいので、ヒラメなどより数日長く刺身にできる。

うわっ
まだ生きてる
刺身もいいけどカレイは煮魚が美味しい…のよね
その煮魚だ…けど
美味しい煮方知ってる?
バカにしないでよ
煮汁を沸騰させてから魚を入れて15分…でしょ
ち、違うの?
カレイはほかの魚とはちょっと違うんだよ…ね
わかる人
タウリンたっぷり
血圧を下げコレステロールを減らす作用もあるよ…な
それにあれよあれもっと有名な煮こごり!
え~とお肌の若返りの…
その正体はコラーゲン!
コラーゲンは食べて体内に入ると、
コラーゲンどうしのくっついたペプチドというアミノ酸に変わって
線維芽細胞に働きかけ、骨や肌を再生してくれる作用があるわけなんだ
そのコラーゲンが他の魚にくらべてもたっぷり入っているから……
煮方も変わってくるわけよ
はあ?
コラーゲン…って?魚のどの部分に入っているかわかる?
全体でしょ
筋肉の動く所尾の部分にだよ…
でも
体全体を使って泳ぐウナギやカレイは
何と…全身にふくまれている
下ごしらえ
①包丁の刃先で硬いウロコを取る
※イシガレイは切れる包丁で石を尾の方からこそぎ取る
②エラと腹ワタを取る
③真ん中に刃を入れ
④尾の所で身をつまむようにしてはがす

⑤反対側も繰り返し
５枚におろす
⑥皿にツマや大葉を
盛り、その上に
中骨をのせ
⑦皮をそぎ
⑧包丁を寝かせるよう
薄くそぎ切り
⑨１枚ずつ並べて
出来上がり
刺身 姿造り
斜めに切った
大根などで頭を
少し浮かせる
③器に盛りやすい
大きさに切ったら
④80℃ぐらいの
お湯につけ
霜降りにする
⑤残っていたウロコ等を
きれいにしたら水から
ダシ汁、コンブを
しいて
⑥落としブタをして
強火で７～８分
（冷蔵庫でなどで
魚が冷えていて
沸騰しなければ
１～２分追加）
⑦火を止めて
余熱で
5分で出来
上がり
これじゃ味がしみないわよ
じゃ
1つだけ奥さんの普段やってる煮汁がなくなりかけるまで煮てみよう…か
そして…
7～8分煮たやつも長く煮た魚も中は真っ白
7分の方は
フンワリやわらか…
へんねしっかり煮た方は硬いしパサツク…わ
いつものやつ…だけど
煮すぎた方はコラーゲンがほとんど汁に出ちゃったやつなんだよ
しかもその汁を捨てたりしたら…
あ…わざわざ栄養を捨ててるわけか
身をほぐして煮こごりを楽しみたい時なんかは煮すぎてもいいけど…
小型の唐揚げとかサッと炒めて食べる中華料理なんかは炒める事で外側をブロックする
昔からの経験で一番大切な若造りの栄養をとじ込めて逃がさない料理法だったのね
料亭なんかではカレイの煮魚はたっぷりの汁がかかってくるけど…見栄えの為じゃなかったのね
カレイは味のしみ込みにくい魚なんで汁をつけながら
さあ…どうぞめしあがれ
華麗な
煮魚

25 クロダイ 黒鯛

スズキと同じく、人の生活圏に近いエリアから離れ磯まで活動圏も広い。餌もサナギからスイカまで幅広い雑食。

釣れたー
記念撮影が終わったら貸して

わ～惨劇
クロダイはマダイ、ハナダイと並ぶタイの御三家だけど
人家に近い内湾から磯場まで広く棲むため釣れる場所によっては泥臭かったりするから生け締め血抜きをすること…
ま、時間が経つと臭い…なんて言われるけど
釣りの人の魚は例外中の例外！美味しいよ
クロダイめし
④米をハワイの海洋深層水マハロに5分程漬ける
⑤米に十分水を吸わせたら浄水器の水または水道水で米をとぐ
これで炊くと冷めても酸化しにくく飯がめちゃ美味！
⑥魚の両面に塩を振りコゲ目が付くぐらいに焼く
⑦普通の水加減よりやや少なめにマハロを入れて酒大さじ1醤油小さじ1塩少々を入れ魚を入れてスイッチON
⑧炊けたら15分蒸らしてから魚を取りだし身をほぐす
※小骨など注意して取り除く
60
⑨魚の身をご飯と混ぜ
⑩器に盛りショウガと大葉の千切りを散らす
※季節野菜のサヤエンドウの千切りでもいい
乗っ込み期も釣りやすいけど
晩秋から冬にかけて脂のノリも良く
20～30cmのカイズクラスの数釣りが楽しめるよね
おっ何これポテチ？
ポリ
ポリ
下のやつさ
ウロコの空揚げ
②塩水で洗い水気をよく切る
③空揚げして1度冷まして2度揚げ
④味塩コショウを振りかける

下ごしらえ
①ウロコを取る
②エラを取り、カマ下から肛門まで切り込みを入れてワタを取る
③腹の中を洗い水気を拭き取る
中骨に付いてる血合い（腎臓）をきれいに流す
④中骨に沿って片身をはずし、反対側もはずして3枚にする
⑤腹骨をそぎ取り
⑥皮をはぐ
3日目に刺身…なんていう時は味を付けるこんなのがおすすめ
姿造り
⑦器に中骨をおき笹の葉などもしき
大根のツマを中骨の上に小高く置き大葉を敷き
⑧サクにした身を薄くそぎ切りにして並べる
刺身三種　韓国風
⑨サラダ菜 レモン トマトなどを敷いて白髪ネギ、薄切りきゅうり その上に切り身を並べ
⑩コチュジャン大さじ3 味噌大さじ3 酢大さじ2 おろしニンニク小さじ2 砂糖小さじ1 醤油小さじ1のタレを付けて食べる
コチジャン
中国風
この3品はサラダ感覚料理ね
⑨人参、大根、玉ネギ ピーマン、レタス 白髪ネギ、ショウガ等 あり合わせの野菜を食べやすく切り
⑩ピーナッツ カシューナッツ クルミなどをさっと空炒めし コーンフレークを加えてつぶしてかける
⑪炒りゴマをかけたら中華ドレッシングをかける
昔日本海で食べさせてもらったやつを自分なりにしたんだけどいける？
クロダイは世界中に同種がいるせいか洋風料理も多いのよね そのうちやろうね
洋風？
⑨セロリを棒状に切り皿に並べてその中へ切り身を並べる
⑩粉チーズをかけマヨネーズをのせる
⑪醤油とフレンチドレッシングを混ぜ食べる直前に回しかける
揚げ煮
20㎝カイズクラスなら…
④空揚げ（骨まで食べたいなら…2度揚げ）
⑤醤油、酒 砂糖で甘すぎるくらいの煮汁を作り
⑥空揚げにした魚を煮る
ぐつぐつ
⑦タレが沸騰したら出来上がり

26 ハナダイ 花鯛

マダイの乗るっ込みが終わる初夏からが旬となる。結婚式で出る中鯛はこれではなく、輸入物のベラの仲間。

小さいけれど引きだけはいいのよね
小さいから料理が面倒で…
…ってのは？

マダイに比べてハナダイは大きくっても40㎝
たいていが20㎝平均だから…ね
でもだからこそできる食べ方ってのもあるわけで…
作ってー
これだ
普通にハナダイはチダイの事を言うけれど
マダイ
チダイ
キダイ(レンコ)
レンコやキレンコ場所によって混じる事があるマダイと微妙にシーズンがずれていて重宝
エラブタのフチが赤いから血鯛をいう…とか…

	春	夏	秋	冬
マダイ	◎		◎	○
ハナダイ	○	◎	○	◎

小さめの魚は…
④裏に斜めに包丁を入れて
⑤塩少々コショウを多めに振る
⑥アルミホイルを魚の大きさに切りバター2㎝角を一緒に魚を乗せてその上にピーマンと玉ネギの輪切りを乗せ
バター
⑦汁が出ないよう包みの周りを折り込む
⑧焼き網の上でバターを下にして約10分焼く
※焼きにくいようなら上からフタをして焼く
辛めが好きな人はポン酢を振って召し上がれ
ホイル焼き
⑦唇の中心から刃を立て頭を割る
⑧中骨も適当な大きさに切る
⑨中落ちに熱湯をかけて湯引きにする
⑩10㎝くらいの昆布をしき水1.5リットル酒100㏄を入れアラを入れて火を付ける
⑪沸騰寸前に昆布を出して中火でアクをすくいながら15分煮てこした後冷ましておく
⑫ハナダイの身の、皮を上にして熱湯をかけて氷水で冷やし水気を拭き取りそぎ切りにしておく
⑬米3合に海洋深層水マハロの水をひたひたに5分付けてから
米をといだら醤油大さじ1塩小さじ1に⑪のだし汁を入れタケノコの水煮缶1個分を薄切りにして入れ、ご飯を炊く
⑭炊きあがったらそぎ切りをご飯の上に散らし10分程蒸らして食べる時は混ぜて刻みノリを振りかける
サンショの若芽なども散らすと…
タイ飯
子供はウロコや小骨があたるのを嫌うけど
この方法なら大丈夫安心して食べられます
あんなりでお子ちゃま

下ごしらえ
①ウロコを取る
ウロコは意外に大きく硬く
バリバリと飛び散るから水をかけながらとかゴミ袋の中でやるといい
②エラ、ワタを取り中骨の血合いをよく洗い流す
③水気を拭き取り頭を落とし3枚におろす
④腹骨をすき取り血合い骨をそぎ取る…かまたは毛抜きで抜く
蒸し焼き効果の焼き物を楽しむ時は、エラとワタは取ってもウロコは取らずに焼くとホックリやわらかい焼き魚が楽しめる
熱いうちにウロコと皮をはいでポン酢等で召し上がれ
小ダイ寿し
⑤熱湯をかけて身が反り返ったら氷水で冷やし
⑥水気を拭き取り酢で5～10分洗って
⑦食べやすい大きさに切って酢めしと握る
⑨昆布の上に並べて重しをして2時間…で
ぐんと味も良くなるよ
④振り塩をして20分程おく
30㎝くらい離して平均に振る
⑤七輪に火を起こして
火が落ち着いたらこんがり焼く
⑥時間を見計らって日本酒を熱燗にする
魚は酒から取り出しポン酢醤油などでおつまみに
⑦深めの器に魚を入れて熱燗をそそいでフタをして5分
骨酒
大きめの魚は…
⑧塩コショウをして20分
⑦皮をはぎそぎ切りにして
⑧スイートキャロット下茹でしたミニアスパラを斜め切りにして他にレタスディール・きゅうり・赤ピーマンなども千切り
⑨バージンオリーブオイル100cc白ワインビネガー60～70cc砂糖大さじ1塩コショウ少々でマリネ液を作る
⑩材料にふりかけ2時間～2日間くらいが食べ頃余ったらタッパに入れて保存
マリネは日持ちがするのがいいわ
マリネ
ホイル焼きと骨酒は夏でもふいのお客にとっても喜ばれるけど…
おお
おーい奥さんもう一本
ほどほど…に…ね
ピキ
ヒクヒク

27
イナダ
魬
大きくなるにつれ名前の変わる出世魚『ブリ』の幼魚で、ワカシは30㎝、イナダは40㎝クラスを言う。
油が乗ってないと分かっていても…
人が釣れてる時に釣りを止めるって…難しいよね
関東では若士（15～30㎝）鰍（イナダ30～50㎝）稚鰤（ワラサ60㎝前後）そして鰤（ブリ90㎝以上）
関西ではモジャコから始まりツバス（400g級）ハマチ（1.5㎏）メジロ（3.8㎏）ブリ（5.6㎏以上）…と名前の変化…出世魚あだやおろそかには出来ないわよ～
それなら釣れた魚は美味しく食べてあげましょう
ワカシイナダはブリの若魚
YAMAHA
ワカシ級は…
⑨荒くたたく
⑩ネギのみじん切り
すりショウガを加えてさらにたたく
⑪・⑭手に油をぬって好みの形に丸めて
焼くと…
ワカシハンバーグ
このまま焼いてもOK…だけど
⑪野菜をみじん切り
ピーマン
シイタケ
ニンジン
タマネギ
野菜が入ってないと硬めに焼き上がる
野菜嫌いの子供達に…ちょっとヘルシー&本格的ならこちら
⑫小麦粉 カタクリ粉 各大さじ3 酒大さじ2 山芋少々 卵を割とき混ぜる
⑬具が水っぽかったら少しパン粉を混ぜる
隠し味にケチャップやソースをたらしてもグー
ウスターソース
⑫・⑮パン粉をからめて
⑬・⑯180℃でこんがりキツネ色
釣り立てはまったく生臭みが無く美味しいよ
ギョロッケ
そのまま食べれる刺身だけど…
⑨ワサビ醤油に10分漬け込む（酒と醤油を冷やした煮切った汁に漬け込む時は1～2時間）

下ごしらえ
①ウロコを取る(小さいワカシは)出刃の刃先が楽
②腹に浅く切れ目を入れて
③エラの付け根を切ってエラを出して内臓も取る
④血合いなどをきれいに水洗い
⑤背から包丁を入れて刃先を中骨にあてながら切り開く
腹側からも中骨に沿って身をそぐ
⑥繰り返し3枚にする
※薄い牛刃などは中骨に沿って1回でそぐ事も可能です
⑦皮をはぐ（大きいイナダは片身づつ血合い部分を取ってから行う）
⑧適当な大きさにそぎ切る
焼き霜造り
⑦中骨を骨抜きで取る
⑧金串を3〜4本刺して…皮が少しコゲ身が白くなるくらいに焼く
⑨氷水で冷やし水気を拭き取る
⑩中央に浅く切り込みを入れて刺身のように切る
漬け丼
⑩酢飯を作り丼に盛り刻みのり大葉の千切りその上に
イナダを乗せ白ゴマをふる
イナダなら文句なく生食
中華風刺身
⑧ワンタンの皮2〜3枚を揚げてから冷やしてもみほぐす。又は最初から1㎝大くらいに切って揚げる
面倒ならこれはなくても…
⑨カシューナッツ・ピーナッツをからいりしみじん切りにする
⑩野菜を千切り 人参・ネギ半分ずつ
ピーマン2個
切ったら水にさらして水気を切っておく
⑪タレを作る（分量はスプーン）
○塩1弱
○酒2
○砂糖1／2
○醤油1
○ごま油1
○コショウ少々
⑫レモン汁を作る
⑬サクにしていた刺身（約500g）を5ミリくらいの厚さにそぎ切り大皿に並べる
⑬9・10・11を刺身にかけ
驚くような味でしょ
生臭みがないから魚嫌いの人でも意外に食べますよ
これで3人前くらい
食べる時にレモン汁をサッと振って好みによって酢をかけてもいいのか〜
まるで魚じゃないみたい肉料理って感じよね

わ…カジキだ
釣りのゲームとしてのカジキの人気は凄いけど夏釣れるクロは漁師も漁をしない1kg200円くらいの捨て値
釣れる時が旬…ってわけじゃないのか
かわいそう…な魚
GTなんかもそうなのよ

28 カジキ 鱘

カジキマグロと言われることがあるが、マグロの仲間ではない。淡い赤みをおびた身でおいしいよ。

でも…1mくらいの小さいのは油があって旨いだよ
え
小さい方が美味しいの?
う〜むやはり巨体化した体を維持するだけの餌にはありつけてないんだろうね

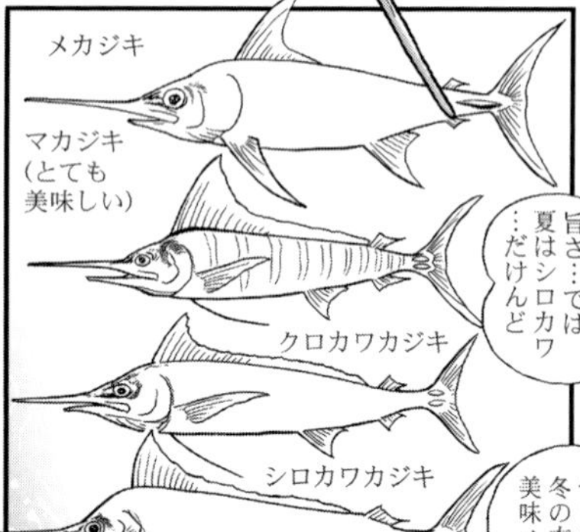
メカジキ
マカジキ(とても美味しい)
クロカワカジキ
シロカワカジキ
旨さ…では夏はシロカワ…だけんど
やっぱり冬の方がもっと美味くなり
kg2000円くらいと値が良くなる

でも…浜値(地元の市場の値)…ってそんなに安いんだ〜
運送料が掛かるからね
その辺は沢山捕れる沖縄なんかも同じ…だね

⑥一口大より少し大きめに切る
⑥1cm×20cmくらいのブロックにする
⑦タッパーに入れて塩・コショウをして10分
⑧ソテーして表面に焦げ目をつける
⑧卵とごま油少々サラダ油少々カタクリ粉大さじ4をかき混ぜて
⑨刺身をからめて180℃であげる
⑨刻みニンニクバター・醤油パン粉を乗せて
⑩200℃で7〜10分オーブンで焼く
⑩ニンニク・ショウガみじん切り少々トウバンジャンごま油・醤油炒りゴマを炒めて…
⑪揚げたての魚にかけて出来上がり
⑪パセリ・大葉アサツキのみじん切りタイム(香草などを振りかけトマトの輪切りなどをそえる)
うは…こりゃビールに最高
ロースト パン粉焼き
中華風フリッター

下ごしらえ
①汚れをザッと流してエラを取り
細いトゲのようなウロコがあるから押さえる手は軍手等をすると安心
②腹を開いてワタを取りだし中骨に付いている血をブラシなどでこそぎおとす
でかいからここまではガレージなんかでやるといいよ
あとはやりやすい大きさ…3つくらいに切って
骨を切る時は…骨と骨の間に刃を入れる
③片方ずつ骨に沿って刃を入れて
繰り返して3枚にする
④2つ割りにしてから皮をはぐ(厚いからはがしやすい)
⑤ウロコが剥がれて身に付いていたら口当たりが悪いからきれいに取り除いて刺身風に切る
⑥オコ450g
⑦ニンニクひとかたまり 根ショウガ 茶サジ1杯の量をすりおろす
⑧ハワイアンチリペッパー小さじ1/2〜1
タマネギ1/2 グリーンオニオン1/3カップをみじん切り
ごま油大さじ1 ククイナッツを混ぜて塩で味を調える
⑨刺身を混ぜて冷やして食べる
⑦沢山用意したレモンスライスを刺身の間にはさむ
⑧ネギやピーマン等ありあわせの野菜をみじん切り
⑨氷と一緒に刺身の上に乗せる
溶けた氷の水が刺身につかないよう水切りのある入れ物
沖縄久米島風刺身
⑥2〜3㎝角に切る
⑦塩でもむ
⑧スライスしたタマネギを混ぜて冷蔵庫で冷やしておく
パーティなんかにいいよね
脂が乗ってなくても
サッパリと食べられて夏向きよね
ちなみにみんなが美味しいと言うお土産のミソ漬け…あれはたいていウシ等の大型のサワラ…だよ
暑い所の刺身らしいわよね〜
夏バテでも食べれるわ
どれも美味しいのに値が安すぎるから突きん棒漁師も突かなくなった…って…なんかショックだな〜
ハワイ風刺身 ポキ
ハワイ風漬け
⑥レモンのしぼり汁を4合ぐらい作る
⑦塩で味を付け好みによって酢・ビネガーを
あらじお
テニアン風 漬け
⑧玉ネギのスライス タカノツメを5ミリ幅に切ってよく混ぜ刺身を入れる

ハワイ風漬けは面倒なら、ちょっと多めのゴマ油にタップリの玉ネギみじん切りを荒塩で味付けしタバスコを入れてかき混ぜても良い。夏は玉ネギが驚くほど色んな魚に合いますよ。塩味が足りないときは食べるときに醤油を一滴、う〜ん日本人に生まれて良かった

29 タチウオ 魛

水深100〜200mの陸棚域に棲息するが、餌を追ってかなり浅いエリアまで回遊する。三保の松原などは夜にルアーで砂浜からのキャストでも釣れる。

あら
ごめん
犬歯（？）が平たくナイフの様になってるから道糸にからめちゃダメだよ
仕掛けが切れてしまった〜
それにしても銀ピカできれいな魚ね

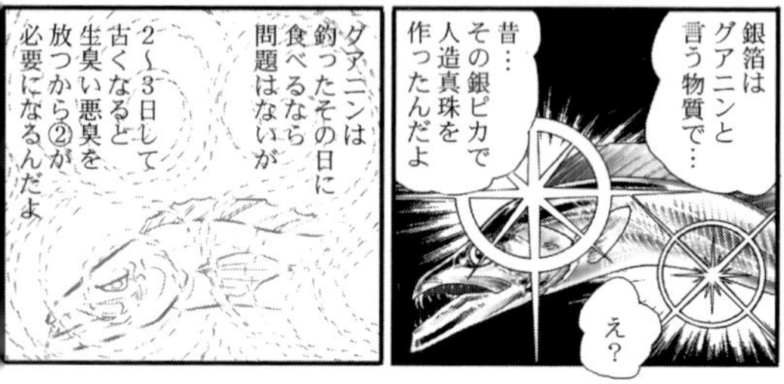

銀箔はグアニンと言う物質で…
昔…その銀ピカで人造真珠を作ったんだよ
え？
グアニンは釣ったその日に食べるなら問題はないが
2〜3日して古くなると生臭い悪臭を放つから②が必要になるんだよ

刺身&タタキ
⑤汚れを取り3枚にする
⑥真ん中から5枚おろし風に皮をはぐ
⑦縦にサクッと身を割ったり3〜4cm幅に切り大葉などを敷いて並べる
⑦糸造風に細く切り
和風ムニエル
⑥汚れを拭き取り塩・コショウをして30分冷蔵庫におく
⑦全体に薄く小麦粉を付けて余分な粉ははたく
⑧サラダ油をやや多めに入れてスライスしたニンニク(2片分)を弱火で炒める
⑨キツネ色に色が付いたら取り出して油をきり替わりにタチウオを入れる
⑩タチウオの下面に少し焦げ色が付いたらバター(魚一切れで5グラム)を入れる
⑪両面焼いたら魚を取りだし ○ポン酢 大さじ4 ○醤油 小さじ2 ○トマトケチャップ 大さじ2 ○水 大さじ3〜4で掛け汁を作る
⑫弱火で軽く火を通しトロミ具合を見て水を入れる
⑬タマネギ1個(4人分)のスライスを皿に敷き
⑭タチウオをのせおろし大根とむいた焼きナスを添え上にカイワレ・ニンニクを盛りソースをかけレモンを添える
唐揚げ
⑦縦に切れ目を入れて
⑧カタクリ粉を付けて
⑨揚げる
生も良いけど脂っこいのもなくっちゃ…ね
若いんだから物足りないわよね

下ごしらえ
①歯にふれると危険 頭を斜めに切ってしまおう
②銀箔を包丁の裏か刃先でこそぎ取る
③8～12㎝に筒切り（揚げ物用は短く）
④新聞紙を敷き腹を割らないでワタを抜く
血合い部分は古い歯ブラシ等でこそぐ
丸×新聞
卵が入っていたらしゃぶしゃぶで…
③刺身用は肛門から尾まで 切り入れ（やりずらかったら 筒切りにしたやつを）
④背側も手前に置き換えて中骨あたりまで切り込みを入れる
長い魚は最初は尾を押さえながら切りすすみ
⑤背ビレの両面に切り込みを入れてV字形に取る
最後に肩口を押さえるとやりやすい
⑤尾に切り込みを入れて包丁を直角にして中骨の上を切り込む（反対側も）
⑥腹骨をそぎ切り血合い骨を抜く
⑦皮に筋目を入れて身を薄くそぎ切る
⑧タレを作る 昆布を一煮立ちさせてタチウオの骨を湯通しして入れる
⑨カツオブシを入れてこす
⑩野菜を用意する
○白菜 ○糸コンニャク
○長ネギ ○シイタケ
○キャベツ○大根
（3ミリ幅に切って茹でておく）○豆腐
⑪2～3秒湯に通しモミジオロシとポン酢で…
うーん 結構油っこいのね
…と言う人はレモン汁を使ったりタタキの方がいいわね
釣ったその日は銀箔を取らない鍋造りもいけるよ
鍋はゴマだれやミソだれも美味しいよ
シャブシャブ
細い所も干物にいい
干し網に入れて一夜干し
なめて辛く感じるくらいの塩水に10分程漬けて
干物
油の多い魚の割には長く保存できるよ
ラップに1つずつ包み冷凍してもいいし
冷凍
沢山釣れたら…
玉ネギを刻んだのも美味しい。その場合水分を切って大葉なども混ぜ七味を入れたポン酢などで…
⑧刻みネギかアサツキを多めに刻みショーガを加えてたたく

30 カワハギ

鮍

栄養的にはトラフグと似ている。ミネラル含有量は白身魚の平均量だが、自家消化・劣化は速く、３日過ぎると刺身はちょっとムリ。

良いポイントへ入ったかな？
おっ
特大とワッペンサイズの一荷

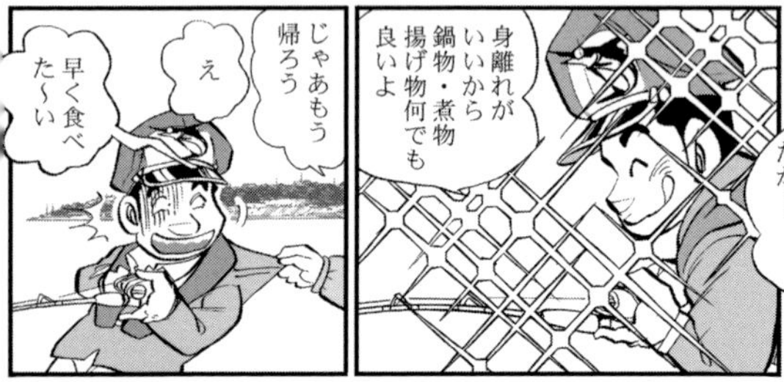

新鮮な魚はもちろん刺身だが…
身離れがいいから鍋物・煮物揚げ物何でも良いよ
じゃあもう帰ろう
え
早く食べた～い

⑧コンブを水のうちから煮る
煮立つ寸前にコンブを出して
⑨カツオ節をひとつまみ入れて1～2分煮立て
火を止めて約2分おいてていねいに漉したら火にかけて
⑩粗塩・醤油酒・ミリン少々で味を調えたら冷ましておく
⑪米4合に海洋深層水マハロをヒタヒタに入れて
5分待ってから米をとぐ
⑫米に冷ましたダシ汁を入れて飾り包丁を入れたカワハギ中2枚を入れてスイッチON
⑬炊き上がったら魚を出して身をほぐしてほぐした身を釜に戻して良くかき混ぜる
う～んいいにおい
これは2日目までよ
カワハギご飯
これは釣り人しか食べられません
⑨卵・すりニンニク・塩少々コショウ・醤油・カタクリ粉で唐揚げの衣を作る
⑩水気を取ってボールへ入れてよくかき混ぜる
⑪中温でじっくり揚げる
沢山釣れた時は…これを作って冷えたら冷凍
食べる時は電子レンジでポン…ね
トリの空揚げ風
⑧キモに塩を振って10分冷蔵庫へ
⑨酒少々醤油少々をキモに振り掛け
⑩たたいて調味料を馴染ませる
※少しでも生臭みが嫌いな人はキモを熱湯で10秒程湯通しして氷水にさらして熱を取ってから使う
⑪刻みネギワサビ少々を入れて出刃の背でたたいてネバリを出す

下ごしらえ
①口の先端を切る
②各ヒレと突起部を切る
③口の方から皮をむく
煮物にする時は目は匂いが出るから取ってしまってね
④胸骨に沿ってワタを傷付けないよう浅く包丁を入れて
⑤胸骨を引き出して付け根に近い所で切る
⑥切り口から指を入れてワタを取る
⑦腹の中に残ったワタや血を良く洗い流す
沢山ある時や小型はこれの方がラク
①ツノの後から刃を入れて
②ヒレの下まで切り下げる
③頭と胴を持ち割るようにして2つにする
キモの横にピタリと付いている黄色い半透明のニガ玉を壊さないよう取り除く
④肩口から皮をむく
⑧小さいのはそのまま中型は食べやすい大きさに切る
キモ入り湯豆腐
⑨土鍋にコンブを敷きエノキ・シイタケ・ネギ・マイタケ・切り身などを入れて
⑩豆腐をヤッコに切って入れて
⑪最後にキモを崩れないよう中央に乗せて水を8割入れて煮る
⑫煮上がったら青ネギのミジン切りとポン酢でどうぞ
切り身を1個ずつ冷凍しておくと
ふいのお客さんがある時なんか重宝よ
テッチリ風鍋
⑨白菜・ネギ・シイタケ・豆腐・春菊などを添える（3日目なら魚を先煮て臭みを飛ばしてから野菜を入れる）
今年は中国産格安
秋はマツタケなんかを奮発すると豪華…よね
お鍋が大きく具が多いと同じ材料でもお鍋
⑩もみじオロシにスダチをしぼってあさつきのミジン切りで召し上がれ
残った刺身をそのまま入れても、シャブシャブ風にした後でも…
お鍋の具が足りない時は
※もみじオロシ
皮をむいた大根に割り箸で穴を開けて赤トウガラシ刺し込んでおろす
プスッ
鍋の残り
ぞうすい
⑪お鍋が終わったら…小骨なんか残ってると食感が悪いからザルでこして
⑫汁が少ない時はマハロを足し入れご飯を入れて火を付ける
⑬沸騰したら溶き卵を回し入れて1～2回かき混ぜて火を止め5分待って召し上がれ
注どんな料理に使う場合にも取り出したキモはラップをして冷蔵庫へ
キモ和え
⑧3枚におろして
さらに5枚にして
⑨薄皮を下にして斜めに細く切ってお造り風
アッサリ系が好みの人はキモを付けずにポン酢などでどうぞ

㉛ スミイカ 墨烏賊

米にはあまり含まれないリジンを豊富に含むのでご飯に合う。タウリンも多量に含まれ、体内のコレステロールを排出することが分っている。

ギャ～
あ…ダメだよ
私いつもこんな役
バケツに水を入れてスミイカを入れてたら
刺激を与える度にいつまでも墨を吐き続けるよ

乾かないうちにすぐ洗わないと落ちなくなるよ
あれ…ちょっと模様の違うのが釣れた
あ それはモウゴウカミナリイカだよ
どちらも身が厚くて美味しいよ

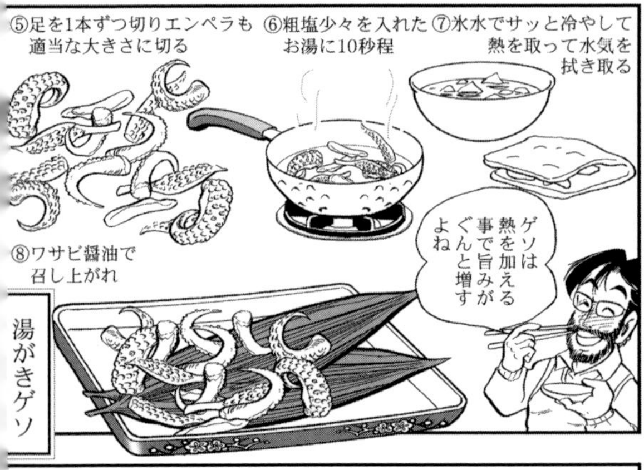
湯がきゲソ
⑤足を1本ずつ切りエンペラも適当な大きさに切る
⑥粗塩少々を入れたお湯に10秒程
⑦氷水でサッと冷やして熱を取って水気を拭き取る
⑧ワサビ醤油で召し上がれ
ゲソは熱を加える事で旨みがぐんと増すよね

かき揚げ
⑧ゲソだけで足りない場合は身にスジ目を入れてから1㎝くらいに切る
エンペラーも入れる
⑨ザルの中で薄力粉をからめる
⑩天ぷら専用粉を溶いて混ぜ合わせてお玉を使ってそっと落とし
⑪180℃くらいのやや高温で揚げるうっすらキツネ色になったら山椒塩などでどうぞ
ゴマ油を2～3割入れると美味い
ゲソの旨みをとじこめた料理
やっぱり最高 ネギとか春菊を混ぜてもいいけれど…贅沢にイカだけでやってみて下さい

ナメロ
⑧身を細く切り叩いて
大葉・長ネギ ショウガ・味噌でたたき醤油を落として食べると和風
バジル エシャロット ニンニクにオリーブオイルを加えてアンチョビソースで食べると洋風

いくらでも墨の出るイカなのでワタを抜くまで新聞紙を広げてやると汚れない
①背に切れ目を入れ指を胴に入れて押し込み甲を取る
②墨袋を潰さないよう内臓とゲソを一緒に取り出す
③キモに付着している墨袋を取り除き
④ワタを切り離して目の間に刃を入れてクチバシと目を取る(ワタごと新聞紙と捨てる)
丸×新聞
下ごしらえ
⑤ミミ(エンペラ)を胴体の間に刃を入れてミミを取る
⑥身の縁に切れ目を入れて皮をはぐ
⑦先端から内側の薄皮を剥がす
竹串やヨウジを刺し入れながらやるか乾いたペーパータオルか布巾で摘むとやりやすい
これは根気良くやってね
上手くやると表の薄皮もはがれるよ
身が厚くてシャキッとしているから
いろんなお造りにもしやすいイカですよ
冷凍焼けもしにくい長持ちイカです
ちょっと気取って変化を持たせて…
おいおいしまうなよ
⑧斜めに薄くそぎ切る
⑨半分ずつ重なるように並べて
包丁をできるだけ寝かせて薄く切る
⑩くるりと巻くと花形
⑩7㎜幅で切ると鳴戸巻き
⑧浅くスジ目を入れてノリや大葉を乗せて巻き
刺身
端っこは薄くそいでそのままどうぞ
⑧広げた身にゲソを乗せてまるめ
ツマヨウジで止める
⑨金串を3本刺して炭火で焼く
七輪は炭をちょっと少なめ
※ガスコンロで焼く時は2重になってる網など…
⑩酒と醤油同量のタレをかけて更に焼く(5~6回繰り返す)
焼きイカ
時間と手間をかけてこんがり焼けたら召し上がれ
縁日で売ってる焼きイカとは一緒に出来ない格別の美味さ
⑨春菊の堅い茎を取る
⑩ネギを4㎝幅で白髪ネギにして松の実をみじん切り
⑪イカに松の実をまぶしネギと春菊を乗せて巻く
ゴマ油・コチュジャン醤油で好みのタレを作って添える
韓国風刺身

32 ヒラメ 鮃

高タンパク・低脂肪、ミネラルのバランスも良く、消化・吸収も良いので子供やお年寄・病人食としても最高。

ちょっと波も出てきたし…そろそろ上がろうか
え〜私釣れてない…
2kg級2枚とソゲ1枚あるからホームパーティーには十分だよ
ヒラメって言うと刺身のエンガワ…って思うでしょ
でも今日はちょっと正月らしく手のかかったやつを作ってあげる
何ボヤボヤしてるの全速発進ー！
タハハ
お吸いもの
⑦細長く切り
⑧ひと結びにする
⑨キュウリの切り口からスプーンの柄を入れ回しながらシンを抜く
⑩皮をひと剥きしてから小口切りにして熱湯にくぐらせる
⑪熱湯カップ3塩小さじ2を入れた湯にヒラメを入れ煮立ってから2分
⑫ダシ汁カップ4を火にかけて塩小さじ薄口醤油小さじ1を入れて一煮立ちしたら味をみて塩で味を調える
⑫温めたお椀に入れ
⑬お椀にキュウリを入れ熱い汁をそそぎユズをそえてフタをして出す
ポテト風唐揚げ
⑧小麦粉をまぶして
⑨170〜180℃で揚げる
サラダ油7ごま油3の割合で揚げるのがこだわり
キツネ色になっては揚げ過ぎよ
⑩油を切って味塩・コショウを振り掛ける
塩こしょう
ヒラメすき
⑦一口大に切る
②醤油3ミリン・酒各1の分量の漬け汁に切り身を1時間漬ける
③ダシ汁4醤油1酒・砂糖適量で煮汁を作る
④8分目の煮汁を土鍋で煮立て魚から煮る
※長ネギ・春菊・焼き豆腐・生麩・茹でタケノコ
⑤すき焼き風に溶き卵をかけるか好みで粉サンショウ七味唐辛子で食べる
どちらの鍋もお正月のおコタの中家族で囲んで食べる鍋ね
ぐつぐつ

下ごしらえ
ヒラメはウロコが細かいから剥がすのは大変よ
①切れる柳刃を皮とウロコも間に刃先を前後に動かしながらこそぐ(出刃でやるときは刃先を使い根気よく焦らずこそぐ)
※ヒレの間際は身を手で持ち上げるとやりやすい
②表面のウロコそぎが終わったら裏返しにして裏側もやる
このまま薄くそぎ切れば刺身だけど
③頭を落としワタをぬく
④側面に沿って刃を入れヒレ際からも中骨まで刃を入れて片身をそぎ取る
⑤繰り返して5枚におろす
⑥エンガワを切り離し皮を引く
シャブシャブ
⑦血合い骨を取る
⑧頭やアラを湯通ししてダシ昆布を入れ1.5㍑の水で弱火で炊く
⑨酒カップ1/2塩小さじ1で味を付けてダシ昆布は10分程で出しさらに10分煮る
⑩火を止めたら煮汁をこす
⑪ヒラメを切り口の面積が大きくなるようにそぎ切る
⑫手前にニンジンの薄切りを並べて奥にチンゲン菜を重ねてその上にヒラメの身を盛る
表面がさっと白くなれば食べられる…わよ
皮付きも美味しいよ
⑬白菜・春菊・長ネギ・シイタケ・サヤエンドウ・三ツ葉(好みで)・シラタキは熱湯を通し食べやすい長さに切っておく
⑭ポン酢醤油やゴマダレ・アサツキの小口切りに紅葉おろし等お好みでどうぞ
煮こごり
⑦背骨やしっぽの付け根後頭部などの残った身をこそぐ
⑧醤油・酒ミリン各1を煮立て集めた身をほぐして入れる
⑨煮立ったら水溶きしたカンテンを入れよくかき混ぜて火からおろして濡れタオルなどで冷ます
⑩弁当等の四角い容器に入れて
冷蔵庫の中に入れ固める
⑪適当に切って盛り付ける
カレイでも出来るよ
にゅうめん
⑦フードカッターで潰し卵の白身と山芋のスリ身を少しずつ入れ耳たぶくらいの硬さにする
⑧ビニール袋に入れて端をほんの少し切る
⑨鍋に昆布を入れて沸騰したら湯を回しながら袋をしぼる
⑩浮いてきたらザルにあけ吸い物の汁を入れ好みでユズと季節の物で飾る

33 アコウ 赤魚

普段は水深500～700mに棲息。冬から春に産卵の為150～200mの浅場に来るので、本格的な深場セットを持ってない人でも楽しめる。

うわ…すっごい
沢山釣れたのねー
スミヤキやドンコも入ってるぞ
ブツにして鍋に入れちゃお
でも本当にいいのこんなに沢山
1～2日位の保存なら冷蔵庫に移し替えないで
このまま氷だけ追加して下さい
1人じゃ食べきれませんから
一緒に食べて行くんだろ
ハイ
じゃヒゲさん達も呼ぶわね
小さいアコウはやっぱり煮付けや揚げ物？
煮魚
②頭を取らずにワタを出して隠し包丁を入れる
③熱湯をかけて取り残しのウロコを取り除く
④水3・酒1・砂糖大盛り3で頭を左にして煮る
ちょっと甘めがいいわよ
⑤ある程度煮えたらショウガの薄切り･醤油を入れて味をととのえる
⑥汁に粘りが出たら魚を出す。汁は箸でかき回して焦げない様に粘りを強くして魚にかける
姿揚げ
⑤魚を2㎝角に切り軽く塩を振り10分
⑥身を揚げて頭と中骨、尾も揚げ 春雨も揚げて皿にしく
⑦頭・骨・尾を並べて上に身を乗せる
大人はポン酢にモミジオロシで子供はケチャップで召し上がれ
揚げた身が余ったら煮ると揚げ煮になるよ
寄せ鍋
⑦皮の部分に熱湯をかける
⑧取り残しのウロコが立ったらきれいに取って1.5～2㎝くらいの幅に切る
⑨野菜を用意する白菜・エノキ・竹の子・春菊・ネギ（あり合わせの冷蔵庫にある物でいい）
⑩切り分けた身に熱湯をかけ霜降りにして冷水の中できれいにしておく
⑪水1～2ℓ・酒50ccくらいにコンブを入れて火をつけ沸騰寸前にコンブを出し塩魚汁(しょっつる)を少しずつ入れて味をととのえる
アコウ…ってやっぱり火にかけた料理がいいわね
塩魚汁
⑫魚を入れてアクが出たらすくい野菜を入れる
こちらは焼き豆腐やシイタケやマイタケ
好みでセリなんか入れてもいいし
スイトンを入れてもいいよ

下ごしらえ
①ていねいにウロコを落とす
②頭を取って
ワタを出す
③魚の腎臓(中骨にべったりと付いている血の様なもの)を割り箸でこそぎ水洗いする
④３枚におろして骨抜きで細かい骨を抜く
⑤皮付きのまま食べやすい大きさに切る
⑥頭を割る
手元が危ないと思ったら調理バサミで切る
※大きい時はさらにこんな風に切る
土手鍋
⑩鍋の縁にミソを盛りつけて
コンブ１枚を敷き火をつけ沸騰したらコンブを取り除き魚から煮るコンブを入れっぱなしにすると渋みが出るよ
⑪酒２ ミリン１ 白ミソ１を入れて煮る
⑫魚が煮たったら野菜を入れ汁が薄まったら縁においたミソを好みの味に溶き入れる 土手鍋は魚ダシで野菜を食べる鍋です
外道のドンコやスミヤキもぶつ切りで入れると味もこっくり…ね
アコウはマダイよりあっさりしてるからただの刺身だと何となく物足りない感じがするけれど
だから焼いて旨みを出すんだ
焼きチリ
⑤金串３本くらいで皮に穴を開けて
⑥皮目に粗塩を振り10分おく
⑦串を刺してガスの直火(七輪なら下の口を開けて強火)で皮に焦げ色が付くように焼く
⑧氷に入れ荒熱を取り水気を切る
⑨２㎝くらいの食べやすい大きさに切る
⑩白髪ネギを皿に敷いてその上に魚を盛る
カラシ醤油やポン酢で召し上がれ
寄せ鍋は醤油１・酒２ ミリン１・調味料適量・塩少々でも出来るし、能登半島特産のイカ醤油『いしる』等でもがらりと雰囲気の変わったお鍋が楽しめる
奥さんと別れたばかり…
やっぱりこうゆう暖かい鍋は家族で食べたかったよな
違うんです
？
こんなに美味しい魚をあげなきゃならない独り身が悔しいんです
鬼ケチ

34 オニカサゴ

鬼鮋

オニカサゴ・イズカサゴ・フサカサゴが一緒にされているふしがある。みな岩礁帯に棲息し毒があるからか。イズカサゴは「沖オコゼ」と呼ぶ所もある。

ほっぺの小さいトゲトゲも危険
釣れたら安全な下顎を持つ
後はみんな危険
波の無い日ならハサミで背ビレなどを切った方が無難
やって…
この魚はなんと言っても鍋が美味しい

釣れたら直ぐ血抜き
1kg級ならまずシャブシャブやチリ鍋を…
外道が多かったり小さいのは蒸し物がいいよ

小さい魚や本命より外道が多かったら…
③蒸し鍋に水と酒塩を少々入れて
④ふきんを敷き魚を入れて
酒と塩を振り掛け1時間置く
⑤約20分蒸す
⑥タレはポン酢もいいけれどカラシ味も最高
蒸し物
③背ビレ沿いに隠し包丁を入れておく
④頭部以外に小麦粉をまぶし
⑤中温の油に静かに魚を入れ
⑥時々油をすくって掛けながらじっくり揚げる
唐揚げ
③ドンコやアカボラ等下処理した魚をぶつ切りホタテやエビ、鶏肉を用意
④白菜・ネギ・春菊・キノコ類を食べやすく切っておく
⑤シラタキは熱湯にくぐらせて食べやすく切りそろえておく
⑥モミジオロシ白髪ネギアサツキの小口切り等の用意
⑦コンブカツオ節干しシイタケ酒少々好みでミリン等でダシ汁を作る
⑧魚から煮て煮立ったら野菜を入れる塩味が欲しいときほんの少し醤油
寄せ鍋
薄造り
⑥ヒレを洗って干す
⑦炙って
⑧熱燗をそそぐ
ヒレ酒
釣ってその日の刺身は味がないね

下ごしらえ
①ウロコをおとす
危ないと思ったら背ビレ等を切ってから（唐揚げなんかは取っちゃダメ 格好が悪くなる）
②腹に浅く切れ目を入れてエラとワタを取り血を水で洗う
濡れタオル等でトゲトゲのホッペを押さえるか安全な下唇を押さえてウロコを取ってもいい
ホッペのトゲトゲもキッチンバサミで切る
③背ビレ沿いに中骨の上を切り込み３枚にする
④中骨を適当な大きさに切る
⑤頭を外し2つに割る
キッチンバサミが簡単
シャブシャブを楽しんでからアクを取ってチリ鍋でもいいけれど
やっぱり今回のイチ押しはチリ鍋です
シャブシャブも後の事を考えて土鍋がいいわよ
兜蒸し
⑥塩を振って30分置く
頭も結構大きいから
割って鍋に使ってもいいんだけど
⑦蒸し器に入れ強火で15分（酒を振ると酒蒸しになる）
ネギとモミジオロシをそえたポン酢が美味しいよね
大きいほっぺは、食べられる身もタップリあるよ
チリ鍋
⑥土鍋にたっぷり水を入れて沸かす
⑦アラ等をサッと水洗いし（外道のアカボラなどを入れてもいい）
⑧アクが出たら丹念に取る（時間をかけて汁の半分くらいを取る感じ）
⑨その間に私は3枚におろした身の皮をそぎ薄くそぎ切り
⑩1枚ずつ皿に盛りつける
⑪白菜・ネギ・豆腐カマボコを入れる（お湯が少ない時は足してから）
⑫煮えたらダシ調味料少々と天然塩ひとつまみで味付け
⑬食べる寸前に醤油を垂らす（多いと醤油に負けるので大鍋に大さじ１くらいが良い白醤油があればそれを垂らす）
白しょうゆ
この刺身を入れちゃってもいいよ
料理屋さんは骨などのアラばかりでチリ鍋にするけれど
釣り人はゼータクね
10年で40㎝くらいと育ちの遅い魚だから
小さいのは…大切にリリースしてやろう
…って食べてからだとなんか説得にかけるね

35

サワラ

鰆

サバ科にしては細長く平ら。サワラのサは「狭い」ワラは「腹」の意。地方名のサゴシは「狭い腹」から。1～2月の脂の乗ったものが「寒サワラ」。

うはー
タチウオと並ぶおっかない顔
でも何にしても美味いよね

サワラはふだん沖合の深い暗い所に棲んでいるらしく
春から梅雨の時期まで薄濁りの潮があると良く釣れる
同じ仲間でも通称沖サワラは濁った水が嫌い…って不思議だよね
沖サワラ
うしさわら
かますさわら
ひらさわら
身が軟らかく身割れしやすい魚なのでクーラーは大型かスッポリ入る長い形の物がいいよ
サワラはなんと言っても焼き物が最高
そのコツは釣りたてで死語硬直の物はそのまま料理でもいいけれど
…っておいらの好み…
沢山釣れたらミソ漬け&西京漬けなど焼き物用で保存
⑦皮付きのまま適当な大きさに切る
⑧翌日にやる時は必ずひと塩して
30分程おいて…から
⑨水気を拭き取り
ペーパータオル等
このまま焼くと左下の塩焼き
⑩白ミソ200g 酒大さじ1 ミリン大さじ1 塩少々
これに平均にまぶして1~2日漬けると西京漬け
⑩合わせミソ 酒大さじ2 これにまぶすとミソ漬け
⑪この2つは1~2日漬けたらそのまま冷凍保存か焼いて冷ましてからジッパー付きのビニール袋に入れて冷凍し、食べたいときにレンジでチンでもお手軽
⑫焼かずに冷凍していた物は焼く時はそのまま溶かさずやや少なめな炭で焼く
⑦皮付きのまま1.5㎝ぐらいの厚さに切り
⑧振り塩をして
⑩葛に少量の水を入れて硬めに溶いて
ネバ
⑪切り身にまぶして
⑫180℃で衣が薄く色ずく程度にカラリと揚げる
油を良く切ってから和紙を敷いた皿に
琥珀揚げ

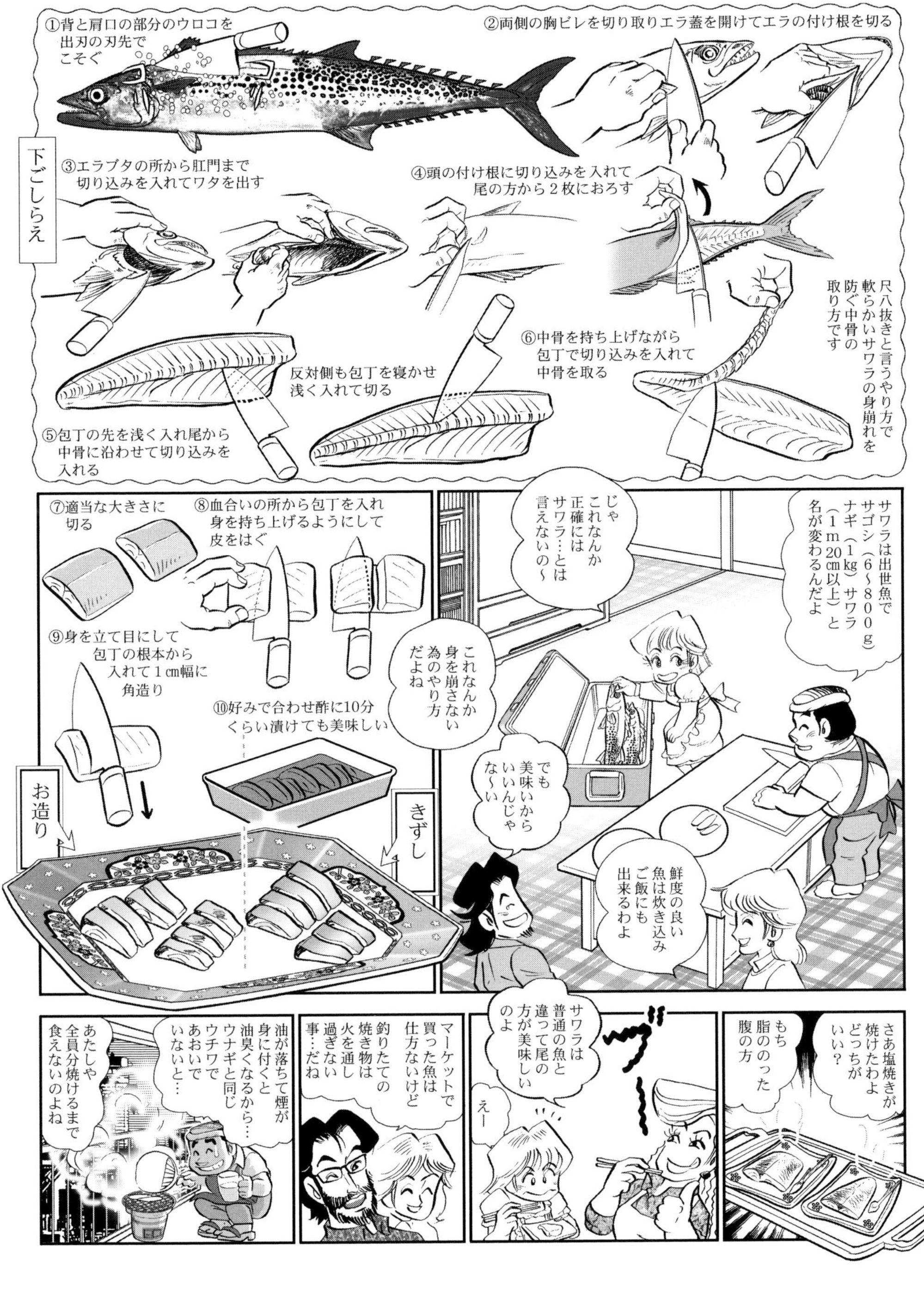
下ごしらえ
①背と肩口の部分のウロコを出刃の刃先でこそぐ
②両側の胸ビレを切り取りエラ蓋を開けてエラの付け根を切る
③エラブタの所から肛門まで切り込みを入れてワタを出す
④頭の付け根に切り込みを入れて尾の方から２枚におろす
尺八抜きと言うやり方で軟らかいサワラの身崩れを防ぐ中骨の取り方です
⑤包丁の先を浅く入れ尾から中骨に沿わせて切り込みを入れる
反対側も包丁を寝かせ浅く入れて切る
⑥中骨を持ち上げながら包丁で切り込みを入れて中骨を取る
サワラは出世魚でサゴシ（６～８００ｇ）ナギ（１㎏）サワラ（１ｍ20㎝以上）と名が変わるんだよ
じゃこれなんか正確にはサワラ…とは言えないの～
これなんか身を崩さない為のやり方だよね
でも美味いからいいんじゃないな～い
鮮度の良い魚は炊き込みご飯にも出来るわよ
⑦適当な大きさに切る
⑧血合いの所から包丁を入れ身を持ち上げるようにして皮をはぐ
⑨身を立て目にして包丁の根本から入れて１㎝幅に角造り
⑩好みで合わせ酢に10分くらい漬けても美味しい
お造り
きずし
さあ塩焼きが焼けたわよどっちがいい？
もち脂ののった腹の方
サワラは普通の魚と違って尾の方が美味しいのよ
ヴ～～
えー
マーケットで買った魚は仕方ないけど釣りたての焼き物は火を通し過ぎない事…だね
油が落ちて煙が身に付くと油臭くなるから…ウナギと同じウチワであおいでいないと…
あたしゃ全員分焼けるまで食えないのよね

36 コノシロ 終

秋に捕れるシンコ、コハダ、春のコノシロと大きさで名が変わる。カルシウム吸収に必要なビタミンＤも豊富で小骨ごと食べる。

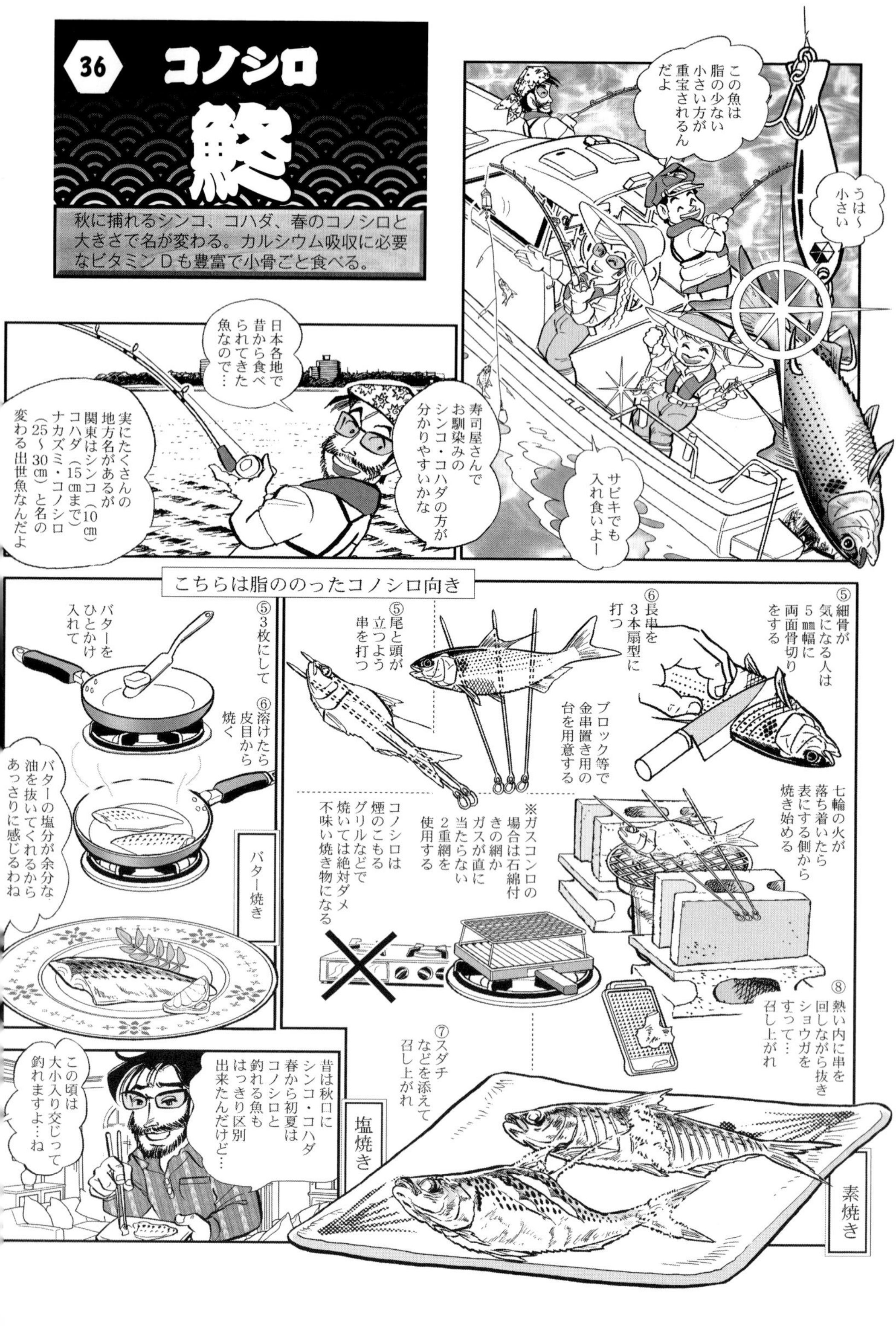

この魚は脂の少ない小さい方が重宝されるんだよ
うは～小さい
サビキでも入れ食いよー
日本各地で昔から食べられてきた魚なので…
寿司屋さんでお馴染みのシンコ・コハダの方が分かりやすいかな
実にたくさんの地方名があるが関東はシンコ（10㎝）コハダ（15㎝まで）ナカズミ・コノシロ（25～30㎝）と名の変わる出世魚なんだよ
こちらは脂ののったコノシロ向き
⑤細骨が気になる人は5㎜幅に両面骨切りをする
⑥長串を3本扇型に打つ
ブロック等で金串置き用の台を用意する
⑤尾と頭が立つよう串を打つ
七輪の火が落ち着いたら表にする側から焼き始める
※ガスコンロの場合は石綿付きの網かガスが直に当たらない2重網を使用する
コノシロは煙のこもるグリルなどで焼いては絶対ダメ不味い焼き物になる
⑧熱い内に串を回しながら抜きショウガをすって…召し上がれ
⑦スダチなどを添えて召し上がれ
素焼き
⑤3枚にして
バターをひとかけ入れて
⑥溶けたら皮目から焼く
バターの塩分が余分な油を抜いてくれるからあっさりに感じるわね
バター焼き
塩焼き
昔は秋口にシンコ・コハダ春から初夏はコノシロと釣れる魚もはっきり区別出来たんだけど…
この頃は大小入り交じって釣れますよ…ね

したごしらえ
①ウロコを取る
酢締めはシンコやコハダサイズよ
②焼いて食べる時は胸ビレより肛門まで切り込みを入れてワタを出す(かくし包丁)
③水洗いして水気を取り振り塩をして約30分
④水洗いして水気を取り
※皮むき器を裏返しに使うとウロコが飛び散りにくい
②寿司や酢締めなら頭を取り肛門までの三角に切りワタを出す
この状態にしてからワタを出す
③中骨に沿って身をそぎ腹骨をすき取る
④薄く振り塩をする
皮目にもなでるようにして塩をする
コノシロはまるで飛行機の翼の断面図のような腹にいく程薄っぺらだから…
寿司
⑤酢・砂糖・ショウガの薄切り・色つけ程度の醤油をおとし合わせ酢を作り30分ぐらい漬ける
⑥指でさわってはっきり分かる小骨を抜き食べやすい大きさ（3㎝幅くらい）に切る
⑧ご飯に市販の寿司の素を振り掛けてにぎる…
お寿司屋さんのコハダよりこっくりしてるよ
卯の花漬け
⑥卯の花を目の細かい裏ごし器に入れ流水で洗う
(鮮度の良いもの良心的なお豆腐屋さんのものはそのまま使える)
布巾で包んで水気を絞り
⑦卯の花カップ5に対して酢150cc塩小さじ4砂糖大さじ4卵黄3個分をよく混ぜ中火にかけるひっくり返しながら時間をかけて焦がさないようにサラサラになるまで炒める
(焦げそうになったら火から外して熱を冷ます)
⑧炒めあがったら冷ましてから使う
皮目に切り身を入れ食べやすい大きさに切ったコハダを卯の花と交互に入れる
途中トウガラシや好みで細切りのゆずの皮をサンドイッチ
最低1日ぐらい漬けた方が美味しい
なます
⑥酢5.5水4.5塩小さじ1砂糖大さじ3で甘酢を作る（ショーガの薄切り等を入れても良い）
⑦コハダを1時間漬け
塩もみした大根やニンジンの千切りを添える
魚族は個数が少なくなると絶滅しないよう産卵の時期をずらす産み分けをするそうなんだけど…
あ？東京湾のカサゴなんか年4回産卵してるって…
この魚もそうなのかしら
メチャ捕りしないで大切にしていかなくっちゃ…
…って酢漬けいっぱい作ってるやつがいる
今度はいつ釣れるかわかんないんだも～ん

37 シマガツオ 縞鰹

エチオピア皇帝が来日した時に捕れたとかで、別名『エチオピア』。フライや空揚げなど、まるで脂の少なめの鳥の肉。

うは…すっごい顔
こっちも釣れた

釣れた時は白銀色なのに死ぬとすぐ真っ黒になっちゃう
しかも黒い表皮もはがれて…黒いシルみたいになるし
その証拠に時々寄生虫を飼ってるやつがいる
ひー
だから虫さんがあまり内臓から出歩かないよう
本当はこんなの
すぐ氷水で冷やすのが肝心!
捨てちゃお…
おいおい釣れてくれたお魚さんになんて事を
顔は黒いけど味はなかなかのものよ
保存は…こちら
⑦ミソ4砂糖1酒1を水分が無くなるまで煮詰めて冷ます
⑧身を適当な大きさに切って軽く塩を振って1時間
⑨冷めてからオロシショウガを混ぜて
タッパ等の容器にミソを敷きガーゼ切り身・ガーゼミソの順で入れる
⑩冷蔵庫に入れて半日～2～3日経ったら焼いて食べるか…
そのまま1つずつはがれるようラップに包んで冷凍してもよい
切り身
ガーゼ
ミソ
ミソ漬け焼き
フライ
⑦適当な大きさ（7㎝くらいに）切って
⑧カタクリ粉卵・パン粉をまぶして
⑨揚げる
⑦バターで焼けばバター焼き
カタクリ粉をまぶしてバターで焼けばムニエル
バター焼き&ムニエル

③ほぼ真ん中に切り込みを入れる
どうしても細かい黒い薄皮が取れるので
気になるようならまな板をきれいにしてから腹骨をすき取る
②水洗いする（黒っぽい薄皮のはがれなども落とし水気を抜き取る）
①ウロコをこそぎエラとワタを取る（寄生虫のアニサキスが腹腔やワタにいる事がある）
⑥尾の方から包丁を動かしながら皮をそぐ
⑤中骨の上に包丁を入れ身をはがし５枚おろしにする（背の方を生食に）
④頭の上に斜めに切り込みを入れる
下の腹身は熱を通す料理に使う
下ごしらえ
ハンバーグ
ミンチにして
好みで汁を切った玉ネギやネギを入れる
唐揚げ
⑧カタクリ粉をまぶして揚げる
あらかじめ醤油ベースのタレに漬けてから揚げてもいいわよね
唐揚げは塩・コショウで食べてもいいし
⑦薄くそいで皿に盛って
この頃出回っている無添加の梅ドレッシングなんかもいい
こっくり味が好みの人はペーパータオルなどに包んで１日冷蔵庫に寝かせてからの方が味があって美味しいよ
刺身
⑧氷水で洗って氷の上に並べる
ワサビ醤油も良いけど熱い日は梅酢などのすっぱい系がいいよ
洗い
うーん唐揚げもミソ漬けも
まるで鶏肉みたい
釣れる魚は１～２kgと大きいし
釣れるとなると数も釣れるから
カタクリ粉なんかをまぶしておいて冷凍しておくと使いやすいよね
それにしても
これもピンクの色でもしていたらもっと人気のある魚になったのかもしれないね

38 メダイ 目鯛

全長1mオーバーになり、ヒラマサのような強い引きをするので人気がある。大抵高級料理亭直行でマーケットに並ぶのは少ない。

うわ〜大きいわよ〜
引きはヒラマサみたいでスリリングだし
この魚は体表にヌルがあるから…嫌う人もいるよね
形もいいし
食べ方も実に色々あるんだけど
でも
下田方面で釣ったら…大きめのクーラーにザク氷を入れ少し海水を入れて持ち帰る
曲がりくねった伊豆半島の道のおかげで
家に帰り着く頃はすっかりきれいになっている
メダイの定番はみそ漬けなんだけど…今回は割愛
保存は先月のシマガツオを参考にして下さい
⑥細かく刻んでたたいて
⑦すり鉢ですり
⑧塩・コショウ・玉ネギ・ごぼう・しょうがのみじん切り・黒ゴマ・カタクリ粉少々を入れダンゴを作る
⑤頭を2つに割って
⑥塩を振って20〜30分
⑦こんがり焼いて
⑧鍋に入れ熱湯をそそぐだけ
三つ葉などを添えて召し上がれ
潮汁
⑨皮付きの身とダンゴを入れ（こっくり味が好きならアラでダシ汁を作ってから）
⑩煮立ったらアクを丁寧に取り
⑩あり合わせの白菜など野菜を煮て召し上がれポン酢が合うよ
皮付きの身でも美味だけど…つみれ鍋は最高ポン酢に合うよ！
暑い時だけど…鍋はシャブシャブなんてのもこの魚最高！
つみれ鍋
⑤皮をそがずに適当な厚さに切って
⑥湯引きをする
⑦さっと冷水で冷まして水気を取って盛りつける
日持ちのいい魚だから一週間くらいは生で食べられるニャ〜

①ウロコを取る(割合魚が大きいからどうしてもウロコが飛び散りがちなのでビニールのゴミ袋の中などでやると良い)
②エラを取り肛門まで切り込みを入れてワタを取る
がさ
ごそ
駐車場でやんないで!
夏は後で匂うのよ～
ご近所に怒られるわよ
近場で釣ってヌルが残っている時は頭の方から洗いヌルを流そう
何匹かある時は塩をまぶしておいて順繰りに
③水洗いし水気を拭き取り
④頭の所へ斜めに切り込みを入れ身をはがす
目のすぐ後まで身があるよ
2kg以下の小さいものは半身ずつでもいいが
大きい時は真ん中に刃を入れてヒラメのように5枚におろす
下ごしらえ
⑤皮をそいで適当な大きさのサクにしてから
⑥薄切りにする(鮮度の良いうちは薄切り3日くらい経ったものは普通の厚さに切る)
⑦醤油・酒ショウガスライス(濃厚な味が好みの方は卵の黄身を入れる)
⑧色がしっとり付くまで10分くらい漬ける
生淡泊なので漬けがおすすめ好みでミリン少々でもいい
刺身は梅酢がおすすめ
それを丼にしたり寿司なんかにして和カラシで食う…美味しいよ
作り方
①しょっぱくすっぱい昔ながらの梅干し数個を刻んでたたいて
②日本酒大さじ2～3で溶くだけ…
好みで醤油1滴
でも、今気に入ってるのがこれ!ドレッシングなんだけど
白身の魚・しゃぶしゃぶなんでもいける!
龍神村
松皮造
刺身
漬け
漬け丼
寿司
メダイを嫌い…なんて言う人は食べ方を知らない人…ね
でも…あまりマーケットでは見かけない魚よ…
ほとんど料亭に直行の魚だから…ね
…と言う事はやはり美味しくしかもいろんな食べ方を楽しめる
白身で淡白な味だからホイル焼き・フライ中華の酢豚風とか天ぷらはもちろんオリーブオイルを使った洋風の料理にも合いますよ…って
料亭 すずかぜ
みんな食べちゃったの…
若メタボになるよ～
だれ?↓

39 カツオ 鰹

1kg未満の魚は渋みがあり不味いのがあるが、10～20kgの下りガツオとなると、マグロより身は赤黒く、パワーもマグロに劣らない。

おお 5kgは超えてる良型だよね
ゼイ
はあ
疲れた…
ゼイ
はあ
カツオと言ったらタタキだが。
焼くことで硬い皮が食べやすくなり香ばしい香りでカツオ自体の生臭さを消して食べられる
添える薬味は小口ネギ・玉ネギ ニンニク・大根オロシ …レモン等漁師や各家庭のバリエーションも多いから
回り持ちでパーティーなんてのもいいね
ただ…カツオは色の変わりやすい鮮度の落ちやすい魚だから
時間のかかる料理には向かないね
⑫醤油・ミリン各カップ 砂糖大サジ2に5~7ミリ厚さの刺身を2時間漬け込む
⑬やや少なめの水でご飯を炊く
⑫刺身にカタクリ粉をまぶしてさっと揚げる
⑬メンつゆを薄くして煮る
揚げ出し豆腐を作る要領だよ
揚げ煮
刺身
⑫血合いを細かくタタキ好みでニンニク・すりショウガを醤油ダレに入れて召し上がれ タタキ・土佐造り・寿司に付けてもグー
寿司
良型のハラスの寿司はトロカツオ
2～3切れ残ったら後でお茶漬け
⑭酢2/3カップ 塩小さじ1 砂糖大さじ1を混ぜて寿司酢を作る
⑮ご飯が炊きあがったら飯台に移しゆっくり回しながらかけて冷やす
③腹ビレの部分に塩をして30分
④串を打って焼く
酒のつまみにいいよ!
腹んぼ(腹ビレ)焼き
⑯青ジソをみじん切りにして水に放す ショウガもみじん切り
⑰寿司飯にカツオの漬け汁を少し振り
水気を切った青ジソ・ショウガを加えてカツオの身が崩れないよう注意しながら手で混ぜる
昔風に和辛子や唐辛子で
ちょっと違う風味を楽しんでみて
手こね寿司
⑩アラを流水 または薄い塩水で洗い血のかたまりやヌメリを取る
⑪適当な大きさに切る
⑫水から入れて煮て火が通ったら

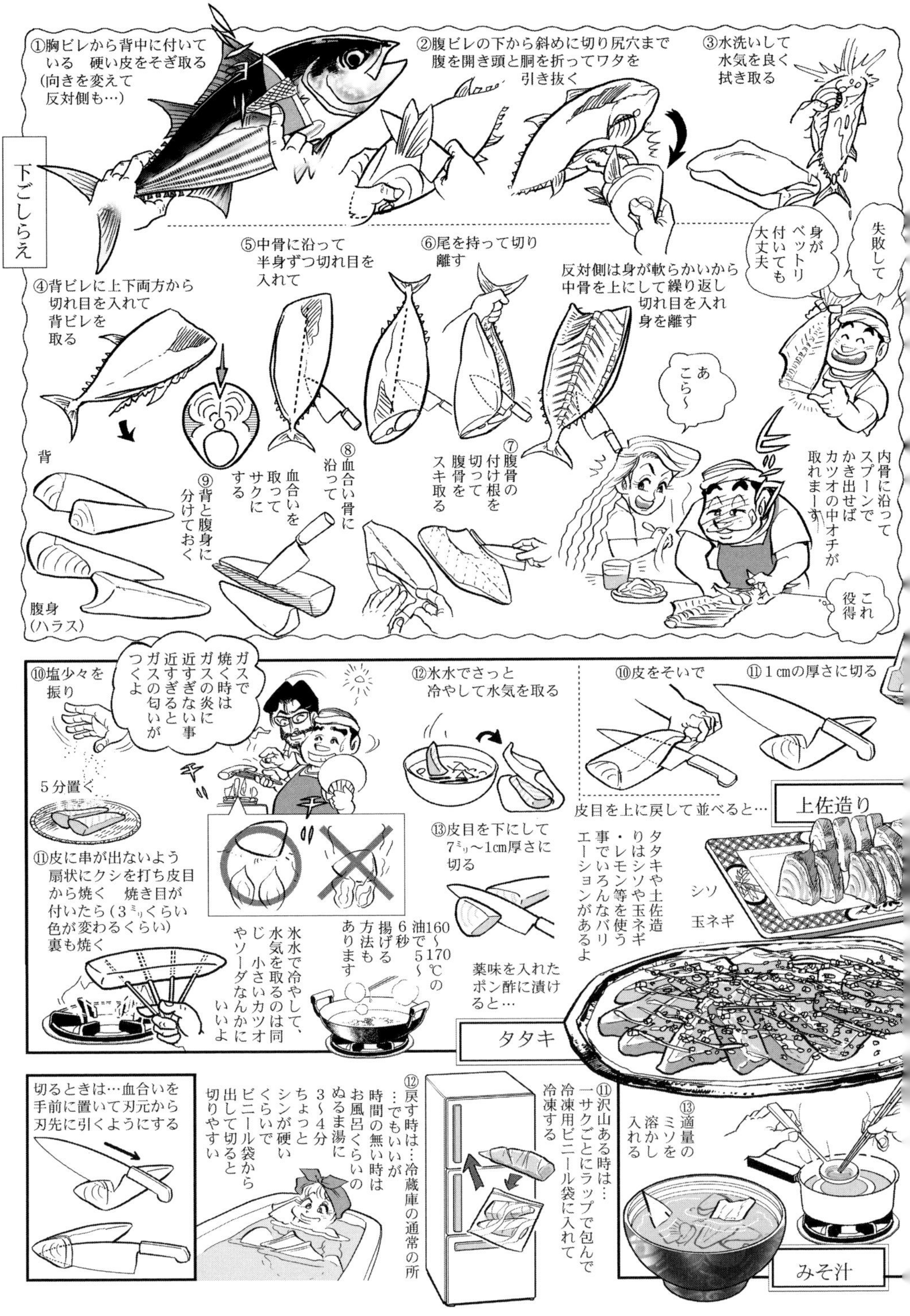

下ごしらえ
①胸ビレから背中に付いている　硬い皮をそぎ取る（向きを変えて反対側も…）
②腹ビレの下から斜めに切り尻穴まで腹を開き頭と胴を折ってワタを引き抜く
③水洗いして水気を良く拭き取る
④背ビレに上下両方から切れ目を入れて背ビレを取る
⑤中骨に沿って半身ずつ切れ目を入れて
⑥尾を持って切り離す
反対側は身が軟らかいから中骨を上にして繰り返し切れ目を入れ身を離す
失敗して
身がベットリ付いても大丈夫
あこら〜
⑦腹骨の付け根を切って腹骨をスキ取る
⑧血合い骨に沿って血合いを取ってサクにする
⑨背と腹身に分けておく
背
腹身（ハラス）
内骨に沿ってスプーンでかき出せばカツオの中オチが取れまーす
これ役得
⑩塩少々を振り
5分置く
⑪皮に串が出ないよう扇状にクシを打ち皮目から焼く　焼き目が付いたら（3ミリくらい色が変わるくらい）裏も焼く
ガスで焼く時はガスの炎に近すぎない事　近すぎるとガスの匂いがつくよ
⑫氷水でさっと冷やして水気を取る
氷水で冷やして、水気を取るのは同じ　小さいカツオやソーダなんかにいいよ
160〜170℃の油で5〜6秒揚げる方法もあります
⑬皮目を下にして7ミリ〜1cm厚さに切る
薬味を入れたポン酢に漬けると…
タタキ
⑩皮をそいで
⑪1cmの厚さに切る
皮目を上に戻して並べると…
上佐造り
タタキや土佐造りはシソや玉ネギ・レモン等を使う事でいろんなバリエーションがあるよ
シソ
玉ネギ
切るときは…血合いを手前に置いて刃元から刃先に引くようにする
⑫戻す時は…冷蔵庫の通常の所…でもいいが時間の無い時はお風呂くらいのぬるま湯に3〜4分ちょっとシンが硬いくらいでビニール袋から出して切ると切りやすい
⑪沢山ある時は…一サクごとにラップで包んで冷凍用ビニール袋に入れて冷凍する
⑬適量のミソを溶かし入れる
みそ汁

40 シマアジ

縞鯵

マーケットに並ぶのは養殖魚。その分コレステロール量も高い。天然物はカルシウムの吸収を助け、骨を丈夫にするビタミンDが多い。

ひゃ全然巻けない
かなりでっかいな…

よし！
魚が止まった
電動が動き出した
竿を立てて

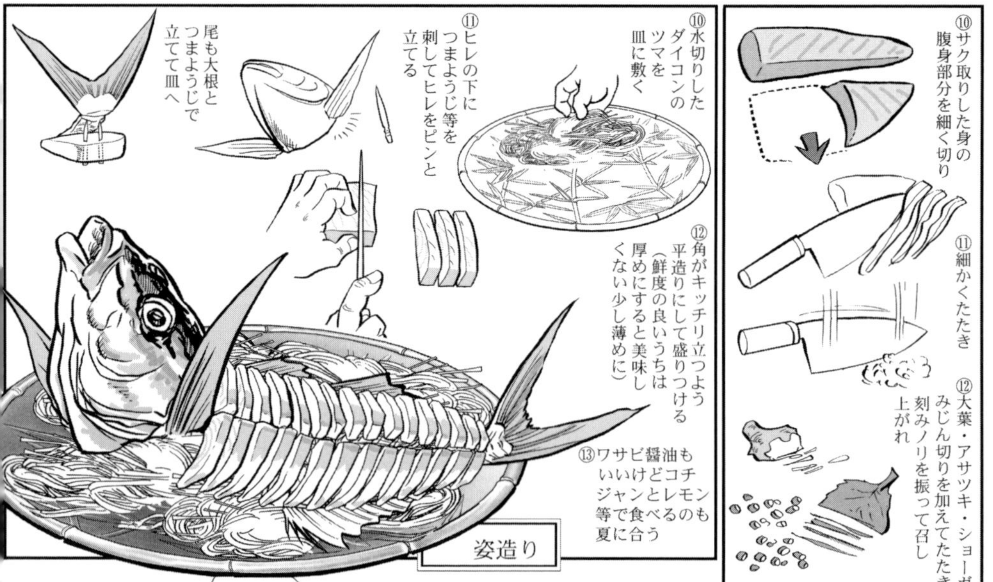

⑩サク取りした身の腹身部分を細く切り
⑪細かくたたき
⑫大葉・アサツキ・ショーガみじん切りを加えてたたき刻みノリを振って召し上がれ
トロたたき
⑩水切りしたダイコンのツマを皿に敷く
⑪ヒレの下につまようじ等を刺してヒレをピンと立てる
尾も大根とつまようじで立てて皿へ
⑫角がキッチリ立つよう平造りにして盛りつける（鮮度の良いうちは厚めにすると美味しくない少し薄めに）
⑬ワサビ醤油もいいけどコチジャンとレモン等で食べるのも夏に合う
姿造り
魚が大きいから姿造りは片身だけで十分
今回釣れたのは3kgちょいだけど寒くなるにしたがってもっと大きいのが釣れることがあるよ
でも確率低いッスよね
その釣れるか？どうか分からないギャンブル的なとこもシマアジ釣りの魅力ですかね

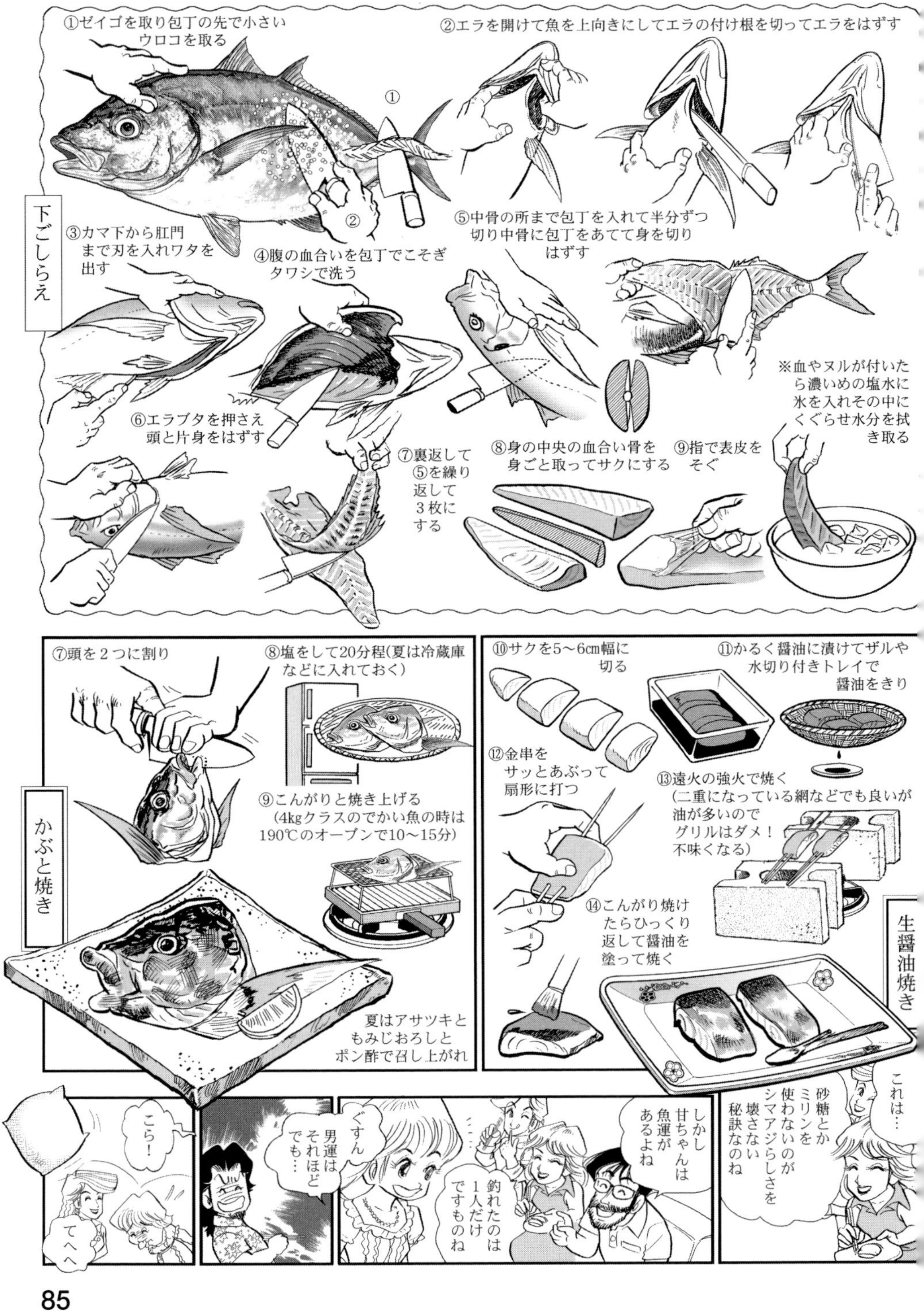

下ごしらえ
①ゼイゴを取り包丁の先で小さいウロコを取る
②エラを開けて魚を上向きにしてエラの付け根を切ってエラをはずす
①
②
③カマ下から肛門まで刃を入れワタを出す
④腹の血合いを包丁でこそぎタワシで洗う
⑤中骨の所まで包丁を入れて半分ずつ切り中骨に包丁をあてて身を切りはずす
⑥エラブタを押さえ頭と片身をはずす
⑦裏返して⑤を繰り返して３枚にする
⑧身の中央の血合い骨を身ごと取ってサクにする
⑨指で表皮をそぐ
※血やヌルが付いたら濃いめの塩水に氷を入れその中にくぐらせ水分を拭き取る
かぶと焼き
⑦頭を２つに割り
⑧塩をして20分程(夏は冷蔵庫などに入れておく)
⑨こんがりと焼き上げる
(4kgクラスのでかい魚の時は190℃のオーブンで10〜15分)
夏はアサツキともみじおろしとポン酢で召し上がれ
生醤油焼き
⑩サクを5〜6cm幅に切る
⑪かるく醤油に漬けてザルや水切り付きトレイで醤油をきり
⑫金串をサッとあぶって扇形に打つ
⑬遠火の強火で焼く
(二重になっている網などでも良いが油が多いのでグリルはダメ！不味くなる)
⑭こんがり焼けたらひっくり返して醤油を塗って焼く
これは…
砂糖とかミリンを使わないのがシマアジらしさを壊さない秘訣なのね
しかし甘ちゃんは魚運があるよね
…
釣れたのは1人だけですものね
ぐすん
男運はそれほどでも…
こら！
てへへ

41 スルメ 鯣

漁期の終わり頃になるとオスは精子の詰まったカプセルをメスに渡し、南下して産卵。冬生まれ、秋生まれのタイプがある。

わ〜い 3杯だ〜
イカの腹の中の海水をしぼって
醤油2 ミリン1を混ぜた汁を
イカに吸わせる
これで沖漬け
醤油2 ミリン・酒各1と 酒を入れる時は一度沸騰させてアルコールを飛ばし冷ましてからもってくる
沖漬けにしなかったイカは氷水に身がひたらないよう
水に浸ると身が白く濁り不味そうになる
ジップロップのビニール袋などに入れて持ち帰る
①1日漬け込んだイカに身が反らないように切れ目を入れて
汁が飛び出さないよう目を潰す
②バター・サラダ油を熱する
③イカを入れワインを少々振り掛け
フタをして蒸し焼き状態にする ※時々裏返す
焦がし過ぎないよう中のワタまで火を通す
④玉ネギをスライス
漬けイカ ステーキ
⑤焼けたらイカを出して
残りの汁で玉ネギを軽く炒める
⑥ステーキ用器に玉ネギを敷きイカをのせて出来上がり
⑦切りやすい大きさに切り分け（大きいのは3等分）
⑧出来るだけ細く！できれば1ミリ以下に縦切りにする
え〜っ 横切りじゃないんですか
居酒屋さんで数えてもらいましたよ
それは古くなって身がゆるんでからからも歯ごたえを楽しむ方法よ
プロから聞いたからって…さも権威のある本物のやり方と思うのは間違いよ
その店は多分…近所のマーケットで買う身のゆるいイカを使うからそうするしかないけど…
こんな感じにスジがある
鮮度の良いイカを横切りに切ったら噛み切れませんよ

下ごしらえ
①人差し指を胴の中に入れてワタの付け根をはずす
②胴を押さえ頭を引いて出す
胴を切り開いてからやる方法もあります
③胴の中に残っている軟骨なども抜く
④水洗いして水気を拭き取る
沢山釣れた時はワタを抜いて開いた状態で1枚ずつ
⑤耳の下から包丁を入れて耳を取り
⑥端を切り皮をはぐ
⑦ワタと足を切り離し足の片方を切って開く
ワタは塩辛に
⑧カラス口(くちばし)と目を取って2〜3本ずつ切り離す
ラップに包んで冷凍
テッポウ焼き
⑨イカ3杯分の足に大サジ1のミソをからめて
⑩洗って水気を切っておいた胴に入れる
⑪ようじで止めて
⑫オーブンで焼く
オーブンが無い人は
アルミホイルをかぶせてとろ火で焼く
⑬筒切りにして盛りつける
ポイント
揚げ物は鮮度の良いその日のイカは 飾り包丁を入れて10秒以内
タイマー
揚げ過ぎるとジューシーさを失い硬くなる
薄く細く切ることで硬さを感じさせないし美味しいわ
沖漬けはその日はカリンカリン…って音がする感じに硬い…のね
スルメは身が硬いイカだからね
年輩の歯が弱くなった年代は3日後の刺身かピンクのイカバーグがお勧め
お年寄りには筋目を入れてから刺身やそうめんに
そうめん風イカ刺し
沖漬けのそうめん
取り包丁でたたくように切る
②酒少々を入れてすり鉢でする
③倍に薄めた天つゆと混ぜてイカ刺しに漬ける
2日以降は濃い天つゆ少々かワサビ醤油でも良い
梅肉風味
沢山釣れたら…
⑨ゲソ・身をブツ切りにしてミンチ器にかける
⑩ニンジン少々 玉ネギ中1 シイタケ大3個をみじん切り
⑪イカと野菜に山芋・卵・塩少々を混ぜて
⑫適当な形を作り
Ⓐ蒸せばはんぺん
Ⓑ揚げるとサツマ揚げ
Ⓒサラダ油で焼くとイカハンバーグ
冷めたら冷凍 食べるときはレンジでポン2ヵ月位美味しいよ

42 メジナ
眼仁奈

昔、クーラーのない磯釣りなどでは下魚とされたが、血抜きされた魚はヒラマサやシマアジと一緒に出すと、真っ先になくなった。

メジナギャフ
エラブタ鋭いよ
今日はシマアジ狙いじゃなかったの〜
メジナばっかりだね
これだって美味しい魚さ

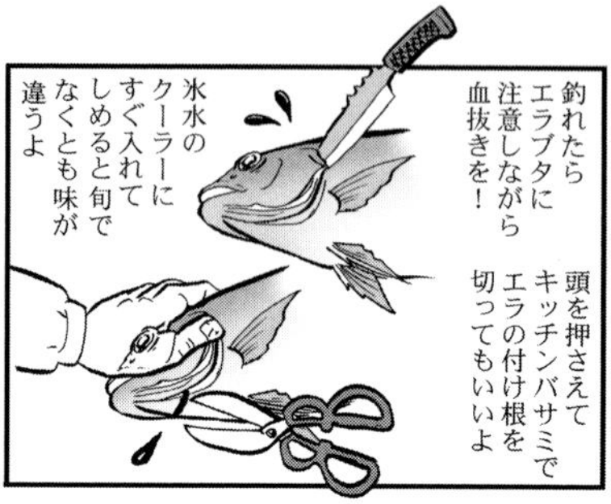

釣れたらエラブタに注意しながら血抜きを！
氷水のクーラーにすぐ入れてしめると旬でなくとも味が違うよ
頭を押さえてキッチンバサミでエラの付け根を切ってもいいよ

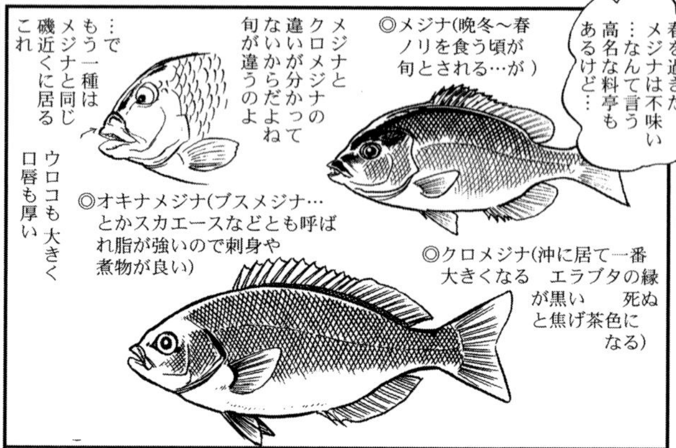

春を過ぎたメジナは不味い…なんて言う高名な料亭もあるけど…
◎メジナ(晩冬〜春ノリを食う頃が旬とされる…が)
メジナとクロメジナの違いが分かってないからだよね旬が違うのよ
…でもう一種はメジナと同じ磯近くに居るこれ
ウロコも大きく口唇も厚い
◎オキナメジナ(ブスメジナ…とかスカエースなどとも呼ばれ脂が強いので刺身や煮物が良い)
◎クロメジナ(沖に居て一番大きくなる エラブタの縁が黒い 死ぬと焦げ茶色になる)

魚名　月	1	2	3	4	5	6	7	8	9	10	11	12
メジナ	◎	◎	○								○	◎
クロメジナ				○	◎	◎	◎		○	○	◎	○

刺身が残ったら…①
⑩土鍋に水と酒少々を入れて沸騰させる 野菜の種類は白菜・エノキ・シメジ・春菊と少なめ
⑪ポン酢にもみじおろしかダイダイを2つに切って醤油を合わせるのも美味しいよ
サッと白くなったら召し上がれ
食べた後ダイコン等を加えメジナ鍋に変更しても良い
シャブシャブ

煮過ぎると骨がバラバラになるから骨は骨だけでガーゼなどに包んでもいいわよ
味は濃くしないこと
寒い時なんか体があったまるねー

④ぶつ切り
⑤ジャガイモかたゆで3個分を入れミソと酒で好みの味に
⑤カラをむいたエビ10匹の背ワタを串などで取る
⑥土鍋にコンブ1枚水を半分入れて沸かす(煮立つ前にコンブは出す)
⑥ツブ貝(なければホタテの小など)エビ・メジナを入れて
アクが出たら取る
⑦白菜・長ネギざく切り・すじを取ったサヤエンドウ一口大にちぎったコンニャク・やっこ切りのトウフを入れる
牛乳を少し入れると魚臭さも消え味もまろやか
浜鍋

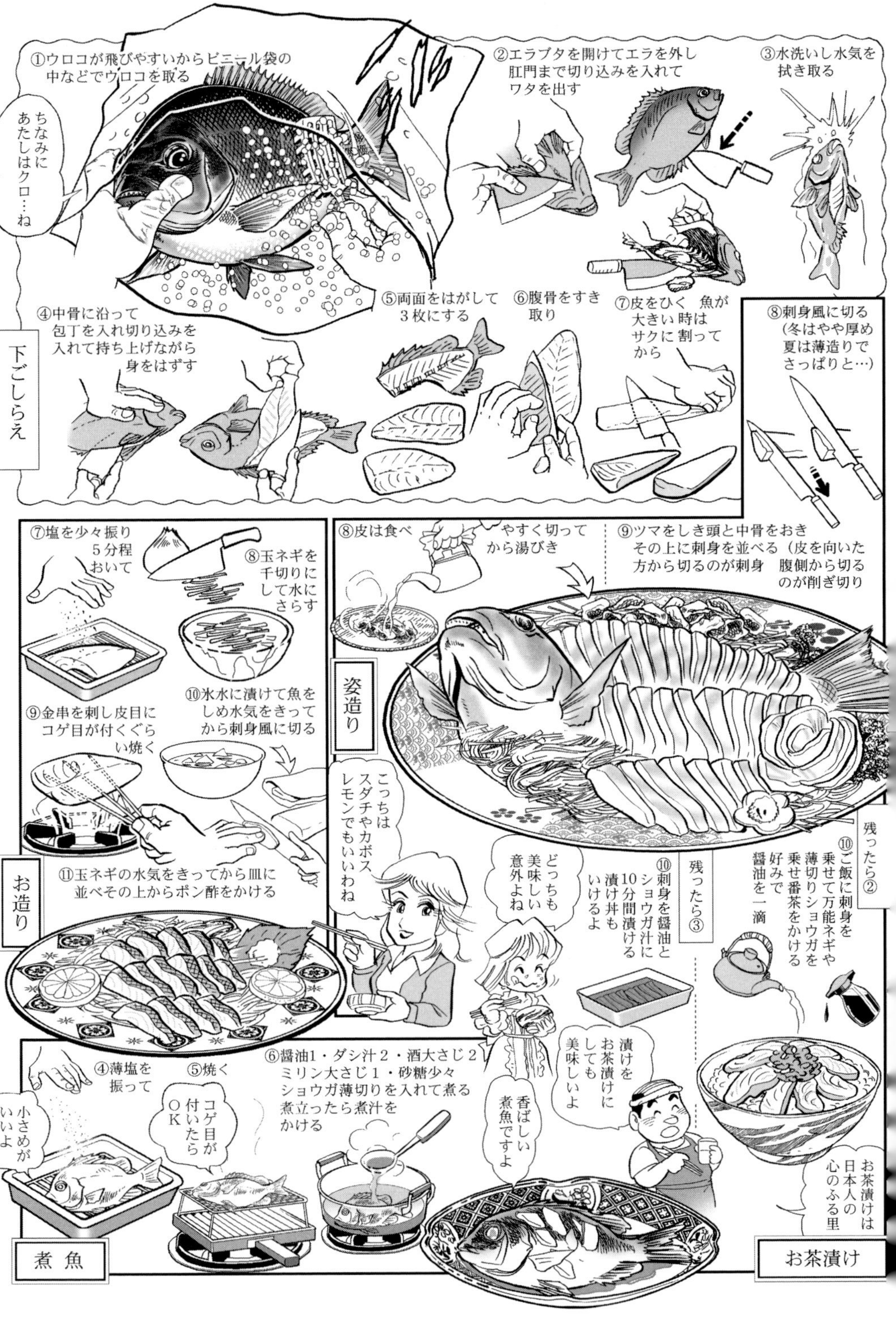

下ごしらえ
①ウロコが飛びやすいからビニール袋の中などでウロコを取る
ちなみにあたしはクロ…ね
②エラブタを開けてエラを外し肛門まで切り込みを入れてワタを出す
③水洗いし水気を拭き取る
④中骨に沿って包丁を入れ切り込みを入れて持ち上げながら身をはずす
⑤両面をはがして３枚にする
⑥腹骨をすき取り
⑦皮をひく 魚が大きい時はサクに割ってから
⑧刺身風に切る（冬はやや厚め夏は薄造りでさっぱりと…）
お造り
⑦塩を少々振り５分程おいて
⑧玉ネギを千切りにして水にさらす
⑨金串を刺し皮目にコゲ目が付くぐらい焼く
⑩氷水に漬けて魚をしめ水気をきってから刺身風に切る
⑪玉ネギの水気をきってから皿に並べその上からポン酢をかける
姿造り
⑧皮は食べやすく切ってから湯びき
⑨ツマをしき頭と中骨をおきその上に刺身を並べる（皮を向いた方から切るのが刺身 腹側から切るのが削ぎ切り
こっちはスダチやカボスレモンでもいいわね
どっちも美味しい意外よね
残ったら②
⑩ご飯に刺身を乗せて万能ネギや薄切りショウガを乗せ番茶をかける 好みで醤油を一滴
残ったら③
⑩刺身を醤油とショウガ汁に10分間漬ける 漬け丼もいけるよ
煮魚
④薄塩を振って
小さめがいいよ
⑤焼く
コゲ目が付いたらＯＫ
⑥醤油1・ダシ汁２・酒大さじ２ ミリン大さじ１・砂糖少々 ショウガ薄切りを入れて煮る 煮立ったら煮汁をかける
香ばしい煮魚ですよ
漬けをお茶漬けにしても美味しいよ
お茶漬け
お茶漬けは日本人の心のふる里

43

稚鰤《ワラサ》

天然と養殖の差は、味はもちろんその栄養価にもある。天然はIPAやDHAが豊富、養殖は抗生物質の蓄積が味の違いとして現れる。

電動リールだから釣れたって感じ…ね
ビギナーズラック…
4kgはあるよ
パーティだパーティだ
これ1匹でいろんな料理が楽しめるわよ

生きてるうちにエラを切って
キッチンバサミはエラ下を、必ずエラ2枚を切る
海水を入れたバケツの中で放血されると
ひえ残酷…
尾の付け根も切ると完璧
後日、刺身やサラダにした時生臭くないよ
刺身が余っていたり翌日の友人にはこれ！
⑧刺身風に切った身を180℃～230℃に熱したホットプレートに乗せて
⑨サッと白くなったら裏返して 焼きポン酢で召し上がれ焼きすぎてはダメよ
う～…ん これは結構量が食べられるよ～
鉄板焼き
⑧胃袋を縦切りにして包丁でこそぎ適当な大きさに切る
⑨目をしっかり押さえカマを取る
カマ焼きにしない時は斜線部は捨てる
⑩鼻の所から出刃を入れて割り切る
⑪サッと熱湯をくぐらせて
醤油・砂糖酒・ショウガを加えて煮るちょっとくせがあるので濃いめの味付けが良い
イナダ級ならカブトとカマは離すとダメボリュームがない
カマ&カブト焼き
⑩火が通りやすいよう 切れ目を入れ金串に刺して塩を振る
目の高さから振るとムラなく出来るよ
⑪表から遠火の強火で焼く
アルミホイルをかけて裏返す竹串がプスプス刺さるようなら出来上がり
⑫熱いうちに串を回して抜く
アラは栄養タップリこれに大根を入れるのもいいわよね
関西風にサッパリ…か
関東風にコッテリ系かお好みで
アラ煮
スダチ →

下ごしらえ
①ウロコをこそぐ
金ダワシの古いのがあったら…それでこするとか～んたん
ブリやワラサはウロコが細かいから
②金ダワシでこすった後水洗いするとウロコもヌルもきれいに取れる
③番号順に包丁を入れて頭をはずす
④ワタを出して中骨に付いている血合いを出刃でこそぎ水洗い
⑤魚が大きく扱いにくいから尾の方に指をかける穴を皮に作り焦らず3枚におろす
⑥身をサクにする（斜線部はアラ煮などに使う）
中骨まで刃を入れて反対側も同じように
⑦皮をはぐ
しんけん
皮スレスレに身をはぐと皮と身の間に銀脂が残り時間が経っても血合いの黒ずみを防ぐよ
ちなみに銀脂がきれいに残る程、その店の板さんは腕が良い…という事になるのよ
⑧…で切るんだけど
サラダ風刺身
⑧5ミリ厚にこそぎ切り深皿に盛る
⑨ルッコラを１cmのザク切り、ニンニク薄切り、玉ネギをスライスして水にさらす
⑩ワラサの上に玉ネギを並べてルッコラをこんもりと盛る
⑪上からドレッシングを振り掛けてルッコラが少しシナ～っとしたら食べ頃
好みでチーズなどを振りかけても良い
刺身
①重ね造り
②平造り
③ごいし造り
④向う山（サイの目とも言う）
盛り付けで切り方は色々ですよ
これが基本なので覚えておくと後々使えるよ
おてもと
この頃はカルパッチョやサラダ風って流行よ…ね
若い人向き
塩・コショウとブランデーを除けば…この方法で簡単照り焼きも出来できるよね
ステーキ
⑧腹身を1.5cmの厚さに切り塩・コショウをして両面色好く焼く
⑨ブランデーを振り酒・ミリン・醤油同割りのタレを絡める
保存は照り焼きなんかにして冷めてから冷凍…で食べるときはレンジでピンが便利よ
我が家はこれよ

44 ウマズラ

馬面剥《ウマズラ》

山陽でフグよりも高い値が付いていてビックリした。同種のカワハギより甘みは少ないが、刺身はあっさりしていて、偽フグに使われる。

ウマズラいらない
ポシャ
もったいない…

見てくれは冴えないけどフグの代用にもされる美味しい魚だよ
季節にもよるけど関西ではお造りなんか時価だった
フライにしたり竜田揚げもいいし
フグの代用になるくらいだから当然チリ鍋もいいやね
今頃もう浮いていないって
たすけて〜
釣ればいいだろ
簡単スモーク
⑤身を適当な大きさに切る
こんな感じ
⑥醤油カップ1/3 ミリン大さじ3に10分程漬け込む
⑦水気を拭き取り
⑧中華鍋を熱して薫製チップをひとつまみ
チェリー・ヒッコリー・胡桃など好みで
⑨モチ鍋に身を並べフタをして中火で10〜12分
網は鍋の途中で止まる大きさ
お酒のつまみに
ほぐしてお茶漬けも美味しいよ
いい匂い
お造り
⑤薄皮の方を下にまな板に置き薄皮をそぐ
⑥薄くそぎ切り盛りつける
⑦ワサビ醤油お好みでモミジオロシにポン酢で食べるとフグ刺風
おじや
⑨具が無くなったら昆布を取り出して
⑩ご飯を入れ沸騰したら火を止め溶き卵・醤油大さじ１を入れて2〜3回かき混ぜふたをして１分美味しいおじやの出来上がり

下ごしらえ
①ツノを取りケンを切る
②口を落とす
③アゴの皮の部分に包丁を入れ
皮を掴んで皮をはぐ
④❹３枚に
おろす
沢山あって
面倒な時は…
❶ツノの付け根に
包丁を入れて
❷頭を引っ張るとワタの
突いた部分と身は
きれいに分かれる
❸背に切れ目を
入れ皮をはぐ
頭も鍋などに入れる
ときは匂いの出やす
い目も取っておく
干 物
沢山ある時は…
①頭まで皮をはいで
口と目を取り
②振り塩を
して
③硬くなるまで
何日か干す
出来たら少量ずつ冷凍用
ビニール袋に入れて冷凍庫に
保存 いい酒の肴になるよ〜
湯豆腐
⑤土鍋に昆布を敷きその上に４㎝角に切った
豆腐を並べてスッポリ浸るまで水を
入れて着火
⑥皮をむき目と
口をとった頭と
肝・ブツ切りの
ネギ・酒を入れ
て再度沸騰した
らアクを取り
⑦頭と肝は
崩さないで
ポン酢とワケギ・
モミジおろしで
食べる
⑧刺身にしておいた
身はシャブシャブに
して
ネギや豆腐も
ポン酢でいただきましょう
酢豚風
⑤一口大に切って
塩・コショウ・
パイナップルシロ
ップをかけて下味を
付ける
⑥玉ネギ・缶詰のパイナップル
ピーマンを一口大にニンジンを
薄切り
⑦ウマズラに片栗粉を
付けて
素揚げに
する
⑧揚げている間に
合わせ調味
料を作る
⑨玉ネギ・ニンジンを入れ
て火が通ったらピーマン
・パイナップル揚げたウ
マズラ・調味料を
入れて炒める
⑩片栗粉小さじ１を
水大さじ３で溶かして
入れとろみを付ける
鶏肉で作ったみたい
これは美味いよ〜

45 キンメダイ 金目鯛

煮魚はキチジなどと並び上位に入る魚。不足しがちなカリウム・カルシウム・リン・マグネシウム、鉄などをバランス良く含む。

ポッカリ浮いてるアコウと違って
ハリが外れると元気に海底へ帰っちゃうから
あ〜
あらかじめタモの用意があるといいな

保存は70リットルくらいの大きめなクーラーに
氷をザクザクに割って海水を入れて浸す
家に帰ってからは粗塩を一つまみ溶けた水に溶かし
追い水を入れるとこれで3日くらいは大丈夫

保存もかねて
⑤適当な大きさの切り身に切る
⑥赤ミソ100ｇ・砂糖・みりん・酒を各大さじ２ずつよく混ぜて魚を漬け込む
保存用を作る時はお酒を使わずその分量をミリンを多くする
ミソが魚に付くのが嫌な人はガーゼやペーパータオルを魚にかけて上の上にミソを盛る
⑥1.5〜3日漬けたらミソをきれいにこすり落として焼くか…1回分ずつビニール袋に入れて冷凍保存
ミソ漬け
⑦冷凍保存した魚を焼く時は凍ったまま火の落ち着いた七輪へ
脂の多い魚なのでグリルで焼いては焦げた脂の臭いが付き不味くなる
⑥片栗粉をまぶしサッと揚げる
天つゆでどうぞ
唐揚げ
⑥細かく切ってよく叩き　すり鉢に水を少し入れすり混ぜ
⑦粘りが出たら（160~200gに対し）塩少々・酒小さじ１卵白１個分を入れてよく混ぜる
⑧湯を沸かし沸騰したら３分程弱火で煮る
⑨団子を出してゆで汁をこし塩・酒・醤油少々で味を整える
⑩⑧で作った団子を入れて沸騰したら出来上がり
だんごスープ
保存用とするときはだんごと汁は冷まし汁は金属タッパーに別々に冷凍する
汁
⑥一口大に切って片栗粉をまぶしサッと揚げる
⑦チンゲン菜はザク切り シイタケは斜め切り・竹の子・ニンジンを細たんざく切り
⑧マッシュルーム１缶を炒めて唐揚げを入れダシ汁・酒・醤油砂糖で味を調えて
⑨水溶き片栗粉でトロミをつける
中華風野菜炒め

①ウロコが硬いのでていねいに取りましょう
②頭を落としワタを出して
③中骨にそって包丁を入れ身をはずす
④裏側も繰り返して３枚にする
イモの皮むきを逆に向けるとらくちん
⑤小骨・腹骨を取る
⑥サクにして皮を取り
⑥皮を上にして熱湯をかける
⑦氷水で冷やし水分を抜き取る
⑧５ミリくらいの厚さにそぎ切る
刺身
皮無し
酢・ミソ・砂糖で好みの味を作り
細ネギのみじん切りを沢山作り
食べる時は合える–と酢ミソ風味
皮と身の間に美味しい脂を持っている魚だから皮付きがいいよね
⑤頭を中心から割ってぶつ切り
大きい魚は点線のように切る
⑥皮目に熱湯をサッとかける
⑦浮き上がった取り残しのウロコを取る
⑧アラと中骨に薄塩をして土鍋に昆布をしき水を入れ沸騰したらアラと中骨を入れダシを取る
⑨アクを取り出来た汁を２つに分ける（半分は追加用の汁）
⑨鍋をテーブルに運び鍋に魚を並べて魚が煮えたらアクを取り野菜を入れる
人に見せて評価されるお料理屋さんじゃないから野菜は後でね
貝やエビを入れるとより豪華だし味わいも深くなるわよね
白菜の代わりにキムチを入れほうれん草などを入れるとチゲ鍋になりまーす
寄せ鍋
野菜は白菜・ネギ・春菊がベース、他にシラタキや豆腐
⑤適当な大きさに切り皮目に飾り包丁を入れる
⑥一つずつ湯通しして冷水に漬け霜降りにする
⑦水カップ2.5　醤油・酒・みりん各カップ1/2 砂糖大さじ１の煮汁を煮立てて沸騰したら魚を入れる
⑧アルミ箔などで落としブタをして煮る
ごぼうやゆで竹の子をそえる時は別ゆでしておき 煮上がる手前に鍋に入れて味を付ける
煮汁は甘めで たっぷり多めの方が美味しいよ
煮付け

46 チカメキントキ

近目金時

水深 100m より深い所に棲息すると言われるが、それよりずっと浅い所でも釣れる。地方によってはこれも『キンメ』と呼ばれる。

うわ～ヒレが大きくてペッチャンコ
なんかウチワみたいな魚
捨てちゃダメよ
ちょっと深い所のマダイ狙いなんかにゃおなじみの魚よ
お造り
マダイより不味いなんて言う人もいるけど
皮をはいだ刺身はマダイの様な鹿の子模様があるし…
美味しい魚だよ
霜造り
卵を持っていたら…
③卵は湯がき
身を一口大に切る
④醤油・ミリン・砂糖・水を沸騰させて
⑪身のスジ目と反対に切る
⑩尾の方から包丁を入れて皮をそぎ取る
⑨腹骨をすき取り
卵の煮付け
⑤卵と身を入れて煮る
好みだけど新鮮なうちは薄味…時間が経ったら甘めが良い
ウロコも硬いけど皮も厚めで硬いからこんな料理もいいよ
⑪皮を適当に切って
⑫小麦粉をまぶしてサッと揚げる
ビールに合うわ！
これは今の季節イサキなんかも美味いよな～
皮の唐揚げ
⑧適当な大きさに切って
⑨小麦粉・卵・塩少々を水で溶き硬めの衣を作る
小麦粉
⑩パン粉をまぶして揚げる
近頃あまり大きい魚は釣れなくなった…わな…
20㎝くらいのチビは…その②をやって味噌漬けなんかもいいよ
フライ

下ごしらえ
①ウロコを落とす(細かい顔のウロコは出刃の刃先などで…)
②エラブタに包丁を入れエラをはずしエラの所から肛門まで切り込みを入れてワタを出す
③血合いに切れ目を入れ腹の中を水洗いする
④肛門から包丁を入れ向きを変え尾から頭に向けて背ビレに沿って切れ目を入れる
⑤身を持ち上げて中骨に付いた身をはがす
⑥骨の付いた方を下にして頭を切り離す
⑦骨を下にしたまま片方の身もはがす
⑧カマの部分を落とし身を縦に半分に切る
包丁の入れにくい25cm以下の小さい魚は
その②
①エラブタの上から切れ目を入れて
②頭を包丁で押さえてウロコが付いたまま皮をはいでからワタを取る
⑨皮を上にして熱湯をかける
⑩氷水で熱を取り水気を拭き取り
⑪刺身サイズにそぎ切る
魚すき
⑨皮を付けたまま一口大に切る
⑩カツオのダシをとり
沸騰したら土鍋へ
好みでコンブ1枚を入れておく
⑪塩・醤油・砂糖・ミリンなどで好みに味付けして沸騰したら魚を入れて煮る
料理屋さんみたいに見栄えを気にしない自宅では味重視!
野菜はアクを取った後に入れましょう
お客様に出すときは魚の横に豆腐・白菜・シイタケ等を見栄え良く盛りつけましょう(好みでニンジンや大根を入れる時は砂糖は入れなくても良い)
お鍋
⑩一口大に切る(湯がく事で少し日が経った魚も臭くない)
⑪カツオダシをとり塩と化学調味料で味付け
⑫沸騰したら切り身・豆腐・エノキダケを入れて火がとうったらネギのみじん切りをちらす
一人でお酒のつまみ…には最適!
湯豆腐感覚

47
ヤリイカ
槍烏賊
秋と春が旬。メスは小さいがオスは50㎝を超えパラソル級などと言われる。
おお！いい型
こっちも釣れたぞ
さあ…どうする？イカソーメンにするか沖漬けにするか
よーしその2つは沖漬けだ
フタを閉めぎみにして
足の方から入れて汁を吸わせる
沖漬けの汁は醤油とミリン同量を混ぜる（例えば、300ccずつ）酒を混ぜる時は、一度煮きって冷まして持っていく（女性子供の多い家庭はちょっとミリンを多めに甘めがいいよ）
すばやくフタをしめる
この時こいつのロウトに注意
下を向いていると思ってると、とんでもない
のんびりしてると、このザマよ
こうして入れられたイカは6時間たてばアメ色に変わり食べられるけど…一杯ずつビニール袋に入れて冷蔵庫の中で漬けておく方が味わいは深い
大きいやつはマーケットの傘を入れるビニール袋がピッタリ
風の出ないうちに…早めに戻りませんかー
ハハ…早く食べたくなったんでしょ
でもヤリイカは釣ってから8時間ぐらいが1番美味なんだ
ほら、朝イチで釣ったやつは今夜の生食用にエンペラーに印をしてあるさ
氷水…じゃないの
氷水に当てるとねイカの身が氷の溶けた水を吸って白く濁るし、見るからに不味そうになるんだ
だから…釣り終わりまでオケの中で生かしておいて
刺身やソーメンにするイカ…は氷にじかに当てず大きめのチャック付きビニール袋などに入れて持ち帰る
氷
これなんかパン粉を付けてフライにしてもいいし
ふむ
あ…その時…
高度1万メートルで繰り広げられる航空アクション!!
桜多吾作
マッハSOS
全4巻
エスオーエス
好評発売中！
マンガショップ

下ごしらえ
①胴の中に指を入れ足の付け根を指で外して足を抜く
②エンペラーと胴を外し、エンペラーをそのまま下へ引くと皮がむける
③中に入っている軟骨を抜き
④骨の付いた所から開き
⑤ワタの残りなどをきれいにふき取り、布巾などを使って薄皮をむく
イカの皮はコラーゲン繊維の4つの層からできていて…
第2層の薄皮まではむく事ができるけど
どうしてもむきにくい時はサッと熱湯に通し冷やしてからやるとむきやすくなるよ
鮮度のいいうちは薄皮はむきにくいのよね…
カレー味リング
④胴の中のワタをきれいにして
⑤5㎜～1㎝幅の輪切りにする
⑥タマネギを2～3㎜の輪切り
○ホウレン草などもあれば適当な大きさに
⑦バターとサラダ油を熱しイカを入れてサッと白く色が変わったら
⑧カレー粉をふりかける（イカ5匹でカレー粉小さじ2 塩小さじ1／3 科学調味料少々）
⑨鮮度のいいイカだから1分程でイカを出して残った汁で野菜を炒める
⑩野菜がしんなりしたら塩・コショウでアジを整える
⑪器にタマネギを敷きイカをのせ
パセリのみじん切りをふりかけ出来上がり
イカそうめん
⑥2つに切って3㎜幅に細切り
⑦麺つゆ…ワサビと醤油…梅酢 お好みのタレで召し上がれ
イカどんぶり
⑧にんにくをすりおろし、醤油がひたるくらいに混ぜて入れる
※にんにく醤油を作っておいてもいい
⑨長ネギにきざみを入れて細かくきざみ
⑩イカ（歯の悪い人は刻む）にんにく醤油、ネギを混ぜ
⑪丼にご飯を入れて大根おろしを乗せイカをかけ
イクラをのせきざみのりを振りかけて召し上がれ
粉チーズなんか振りかけてもまた違う味が楽しめるよね
…たく酒のつまみばーっかり
そんな事はないさ
カレー味が付いているから子供のおやつにだってなるし
イカソーメンは残ったら

48 オキメバル

沖鮴

この仲間も種類が多く、浅場の藻周りから深場まで棲息、浅場の魚は黒く深い所の魚は赤い。棲息エリアで色が違う。

あら ちょっと長めのメバル?
ウスメバルさ 通称 沖メバル…って言うんだよ
良いポイントに当たったみたいだね

お肌の若返りもコラーゲンもたっぷりの魚で 単なる煮付けでも何しても美味しい魚だよ
ポイ
以外に身はしっかりと硬いので36㎝の大型は2~3日おいてから刺身
すぐには食べれない魚なの… 美味そう…だけど
もちろんさ
鮮度のいいうちに煮物や炊き込みご飯など…最高の贅沢が楽しめるよ

⑦一口大に切って薄く塩と酒を振り
⑧頭などを割って血合いを洗って昆布・日本酒少々でダシ汁を作る
⑨途中で昆布を出してアクをすくいながら15分程煮る
⑩こして冷めるまで待って
⑪研いだ3合の米に身とタケノコの水煮 醤油小さじ3・塩小さじ1を入れ⑩を普通の炊飯の量まで入れて炊く
⑩肝に軽く塩を振っておき小さなすり鉢ですり日本酒50ccを混ぜる
⑪⑨にミソと肝を混ぜ一煮立ちさせる
肝いりみそ汁
⑫炊きあがったら15分程蒸らして手のひらでたたいた木の芽を散らす
60
こっくり濃厚な味が好みの人は⑩の汁を香り炊き込みに使っても良い
炊き込みご飯 こってり味
焦げ目を付けたら仕上げに酒を一振りでふんわりジューシイよ
我が家はフライパンで魚を焼くのがブーム
⑧血合い骨を抜き取り
醤油・日本酒各大さじ1に5分浸す
⑩薄焼き卵を細く切って錦糸卵を作る
⑨長ネギ・ゆで竹の子を薄く切る
⑫サラダ油を熱し皮目から焼く
⑪汁気を拭き取り身に小麦粉をまぶす
⑬メバルの身に7分目程火が通ったらネギと竹の子をわきで炒める
⑭醤油・ミリン各大さじ1.5 日本酒大さじ1を振り掛けてからめる
⑮ご飯に焼きのりを散らして⑭を乗せ錦糸卵・木の芽を散らす
照り焼き丼

下ごしらえ
①ウロコを取る
②エラブタを開け
エラをはずす
③エラブタの下から
肛門まで割って
ワタを出す
④頭を取り腹の中を
水洗い(血洗いなどは
きれいに取る)
⑤水気を抜き取り
⑥三枚に
開く
⑦腹骨をそぎ取り
そぎ切れば刺身
開き干し
小型か沢山釣れたら…
④肛門から尾へと
刃を入れて
開く
⑤頭の中心部を切り中骨に付いて
いる血合いを
歯ブラシ等で
きれいに
掃除して
⑥水1リットルに対し粗塩80g
日本酒50cc(約20～
30分)漬けて
⑦水気を軽く拭き
取り5～6時間
干す(湿気の多
い時は長めに
表面が少しペ
タッとするく
らい)
脂のある魚だから8%の塩水がいいですよ
香り炊き込みご飯
⑥軽く塩を
振る
⑦米3合をとぐ
(米3合に対し
魚は25cm級
2匹)
⑧メバルを軽く
両面に焦げ目が
出来るくらいに
焼く
プロパンガス使用のお宅は出来れば七輪をお使いください
ガス臭くなっちゃうのよね
⑨米の上にダシ汁につけた
昆布を敷きメバルを乗せて
⑩普通の炊飯と
同じに炊き
15分
蒸らす
60
⑪魚を皿に出して
身をほぐし小骨などを
取り除きご飯と軽く混ぜる好みで三ツ葉や
刻みノリを散らして召し上がれ
おひつが
あると…
電気鍋で
炊いた後 移し
替えると適当に
水分を吸い取って
くれて
何時間経っても
あったかいし美味しい！
豆腐の煮付け
⑦一口大に切る
⑧木綿どうふ
1.5丁の水気を
切ってやっこに
切る
⑨醤油大さじ4・砂糖・ミリン
各大さじ3・酒大さじ1.5を
煮立てる
⑩シラタキを軽く茹で
食べやすく切り
豆腐・シラタキを入れ
フタをして中火で
5分ほど煮る
⑪メバルを加え
フタをして
5～6分煮る
⑫仕上げに斜め切りの
ネギ1本分を柔らかく
なるまで煮て盛り
つける
下茹でしたゴボウやレンコン・コンニャクを加えた五目煮にしても美味しいよね

49 カサゴ 鮋

11月頃に3～4㎜の仔魚を産むが、大きな劣悪な湾内では1度だけの産卵（?）ではないようだ。

カサゴは釣れたらすぐクーラーへ入れちゃダメ
特にお腹がポッテリしているのは…

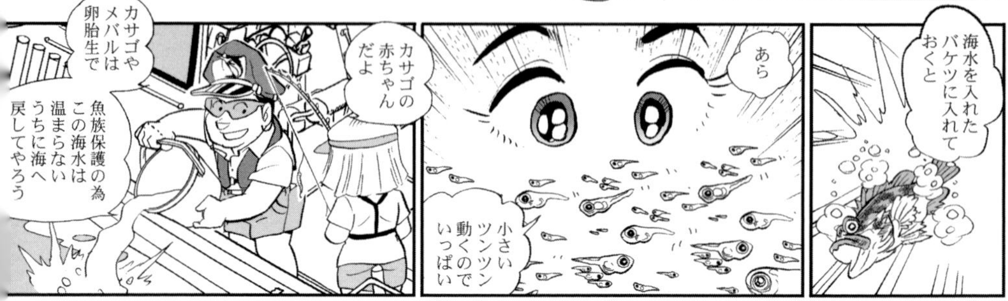

海水を入れたバケツに入れておくと
あら
小さいツンツン動くのでいっぱい
カサゴの赤ちゃんだよ
カサゴやメバルは卵胎生で
魚族保護の為この海水は温まらないうちに海へ戻してやろう

超簡単！ 塩焼き
①ウロコもワタも取らず粗塩をまぶして
②10分おいたらそのまま3分焼く
15㎝サイズはこれもベタウマ
③3分焼いたら裏返して3分
④さらに裏返して1分焼いて
⑤熱いうちに皮をペロリとはがしてポン酢などでどうぞ
これが出来るのは釣ってから翌日まで後はどうしてもワタの匂いが気になるわよ
ワタの魚臭さが大嫌な人はエラとワタだけ取って焼く翌日焼く時も…ね
⑦一口大にブツ切り（骨も適当な大きさに）
⑧醤油・砂糖・酒各大さじ2 ショウガの搾り汁少々 ニンニク1片をすりおろして混ぜる
⑨身・頭・中骨を20分漬ける
⑩漬け込んでる間に揚げるピーマンの(パプリカでも)ヘタ・種を取り一口大に切る
⑪小麦粉と片栗粉を同量ずつ混ぜてカサゴの身にまぶす
我が家は片手五層鍋の20㎝サイズで揚げてる
油がムダにならないよ
⑫170℃前後の油で3分程揚げる
⑬尾や骨などは一度取り出して冷めたら180℃で1分程カラッと揚げる
⑭温かいうちにレモンなどを添えて召し上がれ
味塩こしょう
どっちかと言うと酒のつまみやね
唐揚げ

下ごしらえ
①塩水に漬ける（ウロコが取れやすくなる）
②ウロコをていねいに落とす
③カマ下から肛門まで切り込みを入れてエラ・ワタを抜く
③尾頭付きで使う魚は丈夫な竹バシなどを口から肛門まで刺し入れ
④２本のハシをネジリながらワタごと引き抜く
(注)エラブタを開いてエラを引っ張っても取る事が出来る
④腹の中をていねいに水洗い
⑥もう片方の身もはがして３枚にする
⑤肛門から尾へ切り込みを入れ片身をはがす
⑦身の高い方から腹骨を取って血合い骨も抜く
⑧皮を引っ張るようにして包丁を動かしながら
⑧２枚にしたら頭をはずしてブツ切り（４匹分）
⑨サッと熱湯をかけて塩・コショウをしておく
⑩鍋に魚を入れ煮立ったらアクをすくいじっくり煮る
⑩ボールにミソを入れて煮汁で溶かし
⑪豆腐1/2丁（４人分）・斜めネギを入れて一煮立ちしたら出来上がり
みそ汁
27㎝級ならだんぜん！翌日は刺身がいいよ
⑩薄く削ぎ切る
ポン酢系が美味しいよ
姿造りにする時は胸ビレを残しておくとかっこいい
お造り
⑩ニンニク１片をみじん切り玉ネギ80〜100g・セロリ1/2本を短い薄切り
⑪サラダ油にサフラン0.5ｇを加えて野菜を炒めてから魚もくずさぬよう炒める
⑫水をカップ４と固形スープ１個を溶かしてハマグリ８〜10個を入れて煮る
⑬煮立ったらアクをすくい
⑭グリンピースを散らし塩・コショウで味を整えたら５〜６分煮る
ブイヤベース
⑫に中骨を煮たスープを使うとコクが出ます
外道の魚も混ぜて良いけど…メバルは骨が硬いから注意だよね
中型のハマグリがなかったらアサリやベビーホタテやムール貝を使っても味に変化があっていいよ
エビなんかも入れると豪華だよね
骨が入ってないから子供も安心して食べられる

50 マルアジ 丸鯵

ムロアジのようなハナレビレがあるのに体高が有り丸い。関東には少ない魚だったが、春から釣れ始まる。

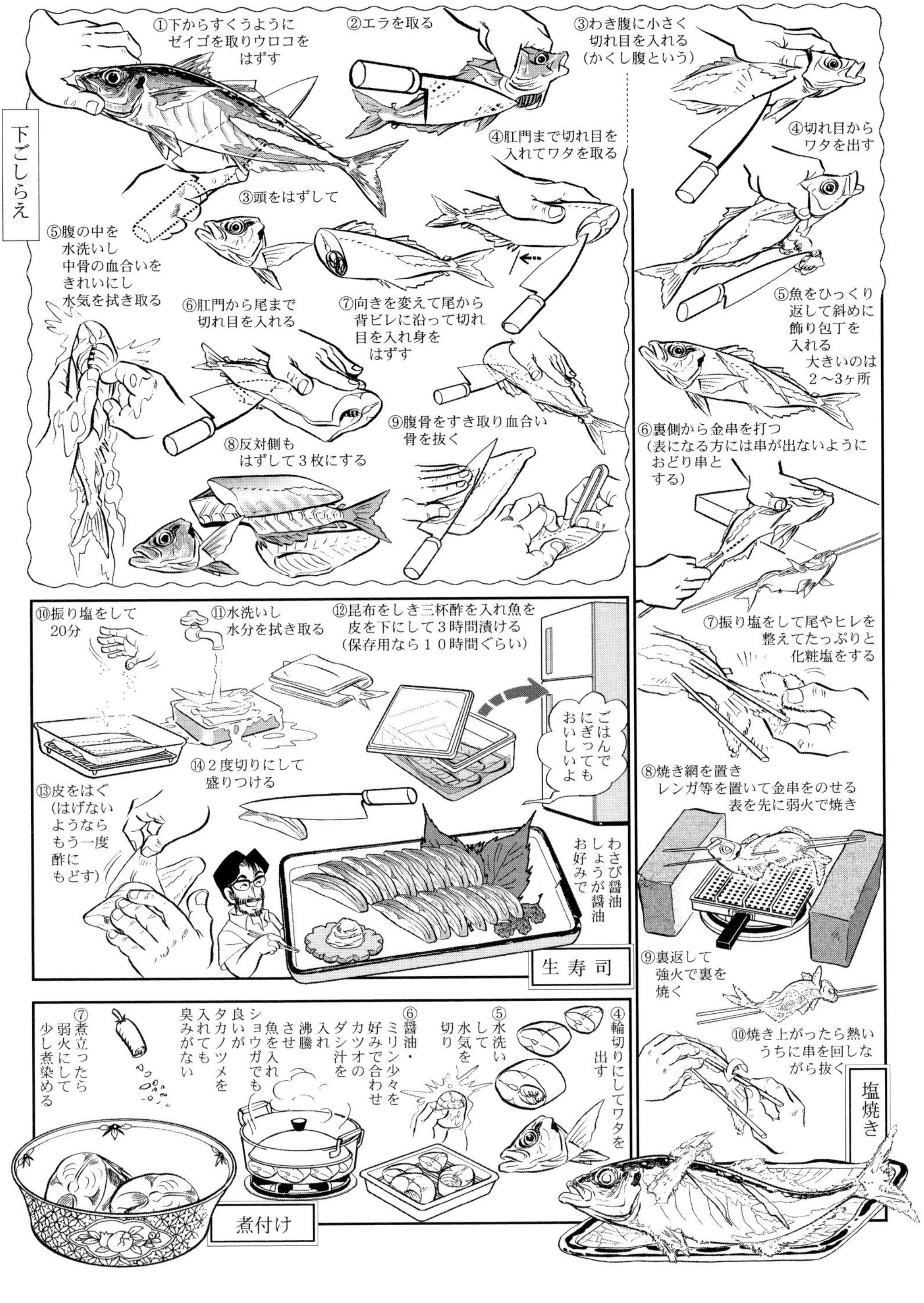

下ごしらえ
①下からすくうように
ゼイゴを取りウロコを
はずす
②エラを取る
③頭をはずして
④肛門まで切れ目を
入れてワタを取る
⑤腹の中を
水洗いし
中骨の血合いを
きれいにし
水気を拭き取る
⑥肛門から尾まで
切れ目を入れる
⑦向きを変えて尾から
背ビレに沿って切れ
目を入れ身を
はずす
⑧反対側も
はずして３枚にする
⑨腹骨をすき取り血合い
骨を抜く
塩焼き
③わき腹に小さく
切れ目を入れる
（かくし腹という）
④切れ目から
ワタを出す
⑤魚をひっくり
返して斜めに
飾り包丁を
入れる
大きいのは
２～3ヶ所
⑥裏側から金串を打つ
（表になる方には串が出ないように
おどり串と
する）
⑦振り塩をして尾やヒレを
整えてたっぷりと
化粧塩をする
⑧焼き網を置き
レンガ等を置いて金串をのせる
表を先に弱火で焼き
⑨裏返して
強火で裏を
焼く
⑩焼き上がったら熱い
うちに串を回しな
がら抜く
生寿司
⑩振り塩をして
20分
⑪水洗いし
水分を拭き取る
⑫昆布をしき三杯酢を入れ魚を
皮を下にして３時間漬ける
（保存用なら１０時間ぐらい）
ごはんで
にぎっても
おいしいよ
⑬皮をはぐ
（はげない
ようなら
もう一度
酢に
もどす）
⑭２度切りにして
盛りつける
わさび醤油
しょうが醤油
お好みで
煮付け
④輪切りにしてワタを
出す
⑤水洗い
して
水気を
切り
⑥醤油・
ミリン少々を
好みで合わせ
カツオの
ダシ汁を
入れ
沸騰
させ
魚を入れ
ショウガでも
良いが
タカノツメを
入れても
臭みがない
⑦煮立ったら
弱火にして
少し煮染める

51 タカベ 鰖

小型の割りには脂肪の乗っている魚で、細胞の老化を予防するビタミンEやD、IPAもDHA多い。

わ〜い 鈴なり〜
昔は安い魚だったんだ …けどね 今は高級魚
珍味だから もったいない ないぞ
わ… 竿ゆすっちゃ ダメ
落ちてるぞ〜
夏が旬の魚だけど
伊豆半島の網代の堤防なんか 初冬でも結構群れているよね
釣れたら バケツに入れておかないで すぐ氷水の入ったクーラーで持ち帰る

刺身

④腹骨を取ったら…そぎ切る

⑤塩もみしたキュウリなどを添える

梅醤油や三杯酢で召し上がれ　暑い季節は酸っぱいものが食欲出ますよ

塩焼き

①ウロコ・ワタを付けたまま塩を全体に多めに包むように付ける

②強火の遠火でこんがり焼く

③食べる時は背を下にして上から押して骨から身をほぐす

④身の方にレモンと醤油をたらし好みでおろしも

⑤酢カップ1/2 醤油大さじ1 だし汁大さじ2 砂糖少々に アサツキの小口切りと 炒りたての

塩を多めに使うことで皮と身の間の脂が身に回り一層美味しくなります ゴマ酢をかけた料理風もおすすめ

タカベミソ

④4人前(大2〜3匹)の小骨を取る

⑤適当な大きさに切る

⑥ニンジン1本 玉ネギ500gをみじん切り

⑦ニンニク1/2片 ショーガ1〜2をスライスして炒める 香りが立ったら鳥挽肉100gを入れて炒めて

⑧シラス・ニラ(みじん切り)ゴマを加えて炒め合わせ タカベを入れて ミリン・ミソを各大さじ3を回し入れて 強火でタカベに火を通す

⑨レタスなどの野菜に付けたりタレを作ってそうめんや冷えた豆腐の上に乗せて食べる

小出刃がやりやすいです
下ごしらえ
①ウロコを取る
②エラ・ワタを取って
③3枚におろす
②背ビレをそぐ
③尻ビレも同じようにそぐ
④斜めに頭を落としてワタを出し
⑤皮をむく
⑥3枚におろして生酢に10分漬ける
⑧酢大さじ1 白ミソ大さじ2 砂糖大さじ1 ミョーガ・ネギみじん切りを混ぜる
白みそ
酢ミソ和え
④塩を振って10～20分おき
⑤生酢に10分漬ける
④
⑥腹骨・中骨を抜く
⑦
⑦酢・塩・砂糖で好みの酢飯を作る
⑧ご飯を握って身の間に大葉を敷いて握る
タカベ寿司
⑤皮を引き細切りにしてたたく
⑥長ネギ・ショウガのみじん切りにミソを加え粘りが出るまでたたく
タタキ
⑦残ったらハンバーグ状にして両面に大葉(青ジソ)をかぶせて焼く
サンガ焼き
(魚肉和風ハンバーグ)
骨せんべい
④骨に塩・コショウをしてちょっと置く
⑤カタクリ粉をまぶして弱火で揚げる
⑥1度冷やし2度目は強火で揚げる
焼き浸し
(こっちはエラ・ワタを抜いてから焼く)
すりゴマ大さじ2を混ぜ熱いうちにかけてどうぞ
魚臭さも消してくれるし
背の青い青物と呼ばれる魚にはミソが良く合うね
ニシンのような風味が懐かしいよね
鮮度の落ちやすい魚だから刺身やタタキなどの生ものは釣り人だけの特権ね
マーケットで買う時は目に血が滲んでない魚を…ね

52 サメ 鮫

未だサメからはガン細胞が見つかっていない。『スクアラミン』を持っているからとされる。サメを食べた昔はガンになる人も少なかったのでは？

ちょっと や〜ん 招かざる お客さんが 来ちゃった わ
ミシッ
60〜80㎝ あれば いい食料だぞ
えっ？
竿 立てるな 折れるぞ

おほ〜 鯛釣り 行ったのか
ん？
湯引きして あるが…
サメじゃ な…
湯引き
⑤刺身風に そいだら
⑥ザルに 並べて 熱湯を 振り掛ける
⑦氷水で 蒸熱をとり 水気を 拭き取って 並べる
酢じめ
⑤塩を振って 1時間
⑥一口大に 切って
30分〜 1時間 甘酢に 漬け込む
ワサビ・ショウガ・和ガラシを 醤油などでどうぞ
うむ 美味じゃ ぞ
ほ…
今は 流通が良くなって 冷凍マグロ等が 出回っとるから サメは値段も下がり 漁師もあまり 捕らなくなったが 昔は どこにでも 売っていて…
特に 刺身の少ない 夏場は 重宝され
フグと 同じ値が付く事も あったそうじゃ
身に尿素があり 鮮度が悪くなると アンモニアに変化 するのも嫌われた 原因かな？
ええっ
市場で見かける ヨシキリなどの 2〜3mの物は 別にして
釣り人には 馴染みのある 魚じゃわ…な
ホシザメ：浅場に居る為シロギス釣りの外道などに釣れる。1.5mぐらいになるが 70㎝もあればいい食材
ツノザメ：背ビレの前にトゲがある マダイ狙いの外道として やや深場の晩秋に よく釣れる
アブラツノザメ：やや深いところにいてキンメ狙いの外道などに交じる
時間が経ったら酢ミソ？
釣って時間の 経った物は 酸味を帯びて くるから
酢水に 漬けたり 湯がいて 酢みそや コチジャンや ニンニク醤油で 味付けも良いよ
米酢
コチジャン

このまま持って帰ると奥さんが怖がるから釣れたらすぐ肛門から開いて内蔵を出して海水を入れたバケツの中で血抜きをすると臭いも出にくいよ
そんなの本当に食べれるの
下ごしらえ
①頭を落とし(もったいないけどボート上でやった方が家族は驚かないかな…)氷のしっかり入ったクーラーで持ち帰る
②大きい物はまず20㎝くらいの筒切りにする
③３枚におろす(軟骨が身に付いて切れたらその部分をきれいに除く)
④腹骨の部分(軟骨)を取り除き皮をひく
④３枚におろしたら骨ごと５㎝幅に切る
⑤酢水に５分浸す
⑥日本酒カップ３ ミリンカップ1/2 砂糖・醤油 各大さじ３～５を煮立て沸騰したらサメの身を入れ
⑦煮立ったら千切りショウガを入れる
⑧くしゃくしゃしたアルミホイルに穴を開けて落としブタにする(アルミにアクが付着して取れる)
煮汁が半分になったら火を止めて冷めるのを待つ(味がしみる)
煮物
サンショやゆずコショウを振って召し上がれ
⑤すりショウガ・粉末ガーリックを擦り付けて10分
ヌリ
ヌリ
⑥サラダオイルでこんがり片面を焼き裏返してフタをして蒸し焼き
⑦火が通ったら醤油を少し入れ、塩・コショウで味を調える
ステーキ
⑤豆腐・長ネギ・シラタキ・油揚げ(食べやすく切っておく)・シイタケなどのキノコを並べる
⑥サメを5ミリ厚さくらいに切って並べる
⑦10㎝くらいの昆布を入れて沸騰したら始めよう
暑い夏だけどヒレなんか最高！湯がきすぎちゃダメよ…ね 生フカヒレ
モミジオロシでどうぞ 煮汁は酒を少々入れたり薄だし汁でもいい
しゃぶしゃぶ
すっかり嫌われ者になっとるサメじゃが
血液サラサラや腸内悪玉コレステロールを抑えるオレイン酸や
関節に良いコンドロイチンやDHAやEPAが多量に含まれとって薬餌療法には最適の魚なんじゃ
未だかつて癌にかかったサメも見つかってないし
どうも癌細胞を抑制するパワーを持っとるようじゃぞ
昔、日本人に癌が少なかったのもサメが出回っとったせいかな…

53 トビウオ 鰩

世界中で50種以上、日本近海だけで29種も確認されている。滑空は、時には400mにおよぶとも言われる。

わは着地失敗ね　2つもよ
バカな魚だね
春から夏にかけて産卵のため岸よりへ来るんだけど…
ビビビ

今年は海水温が冷たいから遅くまでいるんだね
磯釣りでヒラマサをフカセでやってると
よく外道で掛かってタコ上げ風になったけど
パタ
パタ

大粒アミをハリに掛けて
オモリをはずして軽くしてやってみようか
魚がいるのに釣らないなんて失礼だよね
の
衣揚げ
⑥塩・コショウを軽く振り酒を少々からめ
⑦うすめの天ぷら衣に青ノリをふり
⑧中温であげる
かるかん揚げ
⑤小口切りにして塩をふって10分後熱湯をかけて霜降りにする
⑦大和芋をすりおろししょう油少々をたらす
⑧⑥を⑦でくるみピンポン玉よりちょっと大きいぐらいにし上下にノリを付けて油で揚げる
レモン締め
⑥金串を打ち直火の強火で皮目だけ焼く
⑦氷水で冷やし水気を拭き取り
⑧尾の方から削ぎ切る
⑨2杯酢をかけレモンの輪切りを乗せ40～50分おく
⑩器に移しキュウリの薄切りを盛り2杯酢をかける
ハンバーグ風
⑥小さく切ってたたく
なめらかな口当たりの好みの方はスリコギで
オイスターソースなんかをちょっとたらしてもいいかな
ネギは玉ネギでもいいわよ
⑦みじん切りのネギ1/2本 牛乳1/2カップ 卵1/2個・塩少々を入れてこねパン粉を入れて硬さを調節する
⑧形を作ってバターで焼く（揚げるとさつま揚げ）

下ごしらえ
①ウロコを取り　エラ
ハラワタを取る
ゴ　ゴ
②水洗いし水気を
拭き取り
血合いを
取る
③点線部分から包丁を入れ
両身をはずす
③頭を取り
④三枚にする
⑤腹骨を取り皮を
はぎ
木の芽焼き
⑤食べ良い大きさの
切り身にする
⑥塩を軽く振り
1時間おく
(これで青臭さもとれるよ)
⑦ミリン、しょう油を
同量合わせ木の芽を細かく刻んで入れ
水気を拭き取った身を漬け
込みさらに1時間
⑧金串を
打ち皮目から
焼く
⑨焼き色がついたら
つけ汁に浸し焼く
これを2回ぐらい
繰り返す
⑩熱いうちに
串を回しながら
抜き酢漬けの
ショウガなどをそえる
塩焼き
④塩を振って焼く（大きいものは
二枚にしてから）
ただの塩焼きじゃもの足りない…って人はこっち
脂肪が少なく身が堅いから
姿造り
⑤頭を皿の上に置きヒレがピンとなるよう
ツマヨウジで止める
⑥身をそぎ切り
骨の上に並べる
つみれ汁
⑦塩　少々で調味し
溶き卵・小麦粉を
加えて
まぜる
⑧水を少しずつ
加えてすり伸ばし
すりこ木からポタッと
落ちる程度の柔らかい
すり身を作る
⑨レンゲで
すくって
静かに
落とす
浮いてきたら
花切りした
シイタケを
入れて一煮立ち
ダンゴ汁
⑧昆布でだし汁を作り沸騰したら
ダンゴを入れる
トビウオってクサヤやカマボコかと思ってたけど
釣りたては青臭みもなくおいしいわね
脂肪が少ないからカツオ節の代わりにアゴダシ…なんて使われ方もうなずけるわ
マーケットでもあまり見かけなくなった魚だけど
日本近海に30種類もいるんだって
食べなきゃもったいないよ…ね

54 ヒラマサ 平政

夏の魚で、炎天下の神津島などで楽しんだ。今、市場にはニュージーランドなどの南ヒラマサが出回る。

ふう やっと 上がったー
頭がこっちを 向いてる ジグだから 早く上がった 方だよ
お～ 5kg級 最高に うまい頃 だね
これが餌釣り ならもっと 時間が かかったよ

まず エラ蓋下と 尾の つけ根に 包丁を入れて 血抜きして
ぬらしたペーパータオルで グルグル巻き
ペーパーが 無ければ直に ビニール袋に入れる

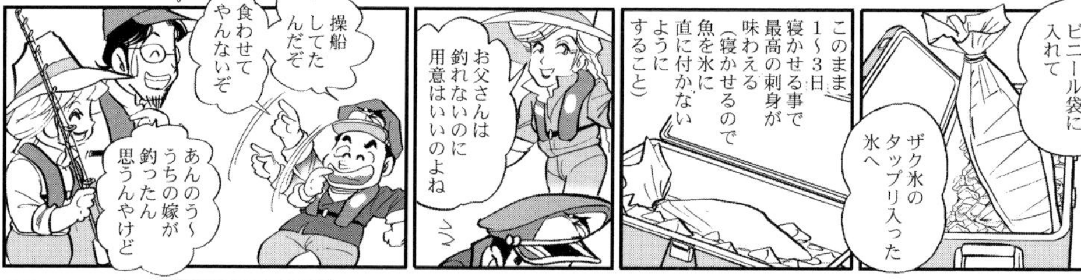

次に ビニール袋に 入れて
ザク氷の タップリ入った 氷へ
このまま 1～3日 寝かせる事で 最高の刺身が 味わえる （寝かせるので 魚を氷に 直に付かない ようにすること）
お父さんは 釣れないのに 用意はいいのよね
操船 してた んだぞ
食わせて やんないぞ
あんのう～ うちの嫁が 釣ったん 思うんやけど

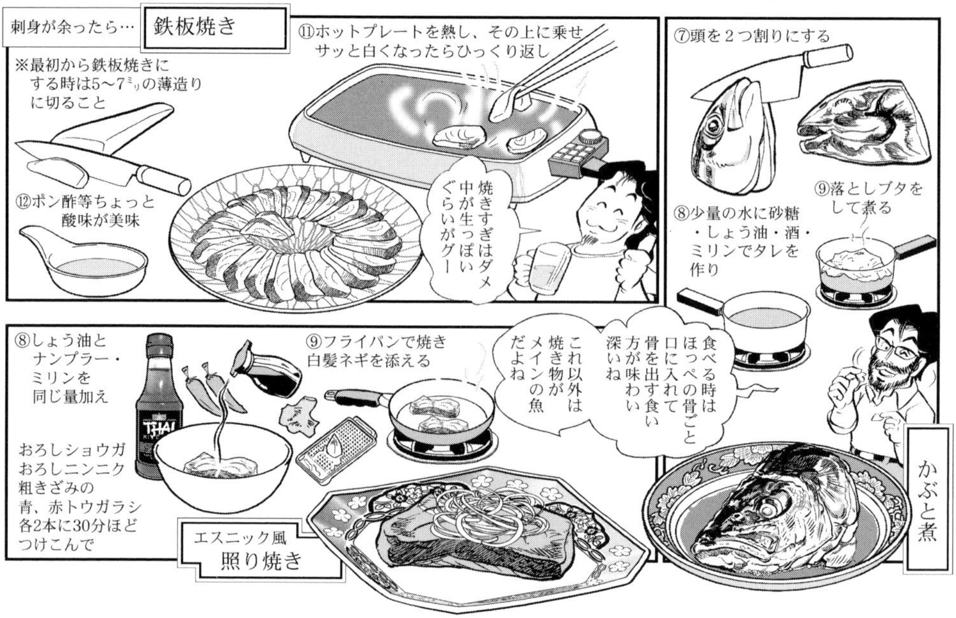

刺身が余ったら… 鉄板焼き
⑪ホットプレートを熱し、その上に乗せ サッと白くなったらひっくり返し
※最初から鉄板焼きに する時は5～7ミリの薄造り に切ること
⑫ポン酢等ちょっと 酸味が美味
焼きすぎはダメ 中が生っぽい ぐらいがグー
⑦頭を2つ割りにする
⑧少量の水に砂糖 ・しょう油・酒・ ミリンでタレを 作り
⑨落としブタを して煮る
食べる時は ほっぺの骨ごと 口に入れて 骨を出す食い 方が味わい 深いね
これ以外は 焼き物が メインの魚 だよね
かぶと煮
⑧しょう油と ナンプラー・ ミリンを 同じ量加え
⑨フライパンで焼き 白髪ネギを添える
おろしショウガ おろしニンニク 粗きざみの 青、赤トウガラシ 各2本に30分ほど つけこんで
THAI
エスニック風 照り焼き

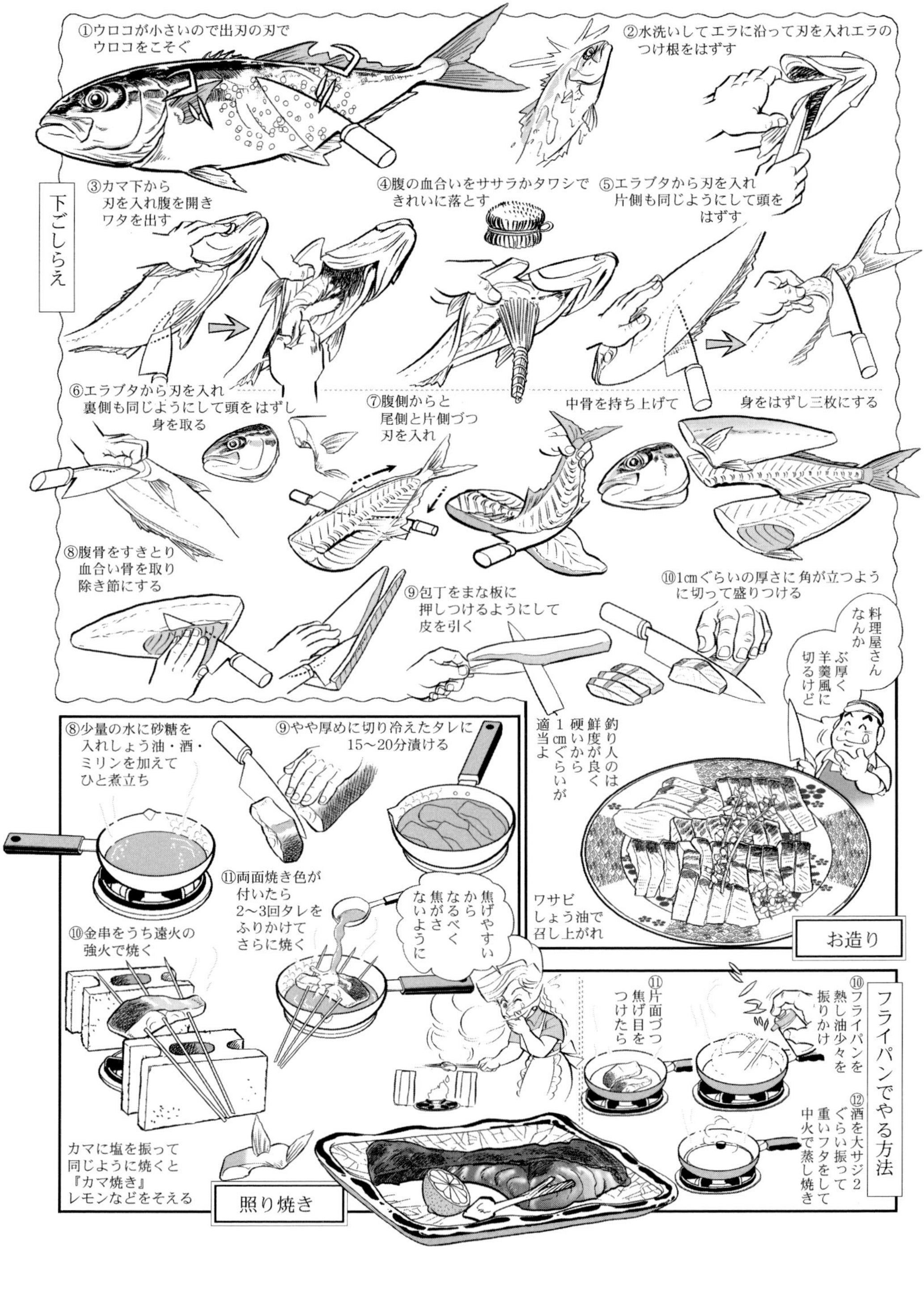
下ごしらえ
①ウロコが小さいので出刃の刃でウロコをこそぐ
②水洗いしてエラに沿って刃を入れエラのつけ根をはずす
③カマ下から刃を入れ腹を開きワタを出す
④腹の血合いをササラかタワシできれいに落とす
⑤エラブタから刃を入れ片側も同じようにして頭をはずす
⑥エラブタから刃を入れ裏側も同じようにして頭をはずし身を取る
⑦腹側からと尾側と片側づつ刃を入れ
中骨を持ち上げて
身をはずし三枚にする
⑧腹骨をすきとり血合い骨を取り除き節にする
⑨包丁をまな板に押しつけるようにして皮を引く
⑩1㎝ぐらいの厚さに角が立つように切って盛りつける
料理屋さんなんかぶ厚く羊羹風に切るけど
釣り人のは鮮度が良く硬いから1㎝ぐらいが適当よ
ワサビしょう油で召し上がれ
お造り
照り焼き
⑧少量の水に砂糖を入れしょう油・酒・ミリンを加えてひと煮立ち
⑨やや厚めに切り冷えたタレに15～20分漬ける
⑩金串をうち遠火の強火で焼く
⑪両面焼き色が付いたら2～3回タレをふりかけてさらに焼く
焦げやすいからなるべく焦がさないように
カマに塩を振って同じように焼くと『カマ焼き』レモンなどをそえる
フライパンでやる方法
⑩フライパンを熱し油少々を振りかけ
⑪片面づつ焦げ目をつけたら
⑫酒を大サジ2ぐらい振って重いフタをして中火で蒸し焼き

55 マトウ 56 カガミ

馬頭鯛・鑑鯛

魚体に黒い点があるのがマトウだが、カガミも未成魚のうちは薄い点がある。味はマトウの方が上。ひときわ大きい肝も『アンキモ』のようにして利用されている。

あら ヒラメかと 思ったら…
カガミダイだ

はいはい おいしい魚だから 大切にして
エラをキッチンバサミで切って血抜きして
今日はマトウにカガミ
外道のオンパレードだな…
どっちがおいしいの?
もちろんマトウ! …と言いたいけど
カガミも大きい1kg級だとマトウと区別がつかなくなるな～
マトウダイ
カガミダイ（斑紋が気にならないぐらい うすい）
それでも昔はそれ程重宝されなかったんだけど…
フランス料理では最高級なので一気に地位の上がった魚なんだ
フランス料理　ムニエル
⑪ひっくり返して身はキツネ色に仕上げて白ワインとしょう油で仕上げる
あたしゃ何でもしょう油入れちゃうの
頭の塩焼き
⑥頭の両面に塩をふって20～30分
⑦遠火の強火で焼く
焼き物は裏になる側を7分表を3分が基本
口を伸ばして餌を取る魚だからホッペの筋肉が発達していて美味しいよ
ちり鍋
⑦ブツ切りにする
⑧生シイタケ・ワケギ（ネギ）・焼き豆腐を適当な大きさに切る
⑨土鍋にダシ昆布を敷きダシ汁としょう油を合わせた煮汁を入れ沸騰したら魚から入れて煮る
⑩モミジおろしとポン酢でどうぞ
⑦季節によって（夏など）独特な臭いが気になる人は牛乳に10分ひたす
⑧シメジやマイタケエノキなどを食べやすい大きさに切る
⑨バターをとかしスライスニンニクとキノコを炒め塩・コショウ・白ワインで味をつける
⑩きのこを出しマトウは適当な大きさに切り小麦粉をまぶしオリーブオイルで皮からカリッとするぐらいに焼く（キモも焼いてもよい）

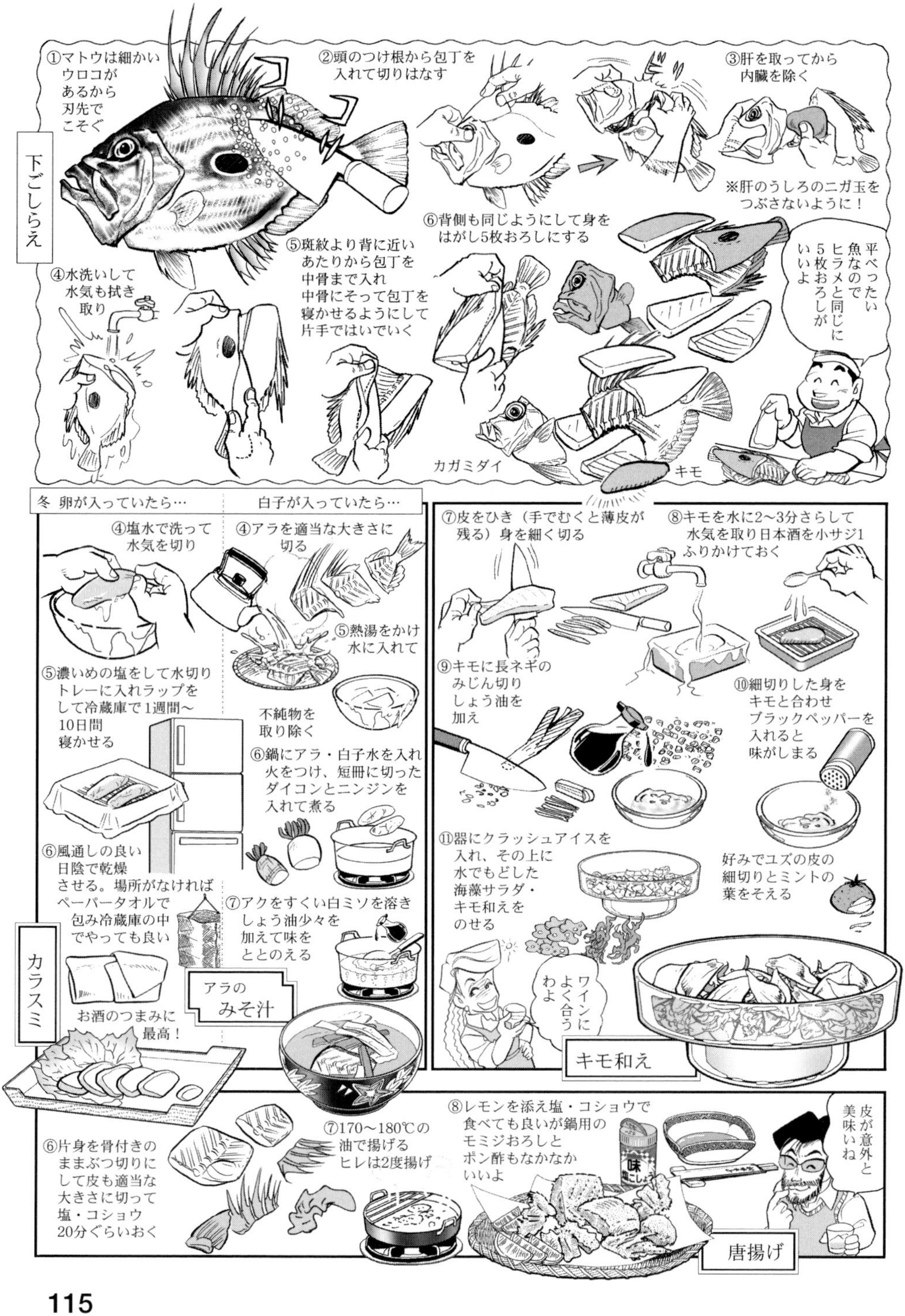

下ごしらえ
①マトウは細かいウロコがあるから刃先でこそぐ
②頭のつけ根から包丁を入れて切りはなす
③肝を取ってから内臓を除く
※肝のうしろのニガ玉をつぶさないように！
④水洗いして水気も拭き取り
⑤斑紋より背に近いあたりから包丁を中骨まで入れ中骨にそって包丁を寝かせるようにして片手ではいでいく
⑥背側も同じようにして身をはがし5枚おろしにする
平べったい魚なのでヒラメと同じに5枚おろしがいいよ
カガミダイ
キモ
カラスミ
冬 卵が入っていたら…
④塩水で洗って水気を切り
⑤濃いめの塩をして水切りトレーに入れラップをして冷蔵庫で1週間～10日間寝かせる
⑥風通しの良い日陰で乾燥させる。場所がなければペーパータオルで包み冷蔵庫の中でやっても良い
お酒のつまみに最高！
白子が入っていたら…
④アラを適当な大きさに切る
⑤熱湯をかけ水に入れて
不純物を取り除く
⑥鍋にアラ・白子水を入れ火をつけ、短冊に切ったダイコンとニンジンを入れて煮る
⑦アクをすくい白ミソを溶きしょう油少々を加えて味をととのえる
アラのみそ汁
⑦皮をひき（手でむくと薄皮が残る）身を細く切る
⑧キモを水に2～3分さらして水気を取り日本酒を小サジ1ふりかけておく
⑨キモに長ネギのみじん切りしょう油を加え
⑩細切りした身をキモと合わせブラックペッパーを入れると味がしまる
⑪器にクラッシュアイスを入れ、その上に水でもどした海藻サラダ・キモ和えをのせる
好みでユズの皮の細切りとミントの葉をそえる
ワインによく合うわよ
キモ和え
⑥片身を骨付きのままぶつ切りにして皮も適当な大きさに切って塩・コショウ20分ぐらいおく
⑦170～180℃の油で揚げるヒレは2度揚げ
⑧レモンを添え塩・コショウで食べても良いが鍋用のモミジおろしとポン酢もなかなかいいよ
皮が意外と美味いね
唐揚げ

57 スミヤキ（クロシビカマス） 58 ドンコ

炭焼・鈍甲

小骨がびっしりとあるので敬遠されるようになったが、刺身の味は中トロ。深場の釣りの外道でけっこうおなじみさん。

や〜ん
変な魚 ば〜っかり
おっ ドンコに スミヤキ
どっちも美味しいよ

うちの人なんか磯釣り時代1月になると伊豆・八番野まで夜釣りに行ってたのよ
歯が鋭いから伊東方面はヤッパダって言うんだよ
普通は深い所に居るんだけど
寒い夜に表層まで浮いてくるんだよ…ね

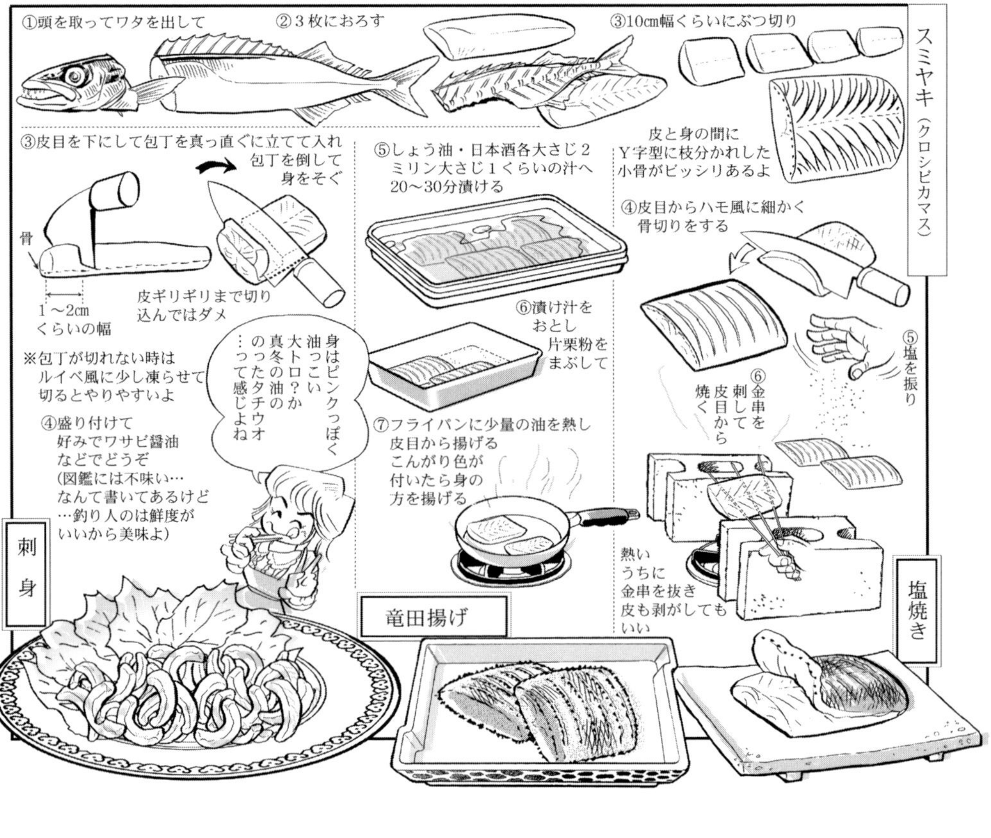

スミヤキ（クロシビカマス）
①頭を取ってワタを出して
②３枚におろす
③10㎝幅くらいにぶつ切り
皮と身の間にY字型に枝分かれした小骨がビッシリあるよ
③皮目を下にして包丁を真っ直ぐに立てて入れ
包丁を倒して身をそぐ
骨
１〜2㎝くらいの幅
皮ギリギリまで切り込んではダメ
※包丁が切れない時はルイベ風に少し凍らせて切るとやりやすいよ
④盛り付けて好みでワサビ醤油などでどうぞ（図鑑には不味い…なんて書いてあるけど…釣り人のは鮮度がいいから美味よ）
身はピンクっぽく油っこい大トロ？か真冬の油ののったタチウオ…って感じよね
刺身
⑤しょう油・日本酒各大さじ２ミリン大さじ１くらいの汁へ20〜30分漬ける
⑥漬け汁をおとし片栗粉をまぶして
⑦フライパンに少量の油を熱し皮目から揚げるこんがり色が付いたら身の方を揚げる
竜田揚げ
④皮目からハモ風に細かく骨切りをする
⑤塩を振り
⑥金串を刺して皮目から焼く
熱いうちに金串を抜き皮も剥がしてもいい
塩焼き

ドンコ（チゴダラ・エゾイソアイナメ・アシロ・イタチウオなど）
①ヌルとウロコをこそぐ（面倒なら金タワシで）
②頭を取りワタを出す
③３枚におろす
チゴダラ（深場や東北に多い）
エゾイソアイナメ（干物が美味い）
アシロ
頭が大きいオタマジャクシ形の魚を各地でドンコって言ってるけどそう言われる代表はこれらだね
②キモをこわさないようワタを取ってぶつ切り
③片栗粉をまぶし中火で揚げる
友人の後藤氏のやり方だけど…ビニール袋に粉を入れ魚を入れて振ると粉が少量ですむよ
唐揚げ
③食べやすい大きさに大根とネギを切って煮る
④煮立ったらぶつ切りにしたドンコを入れてひと煮たちさせ好みの辛さに合わせたキモと味噌を入れる
味噌汁
④キモをつぶして適量の味噌を混ぜる
⑤味噌を土鍋の縁に盛る
⑥ネギや大根などあり合わせの野菜や豆腐などを適当な大きさに切る
大根はすぐ煮えるように湯がいておく
⑦土鍋のお湯が沸いたらドンコを一気に入れて野菜を入れる
どて鍋
⑤皮を引き小骨をきれいに取って包丁でたたき切り
⑥ネギの千切りとキモを入れて更にたたく
酒がすすむ〜
肝あえ　タタキ
②開いて（小さいのは頭付きのまま）
③薄い塩水に漬けて一夜干し
寒くなると夜干しは上手く出来るわよ
干物
余分な油が落ちて最高の味が楽しめるよ
アルミの囲い
②キモと味噌とネギのみじん切りに酒少々を混ぜたもので腹と皮にぬって
③金串に刺して囲いを作って焼く
炭30㎝くらいの山盛り
お庭や囲炉裏のある人は仲間とこんな焼き魚も…
そのまま塩焼きでポン酢で食べてもいいけどど
さかさ焼き

59
ボラ
鯔
全長1mになる。これも名前の変わる出世魚。へそ（ソロバン）は珍味。
う〜ん タイも 釣れたん ですか…
いつ食べても よろしおすな
…
ごちそうさまでした
やったー
何も言わなかったら タイの刺身と 思って食べて くれたわ
ヒヤヒヤ しましたよ
こら
釣ったばっかりの 刺身は硬くって ゴムみたいだけど
3日ぐらい おいた刺身は タイそっくりの 味なんだよね
くっちゃ くっちゃ
今まで 見やぶったのは 新聞社の 釣り担当者 一人だけだよ
血合いの 模様が 違うって…
⑤二枚にしたボラを食べやすく半分ぐらいに切り網焼きにする
⑥長ネギを3〜4cmに切りごま油を熱して炒め焼きにする
焼くことで 香ばしい煮物に なる…よね
⑦ダシ汁カップ2を煮立て醤油・酒砂糖で調味し⑤と⑥を入れてしばらく煮つめる
南蛮煮
③スナズリ（ヘソまたは胃袋…とも言う）を開いてよく洗う（中に砂が入っている）
④小さく切って竹串を刺し塩と粉山椒を振ってじっくり焼く
ついでに切り身の塩焼き 脂っ気は少ないけど 熱々はホックリして 美味しいよ
ヘソの串焼き
子供たちが いる家は これ…
レモンに塩か タルタルソース お好みで
フライ
⑥中骨をスープにする
⑦スープを漉し土鍋に昆布をしいて煮立たせる
⑧ささがきゴボウを水でさらし入れる
⑨団子とボラの切り身を入れミソで味を調える
ボラスキ
⑧生シイタケ・ネギ 白菜などを入れ、ニラと小ネギを入れた団子を入れ煮立って団子が浮いたら出来上がり。薬味でどうぞ
これに身や豆腐を加えて煮えたら ポン酢とモミジおろしで 食べる
ボラ鍋
⑧塩をして 3時間おき 昆布をしいて 酢を入れた 器に2時 間つけ
⑨酢・みじん切りの ショウガ・炒りゴマを ごはんに混ぜる
⑩にぎって魚を のっける
ボラ寿司

下ごしらえ
エラをはずして血抜きをしましょう
釣れたらすぐ首を折るか
①ウロコをとり　胸ビレの下から包丁を入れて頭を落とす
②肛門まで切りワタを出しヘソ（スナズリ）は別にしておく
卵巣が入っていたらこれも…
③肛門から尾まで切れ目を入れる
④向きを変えて尾から中骨まで包丁を入れ片身をはずす
⑤同じようにして三枚にする
⑥腹骨をとる（夏は黒い膜冬は脂肪がベッタリついている臭みのもとです）
⑦皮をはずす
カラスミ風塩漬け焼き
まれに卵が入っていることも…
珍味のカラスミはボラ…ですがあのうま味を出すのは秘伝…とか
素人じゃムリだけどそれ風を作りましょ
③皮を破らないよう水洗いし
水気を拭き取り
④塩をまぶして
ペーパータオルとラップで包み軽く重しをして冷蔵庫へ1日以上おき
⑤焦がさないようあぶり焼きして硬くなったら薄く切る
さつま揚げ&ボール
⑧スリ身にする分量をマナ板の上でたたいて細かくする
⑨こすりつけるようにしてスリ鉢でする
⑩ネバリが出たら水気を切った豆腐・すりおろした山芋（スリ身の半分の量　）卵・片栗粉を加えさらによく合わせショウガのしぼり汁・ミソ・砂糖・ミリンを加える
⑪固さは手のひらで整えられる程度にして低温の油でゆっくり揚げる
さつま揚げとボールは保存食
一週間はお鍋等に使えます
小ネギとニラのみじん切りを入れた団子も作っておこう
⑫揚げたての熱々をショウガ醤油かワサビでどうぞ
※丸いのはちょっと一日干した物をシンに入れて揚げる
刺身
⑧幅の広い部分を半分に切り
⑨尾の方から薄くそぎ切る
⑩氷水で数回洗い
氷を敷いた上に身を乗せる
夏から秋は洗いがおすすめ
冬はやっぱり刺身
鮮度の良いうちは薄切り
洗い

60 イシダイ 石鯛

人に慣れやすく賢いので、水族館では調教して芸を見せてる所もあるよね。料理の本には春から夏とあるけど真冬の深場の魚は絶品。

全員で2匹だけか
やっぱり幻の魚になりつつあるのか?

シーズンが違うからでしょ
春から初冬までの魚だもんね
でもね
食べるなら絶対に12～2月真冬が最高
油がのってるし…ね
旬…てのとは違うの
う～ん
1kg級の中型なら絶対おすすめがこれ
一番うまいと思う
⑧串を3～4本末広に打つ
⑨皮目に塩を振り
九州方面や四国では焼き切り焼きしも…と呼び名は変わるけど基本形は土佐造り…と思ってもらうとわかりやすいかな
⑩強火の遠火で皮目の方を焼き身はサッとあぶる程度
⑪氷水にさっとつけて冷やし 水気を切り薄切りに切って
⑫モミジオロシと刻みネギ、ポン酢で召し上がれ 夏は叩いたきゅうりなどを敷いてもいい
焼きしも
⑧中骨を切る時は節の間に刃を入れるか 包丁の背でたたいてから
⑨口の真ん中から刃を入れて割り目と口の間にも刃を入れ食べやすくする
⑩砂糖、酒、醤油を入れて沸騰させアラを入れて15～20分煮る
あら炊き
⑦身は皮付きのまま適当に切って
⑧豆腐、白菜、水菜、エノキなど香りのきつくない野菜を中心にそろえる
半身はお鍋で食べてほしいよな
⑨魚を先に入れ煮立ったら野菜を入れる
トリの味みたいだよ
モミジおろしとポン酢で召し上がれ
水炊き鍋
う～ん皮目のゼラチンの舌ざわりと甘み
焦げ目の香ばしさがおいしいわ
あったかい時に食べるならヌタが基本なのよ
ポン酢代わりにミカンとタマリ醤油と濃口醤油とミリンでつけ汁を作るのも楽しい…のよね

下ごしらえ
①塩をふって ヌメリを タワシで洗ってから 始める（釣って その日なら やらなくて良い）
②ウロコを丁寧に取る（皮を食べるから すき取りにはしない）
小物用の ウロコ取りで 丁寧に！
③エラブタを開けてエラを取り、カマ下より 肛門まで刃を入れワタを出す
④血合いを水洗いし（包丁の 先などでこそぐ）水気を切る
⑤背ビレに沿って包丁を 入れ身を持ち上げながら 切り開いて三枚にする
⑥腹骨を取り 縦２つに切って 中骨を取る
⑦皮をはぐ
◎鮮度の良いうちは お造り（歯のダメな人は薄造りで）
⑧皮側を上にし 包丁を 刃の 根本から 入れ
すっと 切って 並べていく
⑨ツマをしき 並べて いく
2日以上時間が流れたら薄造り
⑧薄くそぎ 切る
七味と刻みネギと ポン酢でどうぞ
皮も美味しいよ
⑧熱湯をかけて氷水で冷まし 水気をきって
⑧適当な大きさに 切って
⑨片栗粉を まぶして 揚げる
こりゃビールの つまみにさいこ～
⑨細かく刻んで小口切りの きゅうりを混ぜると酢の物
皮の酢の物
皮刺しは ポン酢で どうぞ
皮の刺身
皮の唐揚げ
夏場はこれ!!
⑨そぎ切った身を ザルに入れて ２～３回水洗い
⑩氷水で身をしめ 水気を取り
⑪氷をたっぷり しいてその上に ツマをしいた 薄い皿の上に 1切れずつ 身を 盛り付ける
夏は 湯びきにして 酢みそも いいよね
暑いときは酸っぱい タレが食欲増進
洗い
東京湾の 真ん中にある 第二海堡…
旬…って 美味しい時 だけではなく
昔の技で 沢山とれた時を 旬と言ったのも 残っってるよね
11月頃… 食べて美味しい 25㎝級が よく釣れたん だがな…

61 アカムツ 赤鯥

１匹や２匹しか釣れなくっても、釣れたことに満足して帰れる希有な魚。この希少な魚は浜の人たちの密かな楽しみだった。

おお 珍しい
赤く輝く きれいな 宝石みたいな 魚ね
見かけだけじゃ ないよ食べても 最高の魚だよ
一人2匹なんて 釣果でも 乗り合い船が 成立するぐらい 釣り人には 人気の魚なんだ
釣り人には アカムツって よりは ノドクロ…って 名の方が通りが いいかな
ノドの 奥が黒いから そう言われる んだけど
変なのと め…目が 合った
ああ ウオノエ…って 寄生虫だよ
おいしい魚の 証拠に どの魚よりも 寄生率が 高いんだ
ま…おろす前に ハシではさんで ポイッ
万一 知らずに 焼いたって タンパク質さ
食って みせてよね

焼きもの
③小型は振り塩をして一時間おき身を締めてから焼く
④良型は骨付き皮めに塩を振り一夜干し
⑤遠火の強火で焦げ目が付くぐらい焼く
ソテー
④バルサミコソースを作る
(a)叩いたニンニク一片を弱火でオリーブ油で香りだし
(b)スライス玉ねぎ1個分を炒め煮詰めたバルサミコ酢・赤ワイン50ccを加えて煮て塩・コショウで味付けし火を止めたらバターを加える
⑤腹骨をすき取り皮目に飾り包丁を入れ塩・コショウをしておく
⑥オリーブ油を熱しキツネ色に焼く
⑦皿に盛りルッコラ・ラデッシュのサラダとソースを添える
潮汁
⑤頭・カマ・中骨・ひいた皮やキモを入れ アクを取りながら十分煮て
⑥軽く塩を振って味をととのえる
⑦好みで刻みネギを添えて召し上がれ

①ウロコをこそぎ
②エラ、ワタを取り
③3枚にする（小を焼き物にする時は片側骨付きの2枚）
真子が入っていたら…
日本酒・ミリン砂糖・醤油を同量入れてやや甘辛く
ヒレの部分と一緒に煮ちゃいましょう
③日本酒・ミリンを同量入れ沸騰したらアラを入れ落としぶた
④煮立ったら砂糖と醤油を入れ…真子を入れる
※キモを煮るときは甘さ控えめあっさり味で
真子の煮付け
④串を打ち
⑤強火の遠火で皮目をサッとあぶり
バーナーで炙りにしたときは…冷凍庫に2～3分入れてあら熱を冷ましてから切る
④まな板に皮目を上にして熱湯をかける
⑥氷水でサッと冷やし水気を切って5~7㎜幅に切る
焼きしも
湯引き
④皮を引きそぎ切る
※切り身の数は日本古来より縁起が良いとされる3・5・7きれ
刺身
醤油にス～っとひろがる細やかな油これもいいよね
焼きしもと刺身で鉄火丼風にしてもいいしお寿司も…
皮と身の間が美味しい魚なのよね
35㎝をこえる大型は…タオルでくるんでザク氷を入れたクーラーの中で1～2日ほどおいた方が刺身は脂がまわっておいしい
スヤスヤ
脂っこいという意味のムッチリ…が変化してムツ…赤ムツと言われるようになったとも言われている魚なんだ
赤ムツはムツ科の魚じゃないんだけど
おいしい魚だけどなかなか数が釣れる魚じゃない仲間4人でも4～5匹釣れれば上の上
そんな時は半身づつ食べ方を工夫して仲間で試食パーティが最高！

62 カイワリ 貝割

ギンガメアジ科だが 40cm位にしかならない。希少な魚で、その地の魚屋さんや料亭で消えてしまうので食べたければ釣るしかない。

お
沖メバルとカイワリの良型
ここはカイワリのポイントだな

小さいのも付いてるぞ
刺身にする魚はすぐ血抜き
両方のエラの付け根を切って海水を入れたバケツの中で放血
20cmぐらいが普通だけど
深場で釣れるのは良型が揃うよね
ときには30cm…いや40cmオーバーなんてのも
へえ図鑑には30cmと書いてあったわよ
大きいのは当然刺身だが…
25cm以上になると身は硬いから2日間追い氷をしたクーラーで寝かせて脂がまわった頃に刺身や鉄板焼きしゃぶしゃぶが良い
エラ、ワタは取らないで寝かすことこと取ると急速に劣化し鮮度が落ちる
あれ?
…って小さいのも入ってた
下に入れたの忘れてた
釣り人の魚はいつも鮮度の良い魚を処理しているから何も考えずさっと煮ただけでも美味しいが…
こんな風に忘れていた魚や
時間のたってるマーケット等の特価の魚を煮る時は一手間かけると良いよ
①両面に塩を振って15～20分
②熱湯に一瞬漬け冷水に入れる
これでゆるみかけた身から水分を出してうま味をとじ込め匂いもおさえられるし魚の味も濃くなる
③好みで煮汁を作り煮立ったら魚を入れる
煮汁が冷たいうちからやると臭みが出やすいよ
④5分ほど煮たらショウガの薄切りや針ショウガ
てきとうに切った長ネギ・シイタケ
この3種が味を整える調味材ね
⑤魚をひっくりかえして…さらに落としブタをして5分
白身の魚は身がくずれやすいからフライがえしなどで煮すぎないこと
鮮度の良いカレイなんか煮立ったら終わりだもんね
魚によっては煮えたら魚を出し汁を少し煮詰めて魚に掛ける
いつでも美味しい煮魚の技

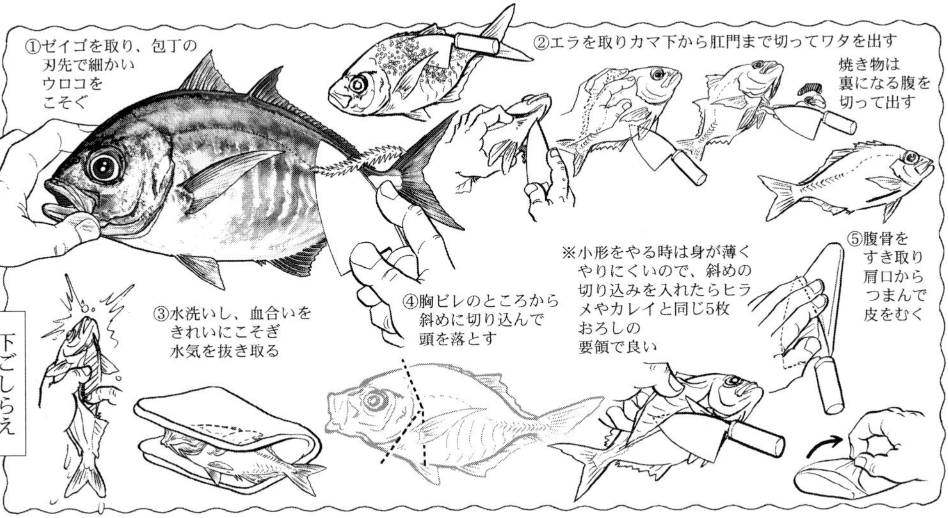
下ごしらえ
①ゼイゴを取り、包丁の刃先で細かいウロコをこそぐ
②エラを取りカマ下から肛門まで切ってワタを出す
焼き物は裏になる腹を切って出す
③水洗いし、血合いをきれいにこそぎ水気を抜き取る
④胸ビレのところから斜めに切り込んで頭を落とす
※小形をやる時は身が薄くやりにくいので、斜めの切り込みを入れたらヒラメやカレイと同じ5枚おろしの要領で良い
⑤腹骨をすき取り肩口からつまんで皮をむく

刺身は2～3日置いてからの方が脂がまわりだす。

刺身
⑥大きいのは刺身に血合い骨を取り厚さ3ミリぐらい薄くそぎ切る
お寿司
⑦炊きたてのご飯に市販の寿司の素を入れて
よくかき混ぜて冷ます（飯台がない人は大きなボールなどで）
⑧食べやすく握る
15cm級の小さい魚はそのままの姿の料理がムダが無く
釣ってきたその日から翌日ぐらいが美味しいです
・唐揚げ ポン酢で食べても良いよ
・塩焼き 焼きすぎに注意
・フライ パン粉が多いと味が落ちる
鉄板焼き
⑦ホットプレートを熱し、身の表面がサッと白くなったらポン酢で召し上がれ
しゃぶしゃぶ
⑦昆布1枚と酒少々をたらし沸騰したらどうぞ
30cmの良型は絶対この4つの食べ方が最高
味の良い魚だから衣を付けたりの料理は、なるべく衣を薄くすること
ひゅうが丼
⑦・刻みネギ・おろしショウガ・醤油・ミリンを入れて身を30分漬け込む
⑧溶き卵を入れて混ぜたら熱々のご飯にかけ
・刻みノリ・刻んだ大葉・炒りゴマなどをかけて召し上がれ

63 ヒメ
比女

水深25～600mと広範囲な砂泥地に棲息。練り製品や干物にされているが、釣れたらぜひ食べてみて！

あ〜ん
また外道の
ヒメちゃん
だわ
捨てないで
それ
けっこう
おいしい魚
なんだよ

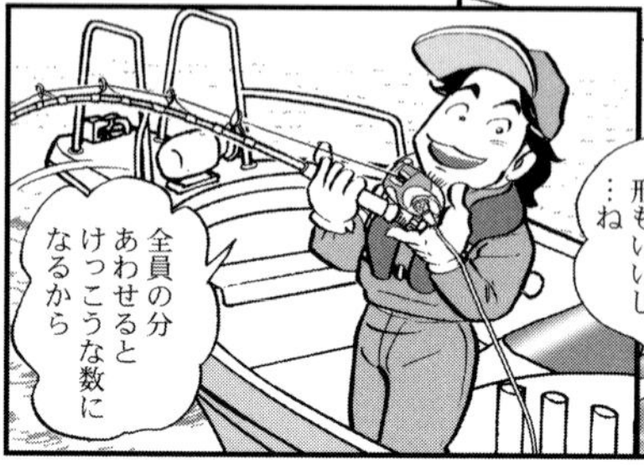
深い所で
釣れるのは
けっこう
形もいいし
…ね
全員の分
あわせると
けっこうな数に
なるから

今夜は
これを
おいしく
いただこう

②頭を付けたまま、エラ、ワタを取る
③3%の塩水に10分漬ける
③水洗いして開く
④一夜干し
これからの季節は北風のふく涼しい日が美味しく干せる
七輪で焼くには腹開きが薄い腹の部分が焼きすぎず良い
④食べるときは冷凍のまま少な目の炭で焼く
右の③と④をやって1枚ずつ冷凍保存
干物
焼き物は熱々が最高！ポン酢などをちょっと振りかけて召し上がれ
南蛮漬け
⑤酢4・醤油・ミリン各1・砂糖0.5 だし汁3ぐらいを合わせて煮立て南蛮酢を作る
⑥170度ぐらいの油でカラッと揚げて
⑦タカノツメや玉ねぎのスライスと一緒に暑いうちに南蛮酢に漬け込む
二日ぐらい漬けておくと小骨も気にならなくなります
⑤開いたら中骨を取り腹骨をすき取る
⑥血合い骨を抜き尻ビレを取る
⑦衣をつけて揚げると天ぷら
衣はなるべく薄く
天ぷら
⑧粉を付けずフライパンに少量のサラダ油で揚げるとピカタ
ピカタ（西洋天ぷら）

①ウロコをこそぐ
②頭を斜めに落とし
ワタを出す
③ワタの汚れを
洗い
ザルにのせて水気をきっておく
④三枚におろし、腹骨を
すき取り、目立つ血合い骨を
抜き取る（子供は骨が嫌いなので、
丁寧に取る）
⑤皮をひく
⑥食べやすい厚さに切ると…
刺身
⑦細かくたたいてみじん切りのネギなどをまぜる…と
タタキ
⑧ショウガとミソを加えてさらにたたくと
ナメロ
⑧これを焼くと
サンガ焼き
⑧すり鉢ですると
すりみ団子
ウロコの唐揚げ
②ウロコを塩少々を
溶かした水で洗い
③ザルで水気をきって薄めに
片栗粉を
まぶし
⑤170℃で
30秒ぐらい揚げ
油をきったら 少々の塩・
コショウ
④シロギスを
おろす感じで
肩口から
包丁を
入れる
血合い骨が気になる魚なので
子供さんのいる方は丁寧にとること
しいし遊んでるの？
⑦塩、コショウをして小麦粉・
溶き卵・パン粉の順で
衣を付けて
揚げると
フライ
フライ
いい味だよね
シロギスより美味いんじゃないッスか～
ウロコの唐揚げ
ビールにぴったり
ヒメジやオジさんなどの魚も今回の食べ方が楽しめます

64 シタビラメ 香鮃

そんなに美味しくないものもいるけど、香草やソースでごまかすフランス風料理に化けると、アカシタかクロシタか判別は難しい。

へんなのが釣れた～
クロウシノシタ
舌びらめだよ
こっちも～

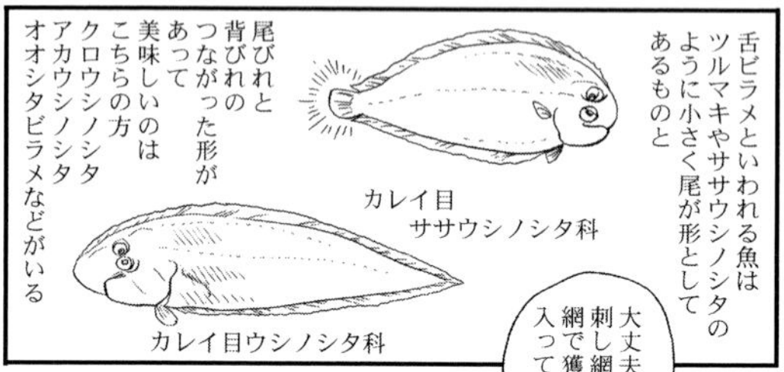

舌ビラメといわれる魚はツルマキやササウシノシタのように小さく尾が形としてあるものと
カレイ目 ササウシノシタ科
尾びれと背びれのつながった形があって美味しいのはこちらの方クロウシノシタアカウシノシタオオシタビラメなどがいる
カレイ目ウシノシタ科

戦前の日本ではあまり重宝されない魚だったんだが
フランス料理のムニエルとして知られるようになり、今じゃ無数のムニエルが存在する
食べたいけど…
血を見そうね
大丈夫刺し網や底曳き網で獲れたのが入っているから
地元の魚屋さんをのぞくとOK
ほんと
鮮度の落ちた魚は皮に臭みがつくから
裏側が白くきれいな魚を選ぶこと赤く
赤く血のまわってるようなのはダメ!

ワイン蒸し
⑥ワインを振りかけ
⑦そのまま蒸し煮にするか蒸し器で蒸す
⑧バター炒めした芽キャベツやクレソンなどを添える
今回の料理はみんな基本形よ
じつに沢山のバリエーションがあるのよ
料理の本などを参考にオリジナルに挑戦しなくっちゃ
煮付け
⑤ウド（ゴボウでも）4～5㎝に切って丸棒にし水に付けアクを取る
⑥ショウガを小口切りにし水.醤油.砂糖.酒各1.ショウガを入れてひと煮立ち
⑦魚を入れて落としブタをして煮て
煮上がったらウドを入れて煮込む
魚の鮮度が落ちたら水は入れず酒をたっぷり使い砂糖を少なめに
四国から九州にかけて多いゲンコは
（20㎝ぐらい）一夜干しや唐揚げがいいよ

①ウロコをスチールウールなどでこそぎ
②エラの下に小さな切れ目を入れエラ.ワタを出す
③頭と両端に切れ目を入れ、最初は毛抜きなどで頭の方から皮を剥く（皮が好きな人は剥かなくともいい）
下ごしらえ
④三枚におろす
へえ～刺身もできるんだ
身の薄い魚だからちょっと大きめの魚じゃないと難しいよ
④大きいのは2つ切り
小さいのはそのままで
薄く包丁を入れ
⑤塩.コショウをして10～20分おく（鮮度の落ちたものは長く）
刺身
⑤小骨を抜き取ってからそぎ切る
ポン酢も美味しいよ
唐揚げ
⑥小麦粉（片栗粉でも）をまぶし
余分な粉ははたいて
⑦170℃ぐらいでじっくり揚げる
⑧どちらもレモンをサッとしぼって醤油で食べるかポン酢でどうぞ
ムニエル
⑦オリーブ油とバターを熱し（バターだけでもいいけど焦げやすい）
こんがり両面焼く
じゅわわ
⑧魚を出したフライパンにバターを入れて熱し
味ぽん
レモンソース
⑨レモン1個分をしぼって入れ
⑩火がとったら塩.コショウで味を整える
レモンソースをかけてもいいし、イタリア風にチーズをベースにしたソースなども濃厚で旨いけど…それはどちらかと言えば鮮度の落ちた魚用 鮮度のいい釣り人の魚は魚本来の味を楽しもう
魚すき
⑤カツオだしと醤油.砂糖で好みの煮汁を作り
⑥キャベツや三つ葉.シラタキ.焼き豆腐その他好みの野菜とぶつ切りした身を煮ながら食べる
早春に出回るアカウシノシタはこれがいいよ
ちょっと変わったところでは…
ヒレまでパリッと美味しい
タルタルソースでもいいけど色んな野菜のソースをかけても…
また別な料理に化けますよね

65 アカエイ

赤鱏

エイの中で最も美味しい。コラーゲンが多く煮付けると『煮こごり』ができる。コラーゲンは皮膚や血管の材料となり不足すると肌荒れを起こす。

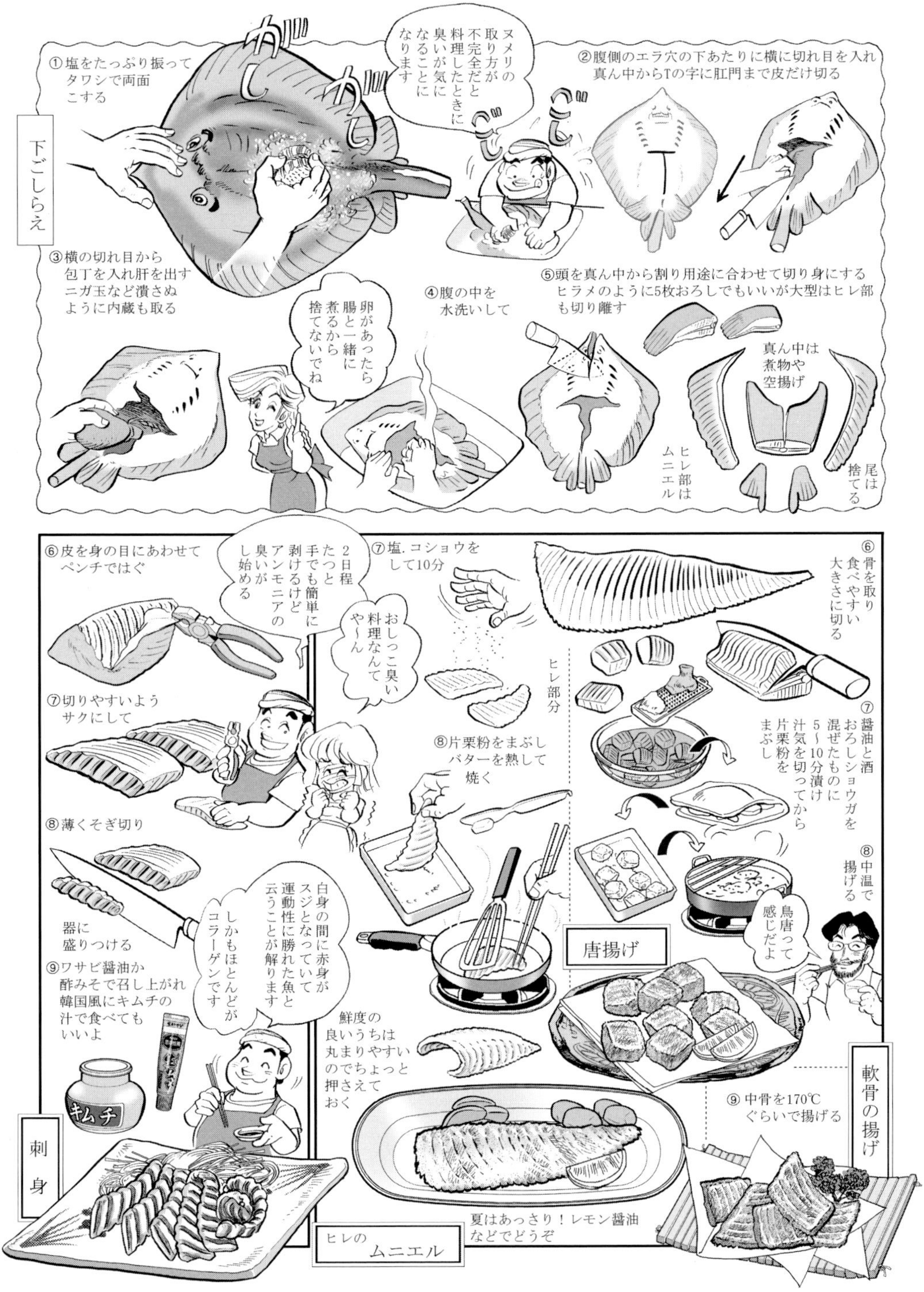
下ごしらえ
①塩をたっぷり振って
タワシで両面
こする
がしがし
ヌメリの取り方が不完全だと料理したときに臭いが気になることになります
ごしごし
②腹側のエラ穴の下あたりに横に切れ目を入れ
真ん中からTの字に肛門まで皮だけ切る
③横の切れ目から
包丁を入れ肝を出す
ニガ玉など潰さぬ
ように内蔵も取る
卵があったら腸と一緒に煮るから捨てないでね
④腹の中を
水洗いして
⑤頭を真ん中から割り用途に合わせて切り身にする
ヒラメのように5枚おろしでもいいが大型はヒレ部
も切り離す
真ん中は
煮物や
空揚げ
ヒレ部はムニエル
尾は捨てる
刺身
⑥皮を身の目にあわせて
ペンチではぐ
2日程たつと手でも簡単に剥けるけどアンモニアの臭いがし始める
⑦切りやすいよう
サクにして
⑧薄くそぎ切り
器に
盛りつける
⑨ワサビ醤油か
酢みそで召し上がれ
韓国風にキムチの
汁で食べても
いいよ
白身の間に赤身がスジとなっていて運動性に勝れた魚と云うことが解ります
しかもほとんどがコラーゲンです
キムチ
ヒレのムニエル
⑦塩.コショウを
して10分
おしっこ臭い料理なんてや～ん
ヒレ部分
⑧片栗粉をまぶし
バターを熱して
焼く
鮮度の
良いうちは
丸まりやすい
のでちょっと
押さえて
おく
夏はあっさり！レモン醤油
などでどうぞ
唐揚げ
⑥骨を取り食べやすい大きさに切る
⑦醤油と酒おろしショウガを混ぜたものに5～10分漬け汁気を切ってから片栗粉をまぶし
⑧中温で揚げる
鳥唐って感じだよ
軟骨の揚げ
⑨中骨を170℃
ぐらいで揚げる

66 ムギイカ

麦烏賊

スルメの仔。沿岸の近く、麦の穂が出る頃捕れるのでこの名が付いた。小さく柔らかいため子供やお年寄りにも。

ムギイカだ
こっちはマルイカ
かわいいのがいっぱ〜い
おおきくなるとスルメと名が変わるけど
小さいから軟らかくておいしいしスルメとは別格

麦の収穫期の4〜8月が旬のはずなんだが…このごろズレが見られるよな
魚属保護本能のズレなのかな?
持ち帰りは水をすっかり吐かせてビニール袋か氷の上にタオルを敷いて並べる　コンビニの氷の上に並べるのも良い　溶けた水とイカを一緒にしないこと
イカめし
⑥ゲソを小さく刻み
⑦しょうゆ・酒・ミリン各大さじ1に砂糖を少し加え水・カップ1で煮て冷やす
これにシイタケやタケノコ・ニンジンのみじん切りを入れても良いわよ
⑧もち米を洗い⑦の汁で味を付ける
もち米のネバネバ感が苦手な人はうるち米と半々でもいい
⑨煮ておいた足のみじん切りを米と混ぜてイカの胴の水気を拭き取って6分目詰める
これの時は7分目入れてもOK
⑩しょうゆ大さじ3 酒・ミリン各大さじ1に水を加えて火を入れ気泡が立ってきたらイカを並べて40分〜1時間煮る
蒸してから煮る方法もあるよ
ムギイカって言ったらやっぱりこれだよね
みそ焼き
⑥数本切れ目を入れる
⑦スキレッドに油を少しひいて弱火にし
⑧胴.キモ.足を入れ片面ずつ色が変わる程度に焼く
⑨両面焼いたらみそ.ミリン.酒を同量合わせたタレをかけまわし
⑩フタをして30秒〜1分小口ネギやレモンを添えて召し上がれ
漬け焼き
鮮度の良いうちは火にかけるのはもったいない気がするけど…火を使うと別物に変わるよね
⑥ゲソとワタを胴にもどす
⑦しょうゆ.酒.ミリン同量に10分程漬ける
⑧遠火で焦がさないように焼く

下ごしらえ
①指でワタとのつながりを離して引き抜く
②ワタに付いている墨袋をはがし
③ワタからゲソを切り離す
④ゲソの真ん中のクチバシを押し出して取る
⑤目の間に切れ目を入れ指で目玉を取り除く
⑥骨を抜いてエンペラーを身ごと切り先端を押し込むようにして裏返す
むにゅ
⑦ペーパータオルなどでワタの残りや薄皮を取る
イカちゃんこ
⑥身を2cm幅の輪切り足は2〜3本づつに切る
⑦ワタに塩を振ってしめる
⑧具を用意し1度湯通しにする
●サトイモを一口切りにしたて塩（海水濃度）で洗う
●豆腐を大きめのヤツコ切り
●ダイコンを6〜7㎜の厚さのイチョウ切り
●ニンジンを半月切りか乱切り
●シイタケを洗い十文字に切る
●ゴボウは皮をそぎ乱切りにして水のさらす
●ネギを薬味用の薄切りにして残りは2〜3cmのぶつ切り
●油揚げを焼いてザクに切る
⑨煮汁を作るダシ汁カップ2醤油・酒・ミリン各大さじ4砂糖・ショウガ汁各大さじ2を合わせ
ワタの塩を洗い袋をやぶいて汁に混ぜ
煮立ててから具を入れる鮮度の良いイカだから煮すぎちゃダメ！サッとしろくなったらOK
⑩おわんにマヨネーズ大さじ2を入れ具と汁を合わせて食べる
しゃぶしゃぶ感覚でも良いわね
マヨネーズがワタの生臭さを消して思った程の生臭さは無いね
ごはんのおかずでもいいし、酒も進むよな
クーラーガンガン付けてこんな鍋も良いよね
皮付き刺身
⑧裏返したまま2㎜ぐらいに切って盛りつける
⑨ワタの薄切りとオロシショウガで召し上がれ
表から切ろうとしても…
皮は切りにくいのよ
野菜の袋詰め
③軟骨を取り中をきれいにして皮をむく
④ニンジンを小さく角切りコーン・グリンピースを茹でる（なければ冷凍ベジタブルでOK）
⑤焦げ付かないフライパンに油を吹き付け卵を1〜2個加えて茹でた野菜を炒める（固まらないよう箸でかき回しながらパサ付く感じにする）
⑥冷やしてイカにパンパンに詰めてつまようじで止める
⑦1〜2cmに切る

65 マス 鱒

一般的なのは養殖のニジマスだが、配合餌と運動不足に育つため、3コマ目かバター焼きのように、いったん脂を捨てる方法が旨い。

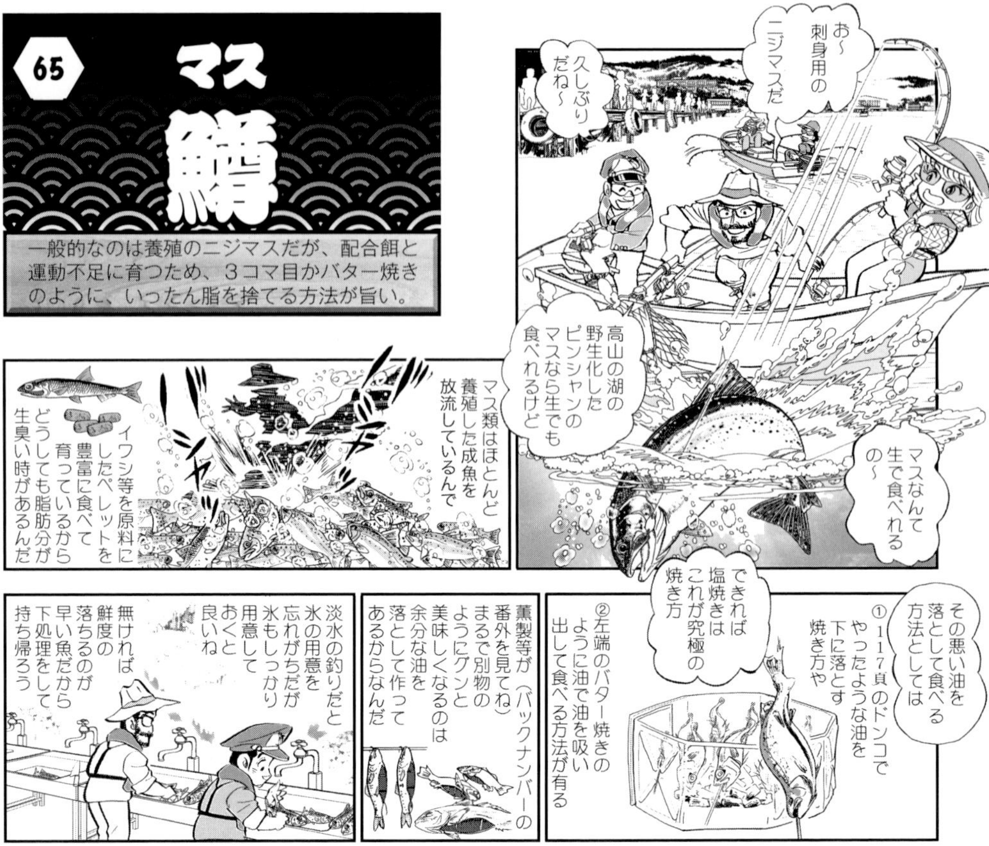
お～
刺身用のニジマスだ
久しぶりだね～
マスなんて生で食べれるの～
高山の湖の野生化したピンシャンのマスなら生でも食べれるけど
マス類はほとんど養殖した成魚を放流しているんで
イワシ等を原料にしたペレットを豊富に食べて育っているからどうしても脂肪分が生臭い時があるんだ
その悪い油を落として食べる方法としては
①117頁のドンコでやったような油を下に落とす焼き方や
できれば塩焼きはこれが究極の焼き方
②左端のバター焼きのように油で油を吸い出して食べる方法が有る
薫製等が（バックナンバーの番外を見てね）まるで別物のようにグンと美味しくなるのは余分な油を落として作ってあるからなんだ
淡水の釣りだと氷の用意を忘れがちだが氷もしっかり用意しておくと良いね
無ければ鮮度の落ちるのが早い魚だから下処理をして持ち帰ろう

ヤマメやヒメマス等の小型は…
フライ
⑤ハルサメを揚げる
⑥水気を拭き塩．コショウをする
⑦尾と頭をつまみ胴体部だけ粉を付け
とき卵に漬ける
⑧パン粉を付けて揚げる
ハルサメの上にのせる
塩焼き
⑤おどり串を打ち各ヒレにかざり塩をする
⑥オーブントースターの受け皿にアルミホイルを敷きその上に魚をのせる
⑦オーブントースターで10分焼き．熱いうちに串を回しながら抜きレモンを添える
昆布巻き
⑤素焼きにする
⑥昆布.かんぴょうを水に戻して魚に巻く
⑦カツオのダシ汁に酒とウメボシを入れ落としぶたをして煮る
⑧ダシ汁が半分になったらしょうゆと砂糖で味をととのえる

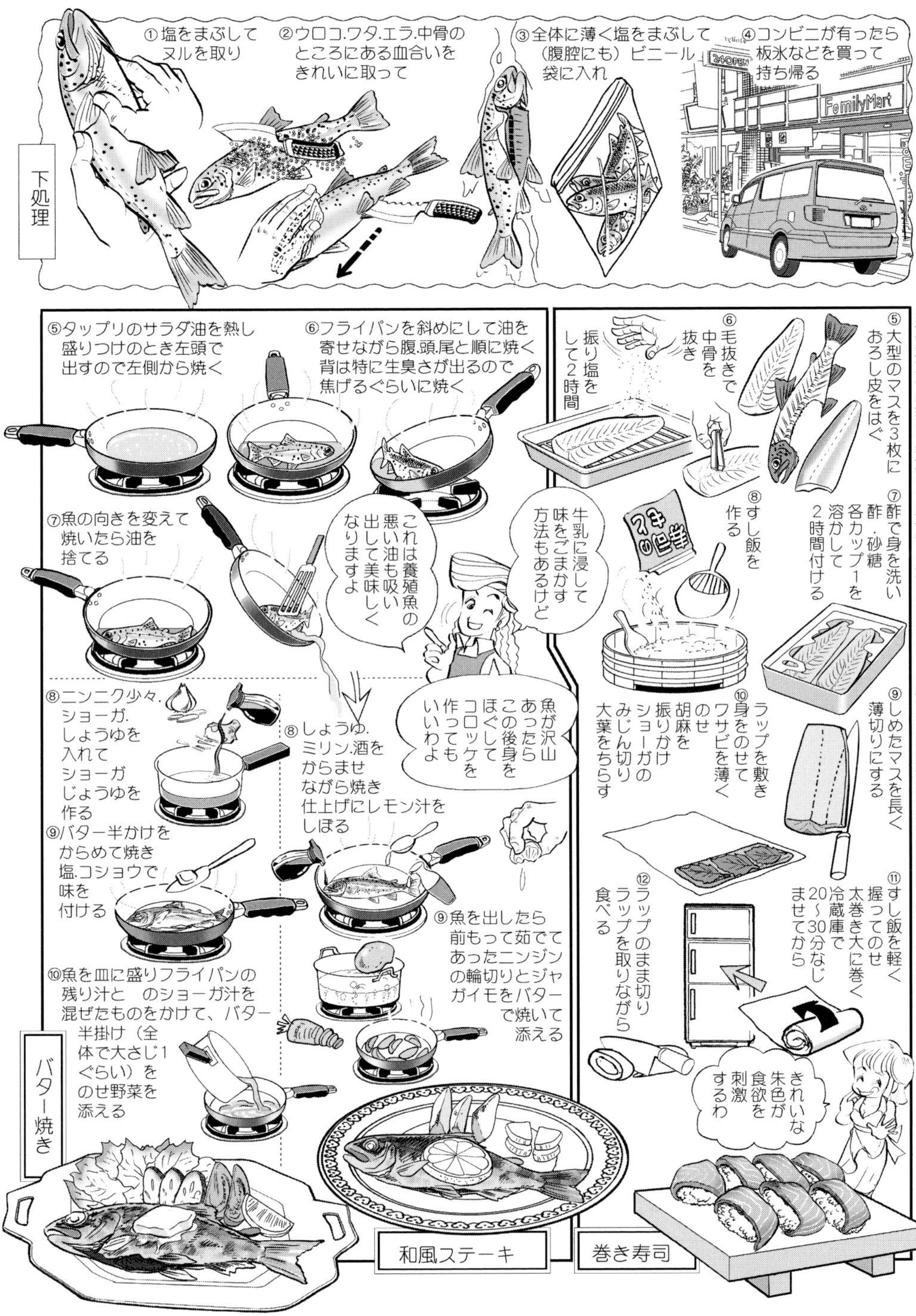

中禅寺湖や芦ノ湖等山上湖のマスは刺身でも食べられるけど、水温のあがる低地の湖は寄生虫に注意！ちょっと無理！

68 カマス

魳

最大 50㎝と言われるが、釣れるのは 40㎝。
最も美味しいと言われるのは干物。

サバの身餌だと良型揃い
サビキのハリがへってる～
こっちは生ゴムチューブのカッタクリに入れ食い
獰猛なフィシュイーターだから群れに当たれば入れ食いだね
YAMAHA

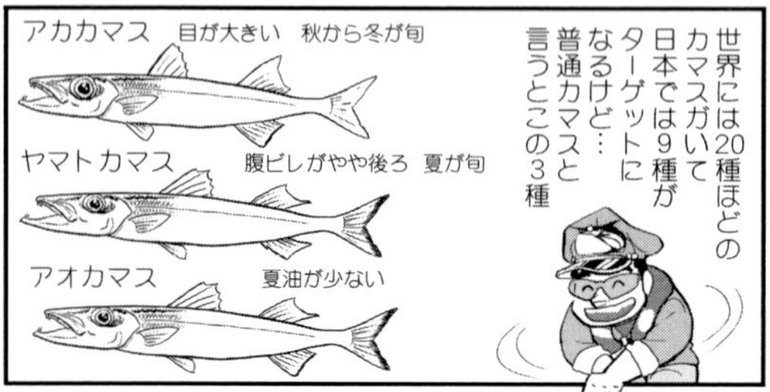

世界には20種ほどのカマスがいて日本では9種がターゲットになるけど…普通カマスと言うとこの3種
アカカマス　目が大きい　秋から冬が旬
ヤマトカマス　腹ビレがやや後ろ　夏が旬
アオカマス　夏油が少ない

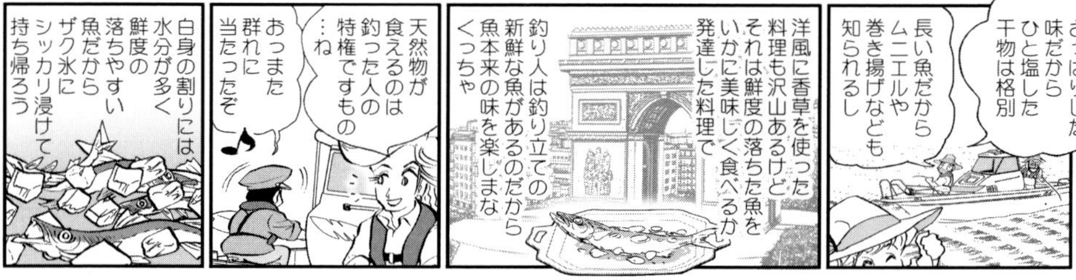

さっぱりした味だからひと塩した干物は格別
長い魚だからムニエルや巻き揚げなども知られるし
洋風に香草を使った料理も沢山あるけどそれは鮮度の落ちた魚をいかに美味しく食べるか発達した料理で
釣り人は釣り立ての新鮮な魚があるのだから魚本来の味を楽しまなくっちゃ
天然物が食えるのは釣った人の特権ですもの…ね
おっまた群れに当たったぞ
白身の割りには水分が多く鮮度の落ちやすい魚だからザク氷にシッカリ浸けて持ち帰ろう

④頭を2つに割ったら
水気を拭き取って塩・コショウ
⑤ビニール袋に片栗粉と頭を入れて振り回す
⑥170℃ぐらいの油で2度揚げ
ビールのつまみよ
頭の空揚げ
④2つに切って酒1.塩.コショウ少々で下味を付ける
⑤かために茹でたニンニクの茎を巻き
⑥食べやすい大きさに切りツマヨウジで止め薄く小麦粉をまぶし溶き卵をくぐらせパン粉をまぶして揚げる
⑦ツマヨウジを取ってレモンやトマトケチャップなどでどうぞ
身をそのまま空揚げもうまいわよ
巻き揚げ
⑤すり鉢にミソ・酒砂糖少々を入れて練り
⑥火を通して練りミソを作る
⑦切り身に金串を打ち表4裏6の割合で白焼きにする
⑧火が通ったら練りミソを塗り炙り焼きにする
魚田

下ごしらえ
①ウロコをおとす（身が軟らかいからウロコ取りは使わない）
②良型は頭をおとしワタを取り
③3枚にする
背開き
②肩口に切れ目を入れ
③中骨に沿って数回にわけて刃を入れ
④身をひらいてワタを取る
腹開き
②背ビレをキッキンバサミで切り
③腹を開いてワタを出し開く
干物にするときは背開きが一般的なんだけど…
七輪で焼くと薄い腹側は火がとうりすぎちゃうのよ～
だからうちは腹開きもやります
刺身三種
④皮を引き
⑤斜めにそぎ切り盛りつける
④皮付きのままそぎきりザルに並べ
⑥氷を敷いた器に盛ったら皮目にバーナーを当て炙りにする
⑤振り塩をして和紙をかぶせその上からも塩を振って30分
釣ったその日なら身も硬く刺身OK 翌日ぐらいから水っぽくなるのでこの方法をしてからの方が味はコックリ
⑤土佐酢で洗いきゅうりの塩揉みを添えショウガで味を整えると酢の物
④薄く塩をして
⑤酢にくぐらせて
そぎ切る
酢の物
干物
⑤10%の塩水を作り、氷を少し入れて身を30～40分漬ける
振り塩でもできるけど…プロの技
素人がやると塩辛くなったり失敗が多いから漬け込み方式が無難
⑥水分を拭き取ったらベランダで一夜干し
沢山あったら翌朝は1枚ずつラップに包んで冷凍もいい
風のある日がベスト
⑦炙ってカボスで召し上がれ
酒を入れて干すと酒干しよ カマスも干す事で味ががらりと変わっちゃう魚です
④振り塩をして1時間
水洗いし水気を取り
⑤三倍酢と薄口しょうゆを合わせ昆布を落としたものに1時間浸す 上にレモンの輪切りを浮かせる…なんてのも今風かな
⑥身を2度切りし酢飯と握る
秋すぎのアカがいいよ 秋から冬にうまいのはこれだよね
姿ずし

69 カンパチ

勘八

人が中老年になったら不足しがちな、必要な栄養をすべて備えた魚。だが、マーケットに並ぶのは養殖魚。

やった～
まあまあの形だ…

釣れたら直ぐエラブタ下と尾の付け根に包丁を入れ血抜きしたら海水とザク氷へ
海が荒れている時は危険だからキッチンバサミでエラ下を切るだけで良い
初日は味が淡白
翌日から3日ぐらいまで刺身（生）は最高
40㎝ぐらいのショゴクラスでも味は良いのがこの魚
⑥食べやすく切り分け
⑦少しずつ湯通しにして汚れを洗う
⑧大根を2～3㎝のイチョウ切りにして湯がき
⑨魚と一緒にたっぷりの煮汁で煮る（水5 しょう油 ミリン各1に砂糖少々 アクはこまめにすくい取って煮つめる
⑩好みで針ショウガ 木の芽などを散らす
栄養価も高く人の体内では作られないアミノ酸を8種類含んでいるし EPA DHAも
あら炊き
⑤頭の真ん中に包丁を入れ半分に割る
⑥扇形に金串をうち遠火で焼く
特にこの目の周りが多いのよ
年老いて血圧なんか上がったら毎日でも食べたい魚だけど
かぶと焼き
⑥適当な厚さに切って
⑦しょう油 2 ミリン・酒 各1に 1時間漬ける
⑧フライパンかスキレットに油を吹き付けフタをして中火で1分 裏返して1分
両面焦げ目が付いたら再び裏返し漬け汁を少し加え（無い時は酒少々）フタをして1分
てり焼き風
漁獲高は少なくってマーケットに出回っているのは養殖物
だからこそ釣った魚は貴重なのよ

EPA（エイコサペンタエン酸）DHA（ドコサヘキサン酸）どちらも身体に必要だが自分では作れない、食べて摂取するしかない栄養素。

下ごしらえ
①包丁の刃先でウロコをこそぐ
②肛門まで腹を切りエラの付け根を外してエラと内臓を取る
③水洗いし血合いをきれいにし水気を拭き取る
大きい魚はNo.59ヒラマサを参考にして下さい
④胸びれの下に刃を入れ中骨まで切り、裏も同じようにして　頭を落とす
⑤背ビレのキワから刃を入れ上身をはぐ。裏も同じに
⑥腹骨をすき取り血合い骨を残して縦に切る
⑦血合い骨を切り分けサクにする
⑧皮の上に包丁を入れ皮を引く
⑨1㎝ぐらいの厚さで角が立つように切って盛りつける
釣ってすぐサク取りした場合　ペーパータオルとラップに包んでおく事。カンパチは1番美味いと言われる死後硬直が緩むのは3日後ぐらいです
カンパチの一押しは生！
味は濃いけど臭みはなく食感もプリプリ
マグロに飽きた食通の食べる魚と言われるだけあるね～
刺身
⑨5～7ミリにやや薄くスライス
⑩しょう油　100cc　ミリン　大サジ1　鰹節　ひとつまみを一煮立ちさせ漉して冷まし
⑪カンパチを5～10分漬けごはんによそる
好みでワサビを
漬け丼
⑩余ったら…ホットプレートで表面だけサッと炙る
漬け汁はポン酢や西洋風お好みで
鉄板焼き
⑩岩塩.レモン.コショウ　EXオリーブオイルを混ぜ20分漬ける
OLIVE OIL EX
⑪タマネギ.きゅうりをスライスし氷水でパリッとさせる
⑫ミニトマトやレモンを添える
カルパッチョ
⑩昆布1枚を入れて湯を沸かし細かい泡が鍋の内に付いたら昆布を取り出ししゃぶしゃぶ開始
⑪ポン酢.ゴマだれお好みでどうぞ
しゃぶしゃぶ

70 フグ 河豚

トラフグは滅多に釣れずメインはショウサイフグ。遊漁船では皮にも毒があり丸裸にされ、ヒレ酒はできない。旨さは格別。

近いうちに本命トラちゃん食べに来て下さいね
今日はありがとうね
これですぐ食べれるわね
ふぐ料理 てっちり
ふい〜 待っている間のビールがきいた〜
でも調理師免許か処理師免許を持っている人にさばいてもらわなくっちゃならないなんて面倒ですね
トラフグなら皮もヒレもサエズリも食べられるけど
ショウサイフグは身以外毒が有るし毒の強さもトラフグの4倍ぐらい強いからね
そんなに強いの〜
夏には白子を持っていて重宝されるけど…卵は猛毒
これだって1万数千匹に1匹ぐらい雌雄同体の魚がいて白子か卵か判別出来ない危険な物もあるんだ
トラフグだって菜種フグは食うべからず…って昔から言われてるぐらいに産卵期のフグは危険なのよ
伊豆下田なんかで釣れる1㌔クラスの微毒のサバフグは唐揚げに重宝されるけど見分けの付けにくいドクサバフグなんて言うのもいるからやっぱり専門家の手は借りなくっちゃ
サバフグ
ドクサバの尾
釣ったその日は唐揚げや熱を通す料理が最高
唐揚げ
⑤大きいのは適当な大きさに切って塩・コショウ
⑥水分が出たら拭き取り片栗粉をまぶす
(塩加減に自信の無い人は市販の味付き唐揚げ粉で)
⑦中温で揚げる(高温だと真っ黒になってしまう)
レモンだと強いのでカボスかスダチを添えて召し上がれ
中骨付きの方がいい味が出るが子供のいる家では中骨を外し食べやすい大きさに切って揚げた方がいい
土佐造り風
⑤身の表面を炙り冷水で冷やし
⑥水気を拭き薄くそぎ切る
ポン酢で食べると甘さ歯ごたえ抜群
焼きフグ
⑤適当な大きさに切って串に刺す
⑥網に焦げ防止の酢かレモン汁を塗り
⑦塩とサンショウの粉かしょう油と酒を混ぜた漬け汁に白ゴマを入れ中火で付け焼き
焼いてからもみじおろしを乗せた

下ごしらえ
毒のある頭と内臓を取ってこんな形にしてもらったら…
①ヒレは毒が有るので切って捨てて
②流水で付いている血も腹腔の黒い膜も取って洗う（布巾や軍手でこすると簡単）
③ちょっと切れ目を入れて薄皮をはぐ
④3枚におろす
⑤中骨はさっと塩水で洗って水気を切り
⑥夜風に当ててカラカラにして冷凍
骨酒
⑦お客さんが来たらさっと炙って熱燗にしたお酒に2～3分でもいいし
ダシ取りにも使える上品な味です
⑦小鍋で辛口の酒を沸騰させ焼きたての骨を入れてライターで火をつける
⑧アルコールが飛んだらふたをして1～2分こっちが美味いよ
刺身
⑤ペーパータオル等の上に置いて2～3日冷蔵庫で寝かせてからの方が刺身はおいしい
⑥切れる包丁の無い人は少し凍らせてシャーベット状にすると薄く切りやすい
シャブシャブ
⑤刺身より少し厚めに身を切って
⑥土鍋に昆布1枚だけ入れただけでも良いけど、固形スープと日本酒90ccを入れ鍋の周りに白菜、シイタケを入れ沸騰したら4～5cmに切った京菜を入れる
⑦フグを箸でつまんで2秒ぐらい湯がいて召し上がれ、もみじおろしとポン酢が好きだけど友人はナンプラーを垂らしタイ料理風味にこれも最高
⑧最後にうどんを入れて、それでもわずかに具がのこっていたら翌朝ご飯を水で洗っておじや、出来上がる直前に溶き卵を回し入れる
フグめし
⑥しょう油1酒2の漬け汁に10分浸す
⑦数匹分の中骨をこんがり焼き米3合としょう油小さじ3、塩少々、昆布1枚を入れてご飯を炊く
60
⑧炊けたら中骨と昆布を出しフグを入れて15分蒸らす
⑨小口切りにしたネギを散らして混ぜ合わせる
漬け丼
余ったら…卵黄1、しょう油大さじ5、ミリン、酒各大さじ2、ごま油1、おろしショウガ、おろしニンニク少々の漬け汁に30分浸し、ご飯の上に大葉3枚をのせ、その上にフグを乗せ刻み海苔ワサビを添えるお茶をかけて茶漬けにしても良い
フグはあっさりした上品な味なので濃い味の好きな若い人向けのバター炒めやチーズを入れたイタリア風等にも合うけど…それは沢山釣れて食い飽きてから…数少ない時は魚本来の味を楽しみませんか
フグ鍋は翌日になっても生臭くならないのがすごいわよね～
ヒック

71 オジサン

老翁

このウミヒゴイの仲間は磯場から水深 140m ぐらいまでたくさんいる。美味しいエサばかり食べているせいか驚くほど美味しい魚だ。

ヒメジの肥満児？
オジサンだよ 35cmあるね
僕も
ウミヒゴイやヒメジの仲間で見てくれはあんまり良くないから外道扱いされるけど美味しい魚だよ

しかも砂地に棲んでいるし…
漁師はそんな所にはめったに網を入れないから市場に出回る魚じゃないし釣らなければ食べられない魚の代表格
ヒゲが味蕾になっていて砂に隠れている餌を探す
フランスではルージュ（口紅）なんてきれいな名前で呼ばれていてソテーやグリル用としてもてはやされる
②ウロコを塩水で洗って水気を切る
③中温で揚げる
④黒焦げにしてはダメ30秒位で油から出して油を切り塩コショウ
薄いウロコだからできるのよ
ポリ
ビールのつまみ最高
ウロコ空揚げ
⑧皮目だけ溶かしたバターを塗りパン粉を押し付けてまぶす
⑨皿に油を塗り皮を上にして並べパルメザンチーズを振り
⑩溶かしたバターを振りかけオーブンレンジで20分焼く
⑪レモン.グレープフルーツの絞り汁塩コショウを入れて沸騰させバターを50gほど溶かし込む
焦げ目が付いたらOK
⑫魚を皿に盛ったら⑪のソースを魚に掛からないよう周りに流し込む
グリル
⑦適当な大きさに切って 塩コショウ
⑧小麦粉をまぶし
⑨オリーブオイルで焦げ目が付く程度に焼く
⑩茹でたニンジン等を添える
ソテー
淡白な味だからグリル等のフランス風から蒸し物など色んな料理が楽しめます
④酒3 しょう油1 砂糖やや多めで煮汁を作り煮立てる
時間がたっていたら別にお湯を沸かし
熱湯を魚に掛けると生臭みも防げるし取り残しのウロコも目立つ

下ごしらえ
①ウロコをこそぐ
尾とか頭は念入りに
薄いウロコが残りやすいので…
残ると煮魚のとき食べにくいわよね
②エラ.ワタを取る
③水洗いし水気を拭き取る
④頭を落とす
⑤三枚にする
⑥中骨を抜き腹骨をすき取る
⑦皮目を上にして熱湯をかける
⑧冷水で冷やし水気を拭き取る
⑨そぎ切る
皮に独特の風味があります
これで握った寿司もいいよ
刺身
⑦適当な大きさに切って
⑧天ぷら粉を溶き切り身を付け
⑨中温で揚げる
ほっくりと身離れいいし岩塩をちょっと付けてが美味しい
天ぷら
④魚の両面に切れ目を入れる
⑤熱い油を両面に何回か振りかける
⑥身が盛り上がったら全体を油に浸して5～6分カリカリに揚げる
⑦ニンジン.タマネギ.ピーマンを炒める
⑧鶏ガラスープ　カップ1
・酢　大サジ　3・砂糖大サジ　5
・しょう油・酒各小サジ　1
ぐらいでアンを作る
⑨野菜を入れ溶き片栗粉を入れ魚にかけてできあがり
あんかけ
煮魚
南の方はユズを入れたり…
唐辛子を入れて辛煮にもするよ
煮汁にウロコが入ると食べ辛いよ
入れて煮る
（魚が苦手な人はショウガの薄切りを入れる）

72 ワタリガニ
渡蟹

高タンパク低脂肪でヘルシー。特有の旨味はグリシン。アラニン・アルギニン・グルタミン酸をバランス良く含み血中コレステロールを下げ、血圧の上昇を防ぐ。

あたり一面黄土色
海の色が変わるぐらいに2～3㎝の子ガニの大群でさ
これ全部育つのかと驚いたけれど
でもけっこう獲れて良かったスよ
小さいうちはクロダイなんかも大好物だから
大きくなるのは一握りだよね
血中コレステロールを下げたり抗酸化力をもつ栄養が有るんスよ

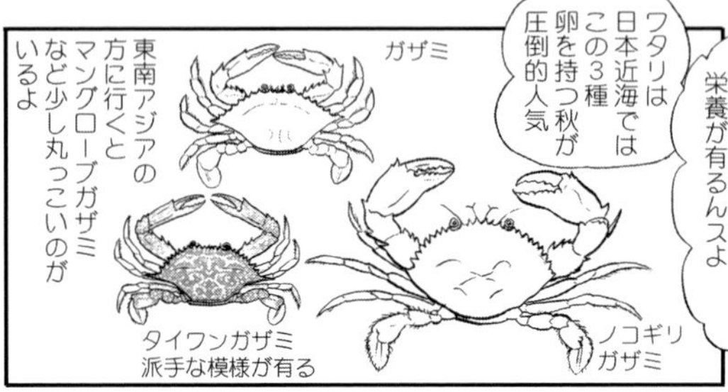
ワタリは日本近海ではこの3種卵を持つ秋が圧倒的人気
ガザミ
東南アジアの方に行くとマングローブガザミなど少し丸っこいのがいるよ
ノコギリガザミ
タイワンガザミ
派手な模様が有る

①甲羅を外してエラを取り胴の部分を半分に切る
②干しシイタケをお湯でもどす
③ニンニク薄切り3片・鷹の爪2本・酒を加え、もどしたお湯でアクを取りながら煮込む
④豆板醤、ミソ、ダシを溶いたスープを入れ（面倒なら市販のチゲ鍋の元を）煮立ったら豆腐、シイタケ長ネギ、キャベツ（甘いのが苦手な人は白菜）を入れて煮る
豆板醤
チゲ鍋

⑦蒸して適当に切ったカニを入れシイタケえのき茸ネギ春菊豆腐好みで白菜も入れて煮る
ガザミ鍋
電気鍋はお手軽。モミジおろし、刻みネギを入れたチリ酢でどうぞ

食べやすい大きさに切ってアクを取りながら煮てミソを入れれば超簡単!身もすすって食べてね
漁師風みそ汁

⑦ダシ汁、淡口しょう油・塩ですまし汁程度の合わせ汁を作り短冊に切ったタケノコ、千切りしたシイタケと煮る
⑧ボールに蒸したカニの身と⑦をしぼって入れ小さく切った三つ葉を入れ溶き卵と混ぜる
⑨甲羅の内側の水分を拭き取り（ミソは残す）小麦粉を振り、溶き卵をくぐらせパン粉を付け中温でカラッと揚げる
⑩ウスターソースとダシ汁、砂糖、片栗粉を煮立てたソースあんを作って掛ける
甲羅揚げ

殺さないと爪が取れちゃうのよ
下ごしらえ
①裏の甲羅の真ん中から千枚通しを刺すかギンギンの氷水に入れて殺す
殺さないときは爪と足を木綿糸で縛る
水から茹でてね
怖くって縛れない人は
焼く
②炭を少なめにして焼く
コンロのときはレンガの上に二重になっているアミで
薄塩をして焼く
吾作は焼きが一番うまいと思うけど焼き過ぎに注意！
蒸す
②甲羅を下にして湯気の上がった
③蒸し器で15〜20分
この2つはこのまま2〜3杯酢で食べても美味しいのだ。大きいやつが良いよ
タダミさんは蒸しが好きですって
茹でる
②ちょっと塩辛い位の湯で30〜40分茹でる
米酢
マーケットで買った物やちょっと時間の経ってしまったカニは酢を大さじ3位加えて茹でる。ちなみに黒い汁が出ている様なやつは捨てるしか無い
解体
③フンドシを外しそのつけ根から胴を 甲から外す
④両側に付いているガニ（エラ）を取る
⑤出刃の刃先で爪の間を切り、足も切る
⑥口がまだ残っていたら口を外して半分に切り料理によってはもっと小さくする
生を下ろすときやカニが大きい場合は足を先に切り甲羅をあける口を外す時は口の下にある砂袋を破らないように取り除く事。
旦那たちが蒸しているうちにソリットを作りましょ
にいんおいい〜
①玉ネギ　ニンジン各大1セロリ（玉ネギとニンジンの半分の量）をみじん切り
②オリーブオイル30〜50CCで、弱火でじっくり炒めてソリットを作る
OLIVE OIL
余ったソリットは冷めたら冷蔵か冷凍でいつでも便利に使えます
③玉ネギ大1個をみじん切りしソリットと炒める
④トマトホールを加えぶつ切りしたカニを塩少々を加え煮る
⑤パスタを茹でて④をまぶす
マーケットで買ったカニでもできるよ
ワタリのパスタ
⑤蒸したカニの身を取り出し
⑥ニンジン・玉ねぎ・卵・ご飯を加え炒める
カニ焼き飯

73 サヨリ 鱵

不足すると味覚低下を起こす亜鉛と飲酒時のアセドアルデヒトの分解を助けるナイアシンを多く含むので酒のつまみとして最適。

見つけるのは難しいけど
跳ねているのを見つけたりしたら
エンジン音で群れが散ってしまうから
風上に廻ってエンジンを止めてボートを漂わせる

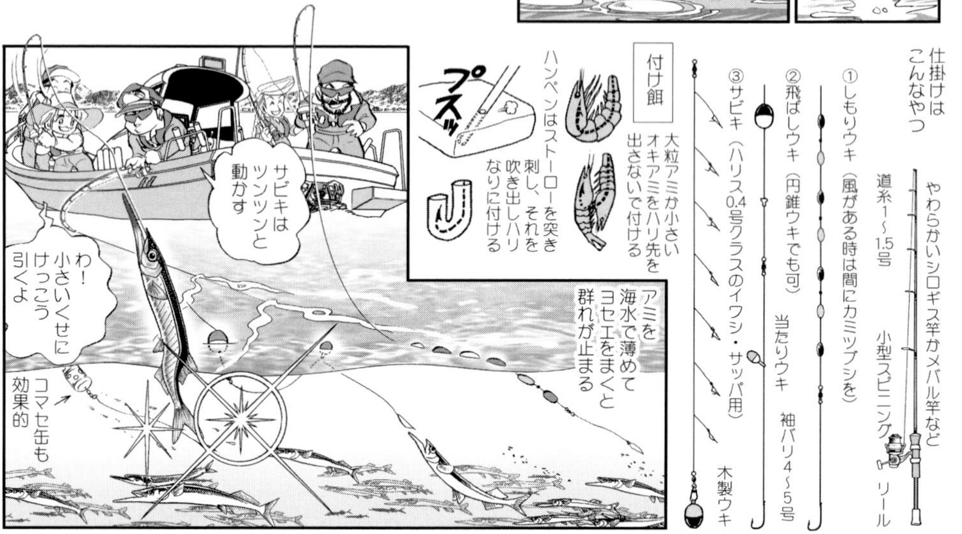

仕掛けはこんなやつ
やわらかいシロギス竿かメバル竿など
道糸1～1.5号
小型スピニング
リール
①しもりウキ（風がある時は間にカミツブシを）
②飛ばしウキ（円錐ウキでも可）
当たりウキ
袖バリ4～5号
③サビキ（ハリス0.4号クラスのイワシ・サッパ用）
木製ウキ
付け餌
大粒アミか小さいオキアミをハリ先を出さないで付ける
ハンペンはストローを突き刺し、それを吹き出しハリなりに付ける
プスッ
アミを海水で薄めてヨセエをまくと群れが止まる
サビキはツンツンと動かす
わ！小さいくせにけっこう引くよ
コマセ缶も効果的

小さいものは…
④腹の黒い部分を歯ブラシでこそぎ
⑤頭と尾を楊枝でとめる
⑥塩、コショウをして
⑦尾をつまみ溶き卵にひたしてパン粉をつける
⑧中温で揚げる
リング揚げ
天ぷら
⑤中骨だけ取って中温で揚げる
小物の中骨は頭ごと2度揚げした骨せんべいもいけるわよ
⑦頭をおとし皮が外側になるよう頭の方から巻き爪楊枝でとめる
尾は立てる
⑧バターをぬって皿に並べ
⑨白ワインと水を加え蒸す
⑩マヨネーズに香り野菜のみじん切りを混ぜたソースを添える
ワイン蒸し

サヨリは他にクルメサヨリ・センニンサヨリ・ナンヨウサヨリ等が居て20cm級をエンピツサヨリ30級をサンマクラスと呼び分ける

下ごしらえ
①ウロコを取る（刺身包丁のような細身が使いやすい）
②包丁の刃先で肛門まで切り込みを入れてワタを取る
③水洗いし水気を拭き
④背に刃を入れ包丁を小刻みにゆすりながら切って片身をはぐ
刺身包丁は背でこそぐ
⑤片方も同じようにして大名おろしか3枚にする
⑥腹骨をすき取り中骨を抜く
⑦皮を剥く（剥けるようなら手で頭の方からでもいい）
塩焼き
④薄く振り塩をして
⑤3本ぐらい串をうち
⑥焼く
ガスコンロで焼く時は二重になっている網を使ってちょっと強火でサッと焼く（身も崩れずきれい）
寿司
⑧適当に切って振り塩をして10分
⑨生酢で5分しめる
⑪炊きたてのご飯に寿司のもとを入れてかきまぜ
すしのもと
⑫包むようににぎる
¼に切った海苔で巻いた手巻き寿司も子どもが喜ぶ
酢の物
⑩盛り合わせるワカメキュウリを三杯酢でひたして
糸造り＆刺身
⑧エラの間に尾をはさみ
⑨身を斜めにそぎ切り⑧の上にのせる
海苔で巻いたもの
お吸い物
⑧片身を半分に切りむすぶ
⑨かつおぶしダシで汁を作り岩塩少々で味付けし身を入れて好みで三つ葉か木の芽を浮かせる
皮の焼き物
くるくる
⑧剥がした皮は串に巻いて
⑨しょう油ダレか塩を振って焼く
サヨリはタンパク質も脂肪も少ないから体調が悪い時にも良いし
亜鉛やナイアシンが多いので
酔った時のアセトアルデヒドを分解するから酒のつまみとして割烹で重宝されてるのよ
あんたら飲み過ぎ
…

74 アジ 鯵

オーストラリアやニュージーランド・大西洋から生食や冷凍品・缶詰・燻製など、かなりの量が入ってきている。

大漁！
このところマアジは好釣！…だね
全員の分合わせたからそう見えるのよ
まあ鮮度の良いのはまず生だけど
2日目から楽しむのも披露しようか

シューマイ
⑦細かく切ってたたく
⑧ミソ少々ショウガ・ネギのみじん切りを合わせてたたき
ナメロを作る
⑨ナメロに、好みでユズやシソなどを細かくたたいて入れる
ユズ味
シソ味
⑩シューマイの皮またはギョーザの皮で具を包む
指をこんな形にしてやる
⑪フライパンになめらかに油をぬって並べ
⑫シューマイの半分ぐらいお湯を入れお湯が完全に無くなる前まで蒸す
⑬お湯を捨て
⑭上から油を少々入れ、焦げ目がつくぐらいに焼く
すっぱめの和風ドレッシングで召し上がれ
ニンニクソテー
⑧ニンニクをスライスしオリーブ油大さじ5～6でカリカリに炒める
⑨ニンニクがキツネ色になったら取り出す
⑩荒めのブラックペッパーを振りかけ強火で両面を焼く
身をハシでつつくとアブクが出るのは火が通った証拠
⑪魚を温めておいた器に移し
⑫酒大サジ1麺つゆ小サジ1を⑧で使ったフライパンに入れて煮立ったら魚にかける
鉄火丼
⑧小さめのアジ3匹をしょう油・酒半分ずつに20分漬けて適当な大きさに切る
⑨器にご飯を盛り（普通のご飯も良いけど…寿司用も美味い）ご飯が隠れる位切り身をのせる
⑩大葉・ワケギ・海苔を細かく切ってかける
頭や中骨の唐揚げ
頭、ゼイゴ、ヒレ皮もカタクリ粉をつけて揚げる
ウロコとワタ以外捨てるところの無い魚だね

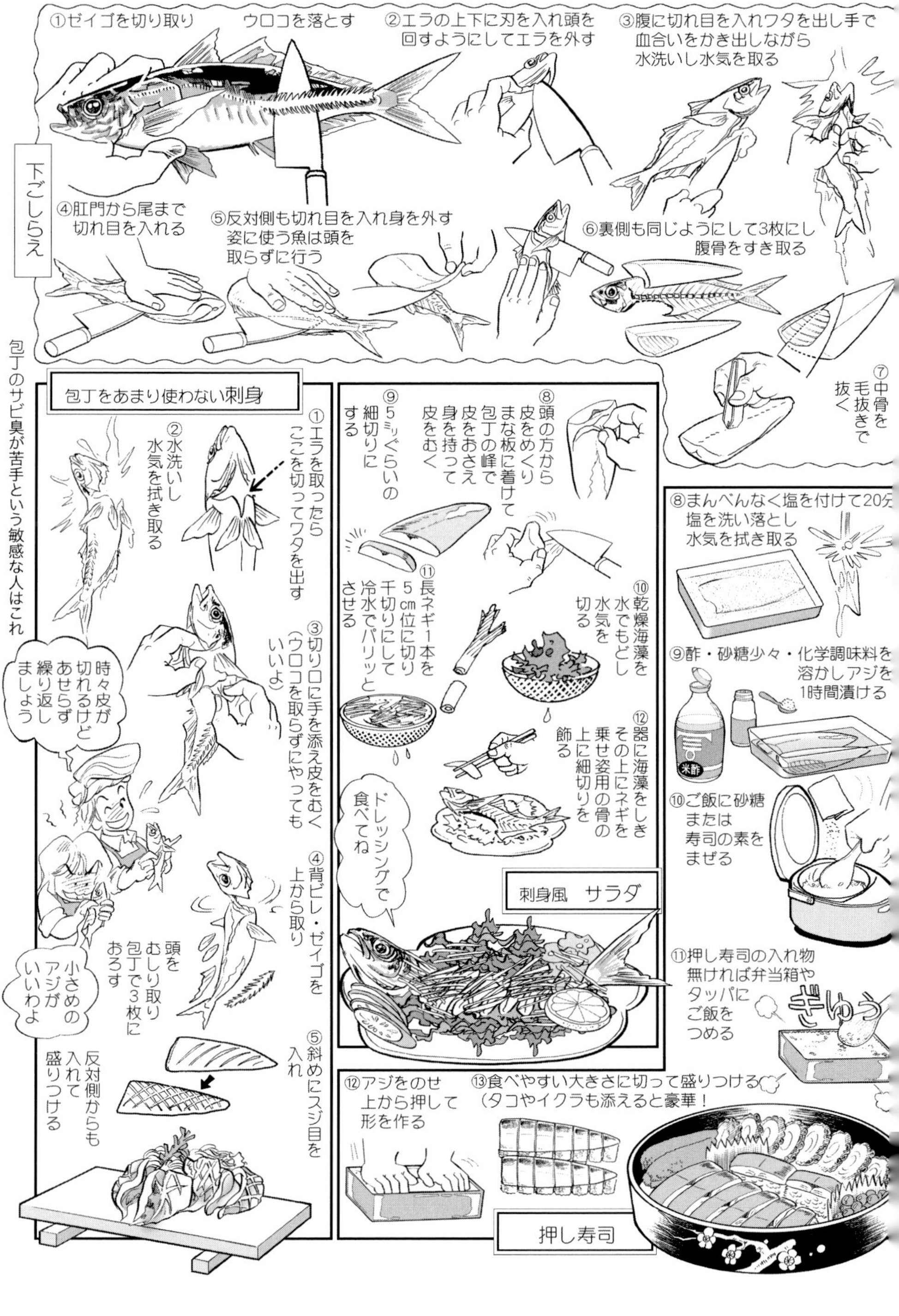

下ごしらえ
①ゼイゴを切り取り
ウロコを落とす
②エラの上下に刃を入れ頭を回すようにしてエラを外す
③腹に切れ目を入れワタを出し手で血合いをかき出しながら水洗いし水気を取る
④肛門から尾まで切れ目を入れる
⑤反対側も切れ目を入れ身を外す 姿に使う魚は頭を取らずに行う
⑥裏側も同じようにして3枚にし腹骨をすき取る
⑦中骨を毛抜きで抜く
包丁のサビ臭が苦手という敏感な人はこれ
包丁をあまり使わない刺身
①エラを取ったらここを切ってワタを出す
②水洗いし水気を拭き取る
③切り口に手を添え皮をむく（ウロコを取らずにやってもいいよ）
時々皮が切れるけどあせらず繰り返しましょう
④背ビレ・ゼイゴを上から取り
頭をむしり取り包丁で3枚におろす
小さめのアジがいいわよ
⑤斜めにスジ目を入れ
反対側からも入れて盛りつける
⑧頭の方から皮をめくりまな板に着けて包丁の峰で皮をおさえ身を持って皮をむく
⑨5ミリぐらいの細切りにする
⑩乾燥海藻を水でもどし水気を切る
⑪長ネギ1本を5cm位に切り千切りにして冷水でパリッとさせる
⑫器に海藻をしきその上にネギを乗せ姿用の骨の上に細切りを飾る
ドレッシングで食べてね
刺身風　サラダ
⑧まんべんなく塩を付けて20分
塩を洗い落とし水気を拭き取る
⑨酢・砂糖少々・化学調味料を溶かしアジを1時間漬ける
米酢
⑩ご飯に砂糖または寿司の素をまぜる
⑪押し寿司の入れ物 無ければ弁当箱やタッパにご飯をつめる
ぎゅう
⑫アジをのせ上から押して形を作る
⑬食べやすい大きさに切って盛りつける（タコやイクラも添えると豪華！
押し寿司

75 グルクン
高砂

カリウムのやや多い魚なので、高血圧の人も安心して食べて大丈夫。

群れに当たると入れ食いね
久々の本物の大漁～
青や緑でカラフルね
関東ではタカサゴ奄美ではアカウルメ
本場沖縄ではグルクンと呼ばれて県魚になっているぐらいに馴染みの魚
その場合ウメイロモドキやハナタカサゴまで入れて8種類を言っている

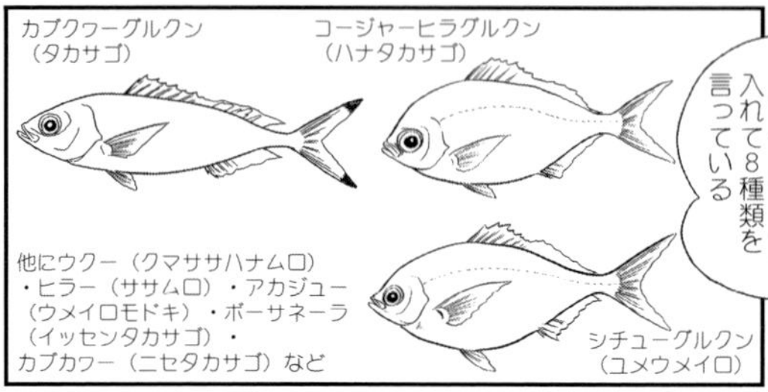

カブクワーグルクン（タカサゴ）
コージャーヒラグルクン（ハナタカサゴ）
他にウクー（クマササハナムロ）・ヒラー（ササムロ）・アカジュー（ウメイロモドキ）・ボーサネーラ（イッセンタカサゴ）・カブカワー（ニセタカサゴ）など
シチューグルクン（ユメウメイロ）

④背骨に沿って片側を半分背開き
皮目にも2～3本切れ目を入れる
丸っこい魚だから熱が通りやすいように…です
子どもさん用には…腹骨と中骨を取って適当な大きさに切って
⑤薄く塩を振って10分
水分が出たら拭き取り小麦粉か片栗粉をまぶす
⑥オリーブ油で皮がカリッとする位に焼き
好みでバターひと欠けと白ワインで仕上げる
ムニエル
何も付けないのが沖縄流って教えられたことがあったけど…
⑥中温で揚げてある程度火が通ったら（泡の出が少なくなったら）1度油から出す
油を沢山使いたくなければお玉で油から出ている部分に油を掬ってかける
⑦油の温度を上げてカラッと仕上げる
骨せんべい
⑥骨を1度冷まして2度目は強火で揚げる塩・コショウでどうぞ
⑧レモンを添える
最初から熱い油でやると火が通るまでに表面が真っ黒になるよ
やっぱりグルクンと言ったらこれよ
子ども用
空揚げ
余った翌日は…
⑧ダシ汁としょう油・酒・ミリン・砂糖で好みの煮汁を作り
⑨魚を入れニンジンやシイタケショーガの薄切りをのせてアルミでフタをして煮る
⑩汁が少なくなったら汁をかけながら煮詰める
揚げ煮

下ごしらえ
①ウロコを取る
②エラとワタを取る（空揚げにする魚は裏側を少し切って出してもいい）
盲腸手術みたい
③水洗いして水気を拭き取る
④三枚にする
⑤腹骨をすき取り中骨を毛抜きで抜く
刺身
⑥皮をそぎ
⑦そぎ切る
湯引き
⑥皮目に熱湯をかけ、冷水で冷やし水気を拭き取る
⑦皮が硬いから皮を下にしてそぎ切る
タタキ
⑥細引きにして
⑦ネギ・ショーガ・大葉のみじん切りを加えてたたく
ミソを入れるとナメロ
つみれ汁
⑤フードプロセッサーでミンチにする
ガガガ
⑥ネギとショーガをみじん切り
魚の1/10の量の山芋を擂りまぜる
⑦ダシ汁・酒・薄口しょう油・塩で汁を作る
⑧沸騰寸前にスプーンで入れる
⑨味を整えネギか好みで三つ葉を添える
ホイル蒸し
⑥適当な大きさに切ってバターとシイタケ・えのき茸などをアルミ箔で包み
⑦焼き網で10分焼く火が通りにくいようなら上からアルミでフタを
⑧レモンをしぼってポン酢でどうぞ
沖縄には40数回行ってるけど塩焼は食べた事無かったな
若かったから油っこいのが好みだったのかな？
脂分が少なくあっさりした魚だから油を使った料理が際立つのね
かまぼこやさつま揚げにも使われている魚だよね
淡白であっさりした魚なので
イタリア風やフランス料理にもなるけど…
鮮度の良いのはやはり手間ひま掛けないのが良いな

76 アコウ（キジハタ）
雉羽太
世界中に141種が分布するハタの仲間。中でもこの魚は関西では「あこ」とか「あこう」と言われ重宝、旬は夏。
またアコウ（キジハタ）だわ
こいつは美味いぞ〜
アコウのような40㎝サイズの小型のハタから
刺身は夏のフグの代用と重宝されるやつだ
1mをこえるクエや2mになるタマカイまで種類が多くってね全世界で141種
日本だけでも44種が居るという大家族だ
アコウもマハタも夏の魚と先輩に教えられたが
初冬に釣った魚は脂がのって美味かったし
逆にマハタの老成魚50㌔オーバーのカンナギなんてバサバサしていて首をかしげる様な大味だったな…
カルパッチョ
⑪皮目をバーナーで焼いて
⑫氷水で冷やし水気を切って薄切り
⑬ニンニク・大葉をみじん切り
⑬レモン汁・市販のドレッシングをかける
う〜ん皮と身の間のゼラチン質が絶妙よ
小型は…酒蒸し
⑥熱湯をかけて
立った残りのウロコなどをきれいにする
⑦酒100㏄にダシ昆布を入れて
⑧10〜15分蒸す
⑨あっさりポン酢などで召し上がれ
小さいのは空揚げもいいよ
刺身で剥いだ皮は…
⑫湯がいて適当に切って
⑬あさつきモミジおろしをのせてポン酢で酢の物風
⑤胃袋を開いて適当に切り胃袋と肝を熱湯で湯がき
⑥しょう油・砂糖・ミリン・酒・水を煮たてて煮る皮が余っていたらそれも入れる

下ごしらえ
①塩をタップリ振りかけタワシで ぬめりを取って水洗い
ごしごし
②尾から頭に向かって刺身包丁で ウロコをすき取る
③エラブタを開けて エラの付け根を 外す
④腹を肛門まで開き ワタとエラを出す
⑤腹の中を タワシで 洗い
⑥肛門から尾に 向かって出刃で 切れ目を入れて 開く
滑る時は下に布巾を敷いて
手にも布巾を少しずつ焦らずにね
⑦魚の向きを変えて尾から 背側に切れ目を入れて 数回にわけて包丁を 入れて身を外す
⑧身が骨から外れたら 頭との付け根を 切り離す
あら煮やダシ用に骨を切る時は 骨と骨の間 軟骨部分を 切ると力は いらない
⑨胸ビレをつまんで カマを切り離す
⑩腹の骨を すき取る
⑪たてに切って 皮をはぐ
カマの塩焼き
⑩塩を 振り
⑪遠火の強火で 皮の方から焼く
好みでスダチ等を
湯引き
⑪皮目に 熱湯をかけ
⑫氷水で 冷やし水気を 切って皮を下に してそぎ切る
⑫薄造りは、すくうように切る 洗いはやや厚め お造りなら更に厚く
お造り
洗い
⑬氷水で3回位洗って 水気を切り氷の上に 盛りつける
生が甘くって美味しいですが炊き込みご飯なんかも最高ですよ
どんな料理も美味しい魚ってこと

77 ヒイラギ 柊

沿岸から汽水域まで分布。料理は面倒だが悪くない。ヒイラギは産卵前の初夏〜冬、オキヒイラギは秋〜冬まで美味。

じいじ釣れた〜
またヒイラギか〜
子どもは釣れりゃ何だって嬉しいのよ
写真撮る〜
YAMAHA
100
でも…こんなに沢山…
釣り終わって捨てたら…
ショックは大きいよね
子ども達の大事な獲物はありがたく食べなくちゃ
マジ?
専門の漁師に沢山獲られて出回ることもないから…
食材としては知られてないけど上品で美味い魚だよ
干物としても売られているよ
普通にヒイラギとして知られているのはこの2種
オキヒイラギ（10cm）
ヒイラギ（15cm）
餌を獲るとき唇が伸びる
オキヒイラギなんか…かわいそうに
定置網の仕分けをしている漁港の岸壁の隅っこに捨てられて浮いてる事が有る
鮮度の良いうちに網ですくって持ち帰っても誰も文句は言わないよ
空揚げ
③水気を拭き取ったら
④何も付けずに180℃ぐらいで揚げる（これが空揚げと言われるやつ）
⑤コショウ・塩を振る
ビールがすすむ〜
骨せんべい風なら2度あげでもいいけど…味を楽しむなら1度揚げ
⑤タレと大根おろしで食べてもグー
南蛮漬け
⑤三杯酢を用意し熱々を入れる
じゅわ
⑥レモン・ピーマン・玉ねぎのスライスを一緒に漬け込んで冷蔵庫に
⑦一晩置いたら完成

下ごしらえ
❶ザルに入れ多めの塩をかけ
❷スプーンや料理用の箸でかき混ぜ洗ってヌルを取る
素手だと怪我をするよ
ヌルを取るのは12cmクラスの刺身にする魚だけです
❸①ざっと洗って水気を取る
②エラの付け根から斜めに刃を入れ腹を斜めに切ってワタとエラを取る
トゲ鋭いよ
❹頭を切り離し、ワタを取って水洗いし 水気を拭き取る
尻ビレもトゲ痛いよ
尾の方に細かいウロコが有るけどコソがなくっていい
❺肩口から刃を入れ少しずつ身をそぐ感じ
小出刃も良いけどサバイバルナイフも使いやすい
❻反対側も繰り返して身をそぐ
骨は2度揚げ骨せんべい
❼皮をはいで食べやすい大きさに切る
子ども用は中骨を抜く
刺身
③水200cc・ミリン大さじ1 酒・しょう油 大さじ2 砂糖小さじ1で煮汁を作る
④汁を煮立て魚を入れる
⑤アクを取って弱火にし5〜6分煮る
煮付け
③湯が沸騰したら魚を入れ
④アクを取り
⑤ミソを溶かし入れ沸騰寸前に火を止め青ネギをちらす
みそ汁
⑤豆腐を入れ塩と薄口しょう油少々で味を整える
すまし汁
③春菊か水菜・ネギ・シイタケ・エノキ（エリンギでも）・白菜・豆腐を準備する
④鍋にダシ昆布を敷きキノコを並べて最後に魚を入れる
⑤薄口しょう油・酒で作っただし汁を入れフタをして煮る
⑥吹きこぼれたら弱火にして10分煮る
ヒイラギ鍋
ヌルは熱を加えると無くなります
2〜3日おいて古くなった魚はヌルを洗うか魚を先に煮て野菜はその後よ
外道扱いの魚とは思えぬ程良いダシが出てるよね
四国じゃマツタケを入れるんじゃ
③保存用は冬（12〜2月）なら塩も振らず天日干し
魚がくっつかないよう
夏は塩して蝿が集まるから干し網に入れて天気のいい夜に干す
④少しずつ使う分だけ小分けして冷凍
焼く時はそのままゆっくり

※塩は自然塩を使う事

78

アイゴ
藍子

南洋方面にはこの仲間は多いと聞くが、四国でアエ・アイとも呼ぶ。関東でも近年磯や沖釣りでけっこう釣れるようになった。

ビギナーの頃なんの事か解らなかったけどアイゴだった
メジナかと思ったら…ションベン釣っちゃたよ
えっ?

中国では臭魚と言う位皮や内臓に独特の臭みがあるしヒレに毒を持っている
若い時のパパ
そのせいかアイゴほど四国や和歌山のように重宝する所と地域によってバカにする所の差が激しい魚もないな
横になって寝る習性があってその時に襲われない用毒を持ったとも言われる魚なんだ
食べれない魚なんだ

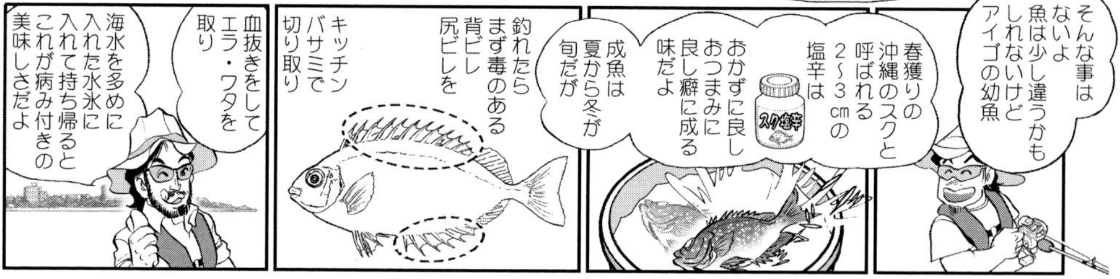
そんな事はないよ魚は少し違うかもしれないけどアイゴの幼魚
春獲りの沖縄のスクと呼ばれる2～3cmの塩辛は
おかずに良しおつまみに良し癖に成る味だよ
スク塩辛
成魚は夏から冬が旬だが
釣れたらまず毒のある背ビレ尻ビレをキッチンバサミで切り取り
血抜きをしてエラ・ワタを取り
海水を多めに入れた水氷に入れて持ち帰るとこれが病み付きの美味しさだよ

みそ煮
④頭を取り皮を剥いで筒切りし
熱湯にくぐらせ水洗い
⑤ダシ汁・酒しょう油・砂糖・薄切りのショーガ・梅干しを入れひと煮立ち
⑥切り身を入れ落としブタをして中火で煮る
⑦火が通ったらダシ汁で溶かしたミソを入れぶつ切りにしたネギを加えて煮つめる
⑧器に盛り汁と針ショーガを添える
唐揚げ
④皮を剥いで塩・コショウ
⑤小麦粉をまぶし中温で揚げる
20cm級の小型が最適、三杯酢と赤トウガラシ・玉ネギに漬け込むと南蛮漬けとしても食べられる
チーズ巻き
⑨春巻きの皮の4隅に小麦粉の溶いたものを塗る
⑩皮にそぎ身とスライスチーズをのせて包む
⑪170℃ぐらいで裏返しながら揚げる
ビールのつまみにピッタリ

アイゴの仲間は南方に下がると数種居るが、日本で食用に成るのは2〜3種

下ごしらえ
①背ビレに沿って両側に2㎝ほど切れ込みを入れ毒腺のある背ビレの残りを外す
②エラ・ワタをつぶさないように取る（ボートが揺れて海上で処理出来ない時はゆっくり自宅でつぶすと臭いから指でかきだす）
③水洗いして水気を切る
④3%程度の海水に近いたて塩に小なら20〜30分大は40分位漬ける
⑤頭を取り中骨に沿って包丁を入れ反対側も同じようにして三枚にする
⑥腹骨をすき取る
⑦皮をはぐ
⑧中骨の部分を切り捨て薄造りは薄くそぎ切る
薄造り
洗い
⑨氷水を用意しそぎ身を水を替え3回程洗って水気をきってワサビしょう油で召し上がれ
タタキにする時は血合いを取ってからが良いよ
慣れると病み付きに成る味よね
保存用干物
⑥風のある日に一夜干し
風のない蒸し暑い夜は…魚がくっつかないようラップに包んで冷蔵庫に入れて風を待つか扇風機で風を当てて干す
⑦魚同士がくっつかないようにして冷凍。普通の冷蔵庫なら2〜3週間上蓋式なら2ヶ月間保存
塩焼き
⑤背開きにして
⑥皮目の方から焦がさないようこんがり焼く
生干しにすると最高
レモンバター焼き
⑥オリーブオイルとごま油少々を熱し
OLIVE OIL
⑦ローズマリー2本を入れ両面こんがり焼く
⑧両面に焦げ目が付いたらフタをして 蒸し焼き
⑨バターひとかけとレモン1個分の絞り汁を入れバターが焦げない程度に加熱
バジル風味焼き
⑥オリーブオイルでこんがり焼く
⑦チリガーリックオイル・バジルペーストをまぶしシシトウガラシ・アスパラガスを入れ

79 スズメ 80 ネンブツ

雀鯛・念仏鯛

15㎝ぐらいと小さい魚だが九州・福岡などでは塩漬けにして焼く『あぶってかも』が最高。関東でも温暖化のせいかときどき釣れるようになった。

スズメダイとネンブツダイパーフェクト
アジの反応かと思ったらちょっと違ったね
スズメは15㎝ ネンブツ10㎝サイズはリリースしないで
食べれるの？
小さいから料理が面倒だし
釣り人は他の魚があると大抵いらない外道として捨てて行くけど不味い魚じゃないよ

どちらも南方に行く程種類の多い魚で温暖化のせいか関東でも増えたよね
ネンブツは頭を取ってしまうと⅓になってしまうのでなるべく大きいのを持って帰ろうか

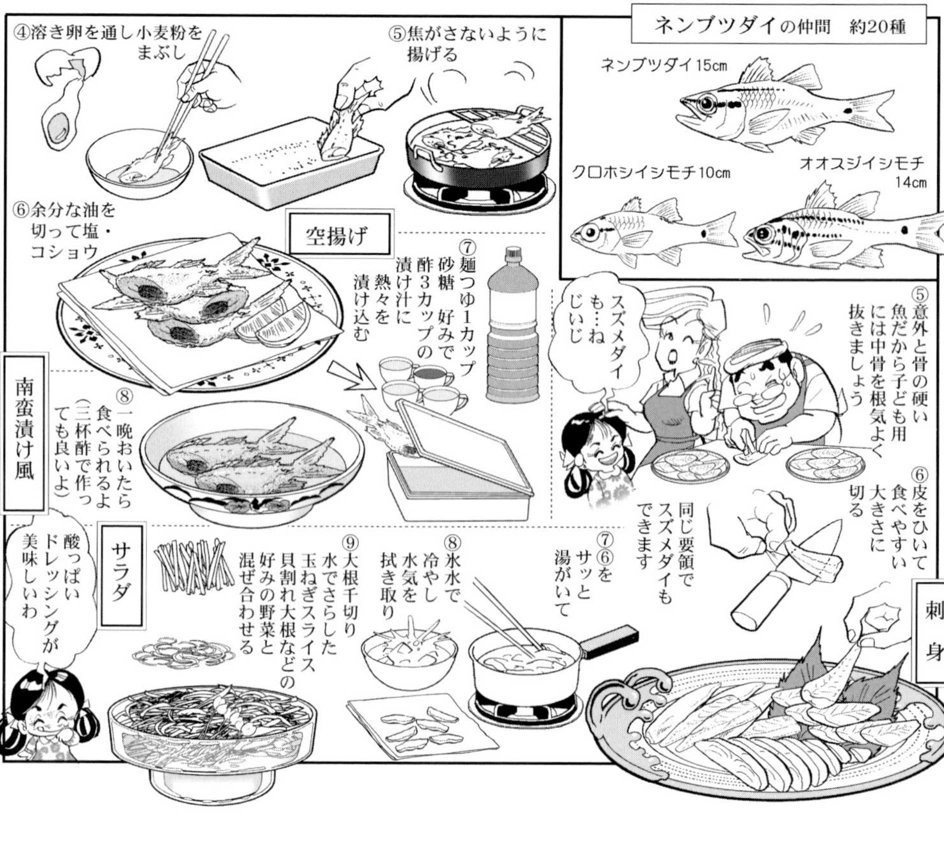
ネンブツダイの仲間 約20種
ネンブツダイ 15㎝
クロホシイシモチ 10㎝
オオスジイシモチ 14㎝
刺身
⑤意外と骨の硬い魚だから子ども用には中骨を根気よく抜きましょう
スズメダイも…ね じいじ
⑥皮をひいて食べやすい大きさに切る
同じ要領でスズメダイもできます
⑦⑥をサッと湯がいて
⑧氷水で冷やし水気を拭き取り
⑨大根千切り水でさらした玉ねぎスライス貝割れ大根などの好みの野菜と混ぜ合わせる
サラダ
酸っぱいドレッシングが美味しいわ
空揚げ
④溶き卵を通し小麦粉をまぶし
⑤焦がさないように揚げる
⑥余分な油を切って塩・コショウ
南蛮漬け風
⑦麺つゆ1カップ 砂糖 好みで 酢3カップの漬け汁に熱々を漬け込む
⑧一晩おいたら食べられるよ（三杯酢で作っても良いよ）

※あぶってかもは、炙って噛もうの意味です

下ごしらえ
①ウロコをこそいで
②ワタ・エラを取る
③水洗いして腹の中をきれいにする
②ネンブツダイは頭に硬い耳石が入っているので頭を落としてワタを取る
スズメダイの仲間　約30種
スズメダイ20㎝
キホシスズメダイ20㎝
ロクセンスズメダイ20㎝
アマミスズメダイ25㎝
つみれ焼き
④頭を取って三枚にする
⑤適当に切ってフードプロセッサーに入れる（身は500g）
少し小さくなったところで
・卵1個
・おろしショウガ大さじ2
・しょう油小さじ1を混ぜる
⑥すり鉢に移し粘りが出るまで片栗粉で調節しながら擂る
片栗粉
⑦さらにネギや大葉のみじん切りを加え形にしやすくなったら普通のお団子に丸める
⑧団子を串に刺しじっくり焼く
つみれ汁
⑧薄めのダシ汁又は塩をひとつまみ入れて味を整える
つみれの空揚げ&天ぷら
⑧そのまま油で揚げても片栗粉をまぶして揚げてもいい
あぶってかも
④粗塩を振って
又は立て塩（8対2）よりちょっと濃い塩水に30分漬ける
⑤1日陰干しまたは冷蔵庫の中で乾燥させる
⑥じっくり焼く
本場九州ではウロコを取らずワタも取らず蒸し焼き状態にします
居酒屋なんか野趣味いっぱいの料理だよ
冷たくなると身が硬くなるから熱いうちに召し上がれ
煮魚　沖縄風
④鍋に昆布を敷きアワモリ1カップ（普通の25度の焼酎でも良い）水2カップ
・粗塩ひとつまみ
・ショウガ一切れを入れて火をつける
古酒
⑤煮立ったら魚を入れ15分落し蓋用のアルミホイルをかぶせて煮る
しょう油で甘辛く煮ても良いしちり鍋や酒蒸しなんかもいいよ
魚が小さいから面倒だ…けど…
どの料理も驚く程の美味しさね
自分じゃ何もやってないのに

81 フエフキダイ

笛吹鯛

南洋方面にはこの仲間は多いと聞くが、四国でアエ・アイとも呼ぶ。関東でも近年磯や沖釣りでけっこう釣れるようになった。

ふう引きの強い魚だった
イシダイ並みの引きを見せてくれる
どちらかと言うと磯の魚で
フエフキだ
はいチーズ

警戒心が強くって昼はめったに釣れなくってね
夏の八丈では夜釣りで狙ったもんだよ
南の方沖縄方面に行く程色んな種類もいるけど…

こっちじゃめったに釣れない魚だよね
市場には入荷の少ない魚なので評価も分かれる魚だけど
赤だし汁やあんかけ等どちらかと言うと高級料亭でしか食べられない魚…
白身で上品な味の魚だよ
やや磯臭い魚でもあるから
エラを切って血抜きをしておこう

フライ
⑥適当な大きさに切る
⑦手のひらをぬらして塩をつけ切り身を押さえつけるようにして切り身に塩をまぶす
⑧水溶きした小麦粉に漬けてパン粉をまぶし
⑨180度の油で揚げる
ムニエル
⑥塩・コショウをして小麦粉をまぶす
⑦ニンニクみじん切りをオリーブ油で煙が出るまで炒め
⑧焦げると苦くなるからニンニクを取り出し
⑨魚を入れてキツネ色になるまで両面焼く
⑩バターをひとかけ入れ白ワインを振ってパセリのみじん切り・レモン汁を入れ
⑪フタをして30秒蒸したら出来上がり

下ごしらえ
①ウロコを取る
ウロコは硬く大きく飛び散りやすい魚だから
ちょっと大きなビニール袋などの中でやるといいよ
②頭を落としワタを取る
③水洗いし水気を拭き取る（50㎝以上と大きい魚はエラ・ワタを取ってから頭を外す）
④身を外し三枚にする
⑤腹骨をすき取り大きいのはサクにして皮をはぐ
刺　身
⑥皮をさっと熱湯に通す（磯臭さが苦手な人は塩を振って手でもんで水洗いしてから）
⑦皮を適当な大きさに切り
⑧ポン酢であえる
皮の湯引き
⑦薄くそぎ切る
⑧湯引きの皮も添えアサツキの小口切りやおろしショーガやレモンしょう油で食べる
湯引きした皮もトロリとして美味しい
つけ焼き
⑤適当な大きさに切り
⑥串をうち
⑦皮目から強火の遠火で焼く
⑧山椒や一味トウガラシとしょう油を混ぜて付け焼き
⑨焼き上がったら熱いうちに串を回して抜き
⑩網焼きしたグリーンアスパラを添える
ピリ辛も良いけどかす漬けやミリン漬け塩焼きもいけるよ
チリ鍋
⑤頭を適当に切り身は1～2㎝の熱さに切る
⑥白菜・春菊（水菜でも）・シイタケ・エノキ・豆腐を並べ入れ煮る
⑦さっと火が通ったらモミジおろし・ポン酢で食べる
暑い季節のお鍋も最高！
あふ
あふ

82 マダイ 真鯛

老成するとオデコが張り出し豪州マダイのようになってくる。旬は産卵直前の３～４月と、体力を回復した晩秋から冬。

これで全員釣れたね
一つテンヤはマダイの習性にかなった釣りだから良く釣れるね
ライトタックルだから疲れないしスリルも満喫
秋から冬は小さいけど数が出るのが良いわね
美味しくいただくにはすぐ血抜き
正式には2カ所だけど
下からエラの付け根を切って海水を入れたオケに入れるだけでOK
血が抜けたら海水を入れた氷水に浸してOK

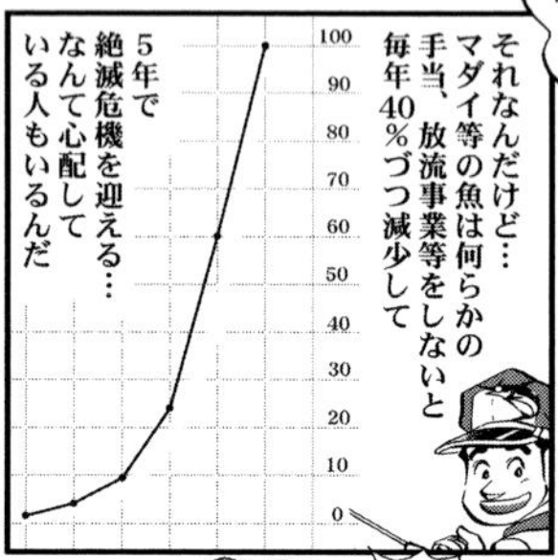

それなんだけど…マダイ等の魚は何らかの手当、放流事業等をしないと毎年40％づつ減少して
5年で絶滅危機を迎える…なんて心配している人もいるんだ
100
90
80
70
60
50
40
30
20
10
0

一つテンヤは魚が釣れすぎるから持ち帰るのは1人1～2匹まで…とかバッグリミッドを決めて自粛しないといけないね
20cmクラスはリリースしたわよ

故・服部名人風タイご飯

この間に魚の下ごしらえをすると良いのよね
やっとるわい！
みんな持ち込むから大変なのよ

②モチ米を1割り混ぜた米を炊く1時間以上前に洗いザルに入れ30分水を切る

③炊飯器にもどし10cm昆布を入れて30分～1時間おくとご飯がふっくらと炊ける

④マダイは600g級（大きめは皮・骨付きのままぶつ切り）

⑤軽く塩を降って30分おき

⑥軽く焦げ目が付くぐらい焼く

⑦つけておいたご飯から昆布を取り出し 酒 大さじ2 しょう油 大さじ3 を入れ

⑧魚の焦げた尾や腹ビレ等を取り除き、そっと入れてスイッチON

⑨炊きあがったら15分蒸らす

⑩タイを出して身をほぐしご飯と混ぜ木の芽等を添えて召し上がれ

丸揚げ

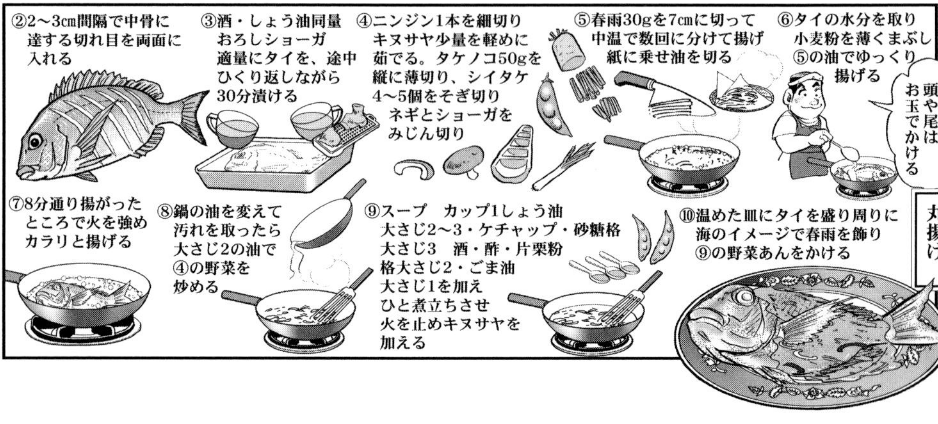

油が浸らない頭や尾はお玉でかける

②2～3cm間隔で中骨に達する切れ目を両面に入れる

③酒・しょう油同量おろしショーガ適量にタイを、途中ひくり返しながら30分漬ける

④ニンジン1本を細切りキヌサヤ少量を軽めに茹でる。タケノコ50gを縦に薄切り、シイタケ4～5個をそぎ切りネギとショーガをみじん切り

⑤春雨30gを7cmに切って中温で数回に分けて揚げ紙に乗せ油を切る

⑥タイの水分を取り小麦粉を薄くまぶし⑤の油でゆっくり揚げる

⑦8分通り揚がったところで火を強めカラリと揚げる

⑧鍋の油を変えて汚れを取ったら大さじ2の油で④の野菜を炒める

⑨スープ カップ1しょう油大さじ2～3・ケチャップ・砂糖格大さじ3 酒・酢・片栗粉格大さじ2・ごま油大さじ1を加えひと煮立ちさせ火を止めキヌサヤを加える

⑩温めた皿にタイを盛り周りに海のイメージで春雨を飾り⑨の野菜あんをかける

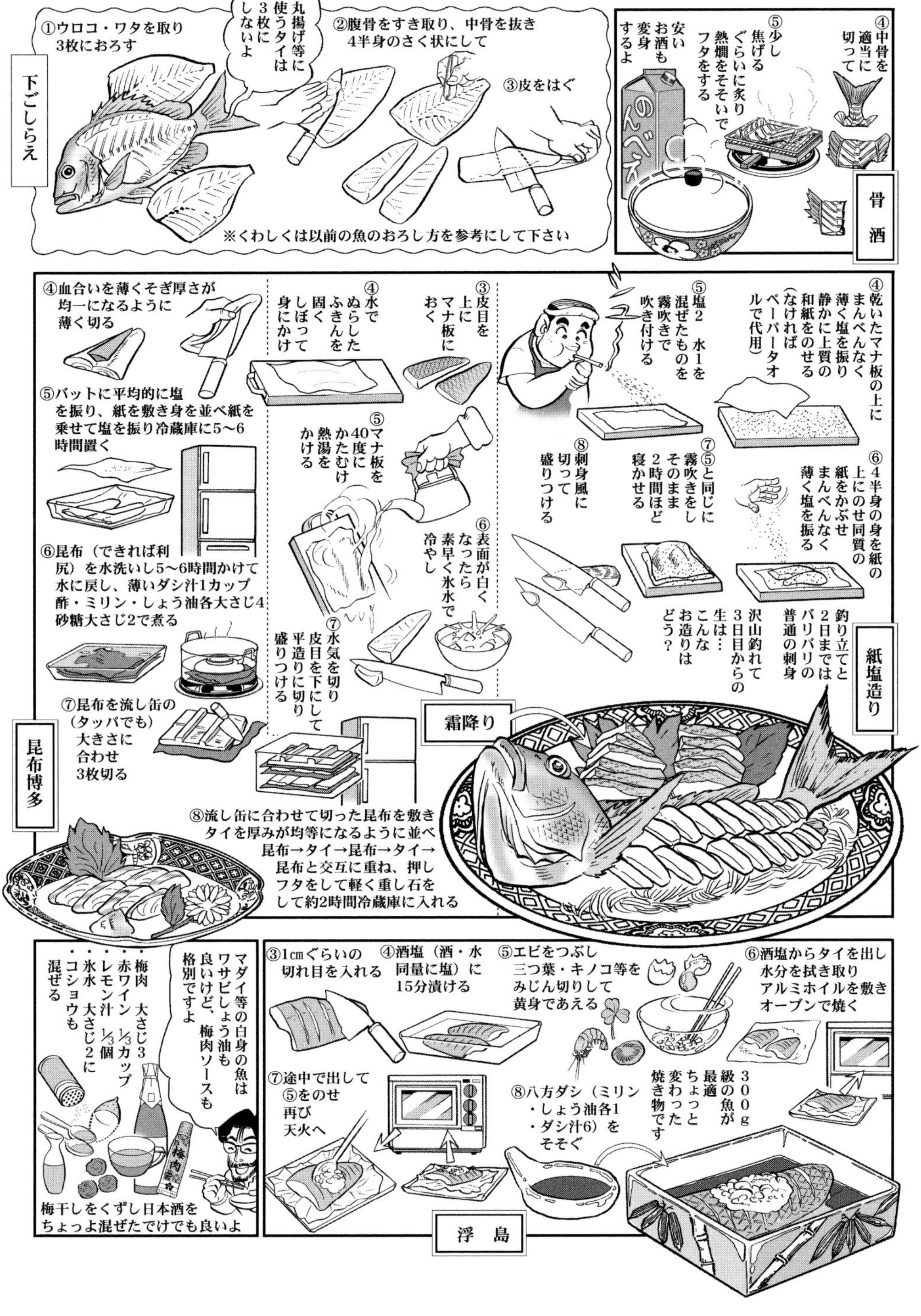

下ごしらえ
①ウロコ・ワタを取り3枚におろす
丸揚げ等に使うタイは3枚にしないよ
②腹骨をすき取り、中骨を抜き4半身のさく状にして
③皮をはぐ
※くわしくは以前の魚のおろし方を参考にして下さい
骨酒
④中骨を適当に切って
⑤少し焦げるぐらいに炙り熱燗をそそいでフタをする
安いお酒も変身するよ
紙塩造り
④乾いたマナ板の上にまんべんなく薄く塩を振り静かに上質の和紙をのせる（なければペーパータオルで代用）
⑤塩2 水1を混ぜたものを霧吹きで吹き付ける
⑥4半身の身を紙の上にのせ同質の紙をかぶせまんべんなく薄く塩を振る
⑦⑤と同じに霧吹きをしそのまま2時間ほど寝かせる
⑧刺身風に切って盛りつける
釣り立てと2日まではバリバリの普通の刺身 沢山釣れて3日目からの生は…こんなお造りはどう？
霜降り
③皮目を上にマナ板におく
④水でぬらしたふきんを固くしぼって身にかけ
⑤マナ板を40度にかたむけ熱湯をかける
⑥表面が白くなったら素早く氷水で冷やし
⑦水気を切り皮目を下にして平造りに切り盛りつける
昆布博多
④血合いを薄くそぎ厚さが均一になるように薄く切る
⑤バットに平均的に塩を振り、紙を敷き身を並べ紙を乗せて塩を振り冷蔵庫に5〜6時間置く
⑥昆布（できれば利尻）を水洗いし5〜6時間かけて水に戻し、薄いダシ汁1カップ酢・ミリン・しょう油各大さじ4砂糖大さじ2で煮る
⑦昆布を流し缶の（タッパでも）大きさに合わせ3枚切る
⑧流し缶に合わせて切った昆布を敷きタイを厚みが均等になるように並べ昆布→タイ→昆布→タイ→昆布と交互に重ね、押しフタをして軽く重し石をして約2時間冷蔵庫に入れる
マダイ等の白身の魚はワサビしょう油も良いけど、梅肉ソースも格別ですよ
・梅肉 大さじ3
・赤ワイン 1/3カップ
・レモン汁 1/3個
・氷水 大さじ2に
・コショウも混ぜる
梅干しをくずし日本酒をちょっよ混ぜたでけでも良いよ
浮島
③1㎝ぐらいの切れ目を入れる
④酒塩（酒・水同量に塩）に15分漬ける
⑤エビをつぶし三つ葉・キノコ等をみじん切りして黄身であえる
⑥酒塩からタイを出し水分を拭き取りアルミホイルを敷きオーブンで焼く
⑦途中で出して⑤をのせ再び天火へ
⑧八方ダシ（ミリン・しょう油各1・ダシ汁6）をそそぐ
300g級の魚が最適 ちょっと変わった焼き物です

83 クエ（モロコ）

垢穢

皮と身の間のゼラチン状の脂肪は絶品。相撲部屋が重宝する。ただマハタの老成魚カンナギ（100kgオーバー）は脂っ気がなくパサパサ。

クーラーに入り切らない大物は直接風が当たらないようビニールシートやありったけのタオル等をかぶせて時々冷たい氷水を掛けながら一目散に帰港

有馬煮 / ミソ漬け / 豆腐鍋 / フライ

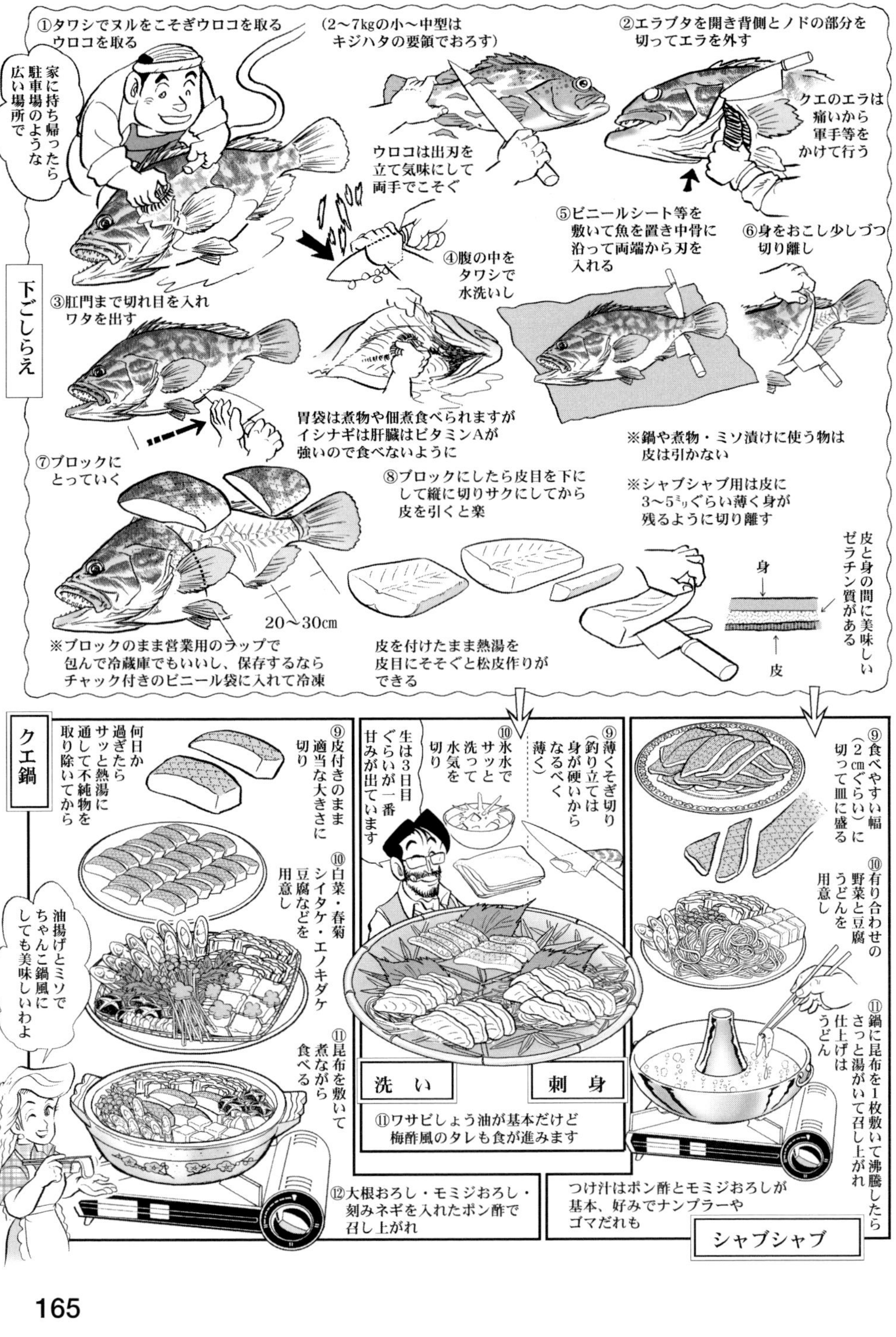
①タワシでヌルをこそぎウロコを取る
ウロコを取る
家に持ち帰ったら駐車場のような広い場所で
(2～7kgの小～中型はキジハタの要領でおろす)
ウロコは出刃を立て気味にして両手でこそぐ
②エラブタを開き背側とノドの部分を切ってエラを外す
クエのエラは痛いから軍手等をかけて行う
下ごしらえ
③肛門まで切れ目を入れワタを出す
④腹の中をタワシで水洗いし
胃袋は煮物や佃煮食べられますがイシナギは肝臓はビタミンAが強いので食べないように
⑤ビニールシート等を敷いて魚を置き中骨に沿って両端から刃を入れる
⑥身をおこし少しづつ切り離し
※鍋や煮物・ミソ漬けに使う物は皮は引かない
⑦ブロックにとっていく
20～30cm
※ブロックのまま営業用のラップで包んで冷蔵庫でもいいし、保存するならチャック付きのビニール袋に入れて冷凍
⑧ブロックにしたら皮目を下にして縦に切りサクにしてから皮を引くと楽
皮を付けたまま熱湯を皮目にそそぐと松皮作りができる
※シャブシャブ用は皮に3～5ミリぐらい薄く身が残るように切り離す
身
皮
皮と身の間に美味しいゼラチン質がある
クエ鍋
⑨皮付きのまま適当な大きさに切り
何日か過ぎたらサッと熱湯に通して不純物を取り除いてから
⑩白菜・春菊・シイタケ・エノキダケ豆腐などを用意し
油揚げとミソでちゃんこ鍋風にしても美味しいわよ
⑪昆布を敷いて煮ながら食べる
⑫大根おろし・モミジおろし・刻みネギを入れたポン酢で召し上がれ
⑨薄くそぎ切り（釣り立ては身が硬いからなるべく薄く）
⑩氷水でサッと洗って水気を切り
生は3日目ぐらいが一番甘みが出ています
洗い
刺身
⑪ワサビしょう油が基本だけど梅酢風のタレも食が進みます
⑨食べやすい幅（2cmぐらい）に切って皿に盛る
⑩有り合わせの野菜と豆腐うどんを用意し
⑪鍋に昆布を1枚敷いて沸騰したらさっと湯がいて召し上がれ仕上げはうどん
つけ汁はポン酢とモミジおろしが基本、好みでナンプラーやゴマだれも
シャブシャブ

84 ブダイ

舞鯛

唯一日本固有種と思える。水深 10m くらいの海藻の多い岩礁帯に棲息する（マガニも食うけど）ダイコンの葉などでも釣れる。ベジタリアン？

ぶっちゃいくな魚
ブダイだよ
こっちも
根の間に入ったようだね
どっちかと言うと磯釣りで釣れる魚でナンヨウブダイやイロブダイまで

けっこう種類が多くて日本だけでも35種類ほどいるそうだ
特徴はびっしりの細かい歯と大きめのウロコ
色も毒々しく見るからに不味そうだけど秋から真冬は市場でも値が跳ね上がるぐらい重宝される魚でもあるんだ
とくに年末は

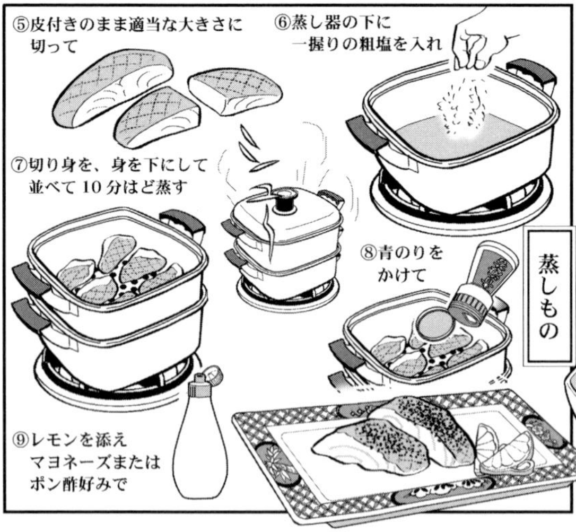

蒸しもの
⑤皮付きのまま適当な大きさに切って
⑥蒸し器の下に一握りの粗塩を入れ
⑦切り身を、身を下にして並べて 10 分ほど蒸す
⑧青のりをかけて
⑨レモンを添えマヨネーズまたはポン酢好みで

沢山釣れたらミソ漬け＆ミソ炊き
⑥ミソ４・酒１で溶いて皮付き切り身を漬け込む
⑦冷蔵庫の中で２日ぐらい味をしみ込ませたら小分けにして冷凍庫に保存
⑧使う時は水とお酒でミソ炊きにするか、そのまま弱火の七輪で焼く

⑥酒・しょう油同量にミリン大さじ１水適量（贅沢にやるなら水を入れず酒を多めに）
どぼ
どぼ
⑦沸騰したら頭や中骨皮付き切り身を入れて煮る
⑧熱々も良いけど…冷まして煮こごり風の汁をからめて頂く（ゼラチン質が多い魚だから煮こごりもさ〜いこう）
夏はちょっと磯臭い魚もあるけど冬はさ〜いこう♡
煮こごり付き煮魚

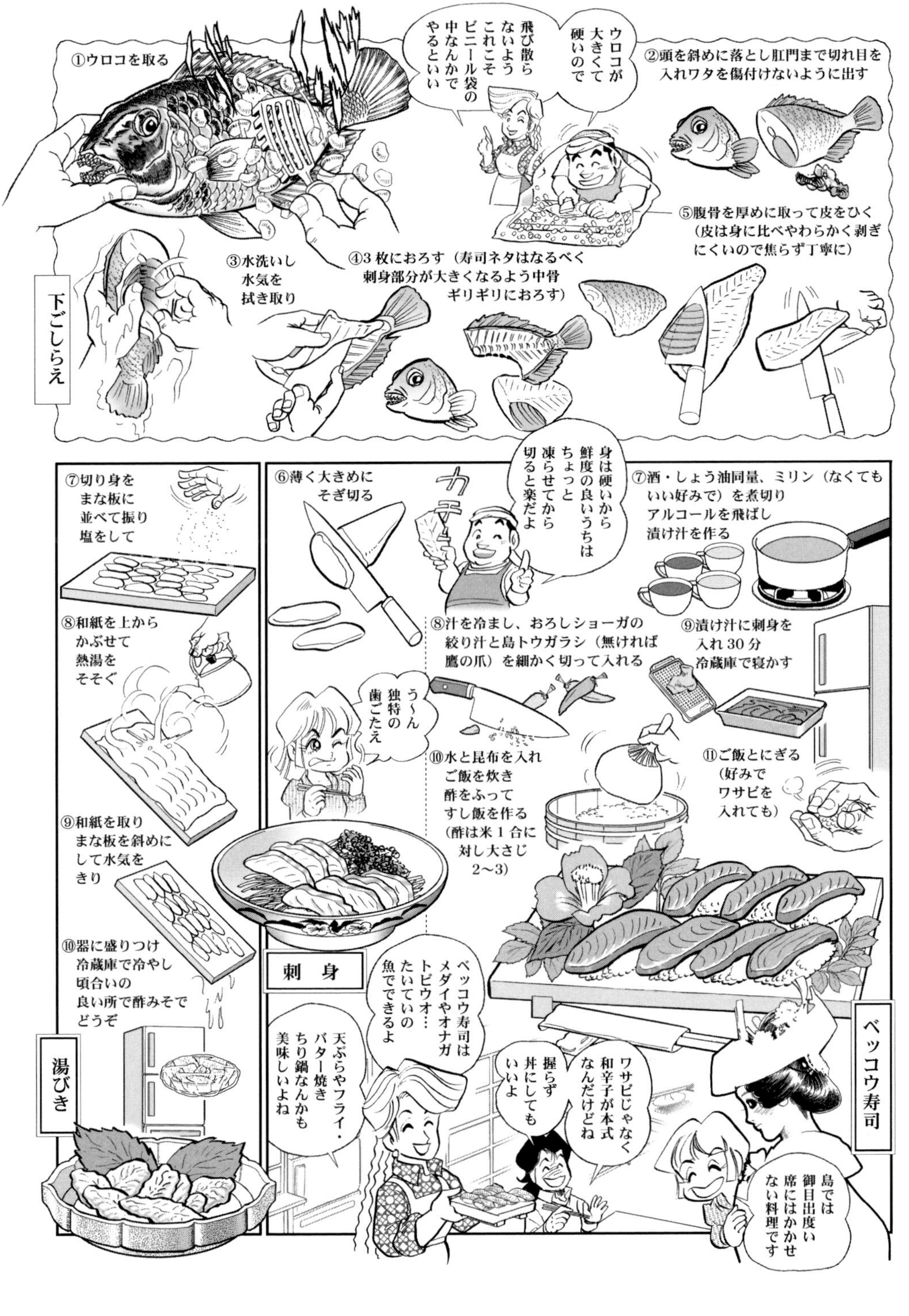
下ごしらえ
①ウロコを取る
ウロコが大きくて硬いので
飛び散らないようこれこそビニール袋の中なんかでやるといい
②頭を斜めに落とし肛門まで切れ目を入れワタを傷付けないように出す
③水洗いし水気を拭き取り
④3枚におろす（寿司ネタはなるべく刺身部分が大きくなるよう中骨ギリギリにおろす）
⑤腹骨を厚めに取って皮をひく（皮は身に比べやわらかく剥ぎにくいので焦らず丁寧に）
湯びき
⑦切り身をまな板に並べて振り塩をして
⑧和紙を上からかぶせて熱湯をそそぐ
⑨和紙を取りまな板を斜めにして水気をきり
⑩器に盛りつけ冷蔵庫で冷やし頃合いの良い所で酢みそでどうぞ
刺 身
⑥薄く大きめにそぎ切る
カチ
身は硬いから鮮度の良いうちはちょっと凍らせてから切ると楽だよ
う〜ん独特の歯ごたえ
ベッコウ寿司
⑦酒・しょう油同量、ミリン（なくてもいい好みで）を煮切りアルコールを飛ばし漬け汁を作る
⑧汁を冷まし、おろしショーガの絞り汁と島トウガラシ（無ければ鷹の爪）を細かく切って入れる
⑨漬け汁に刺身を入れ30分冷蔵庫で寝かす
⑩水と昆布を入れご飯を炊き酢をふってすし飯を作る（酢は米1合に対し大さじ2〜3）
⑪ご飯とにぎる（好みでワサビを入れても）
島では御目出度い席にはかかせない料理です
ワサビじゃなく和辛子が本式なんだけどね
握らず丼にしてもいいよ
ベッコウ寿司はメダイやオナガトビウオ…たいていの魚でできるよ
天ぷらやフライ・バター焼きちり鍋なんかも美味しいよね

85 マイワシ
真鰯

昔は食べきれないぶんを畑の肥料にするぐらいたくさん捕れたのに、温暖化の影響で捕れる所が北上している。カルシウムに富む。

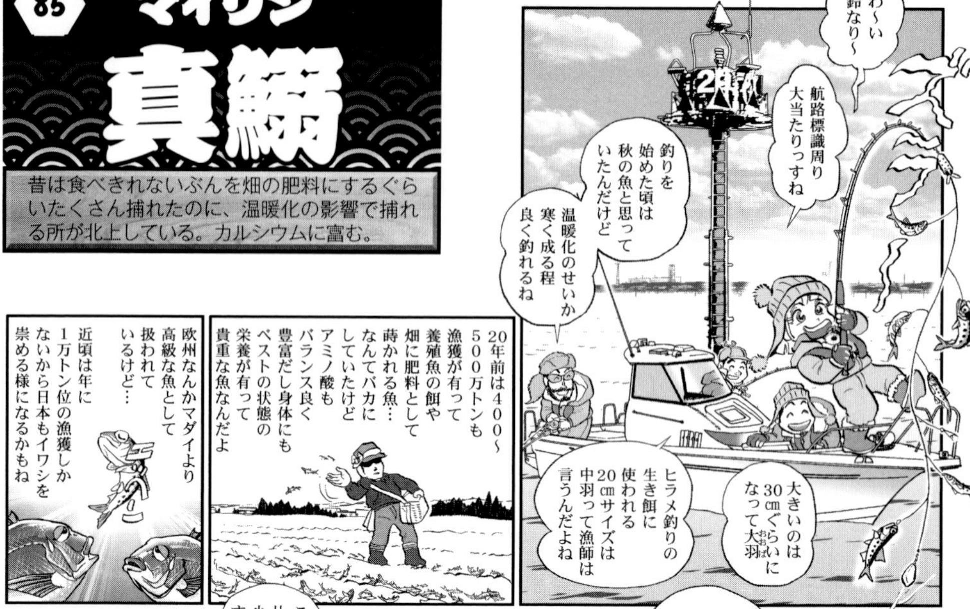

わ〜い
鈴なり〜
航路標識周り大当たりっすね
釣りを始めた頃は秋の魚と思っていたんだけど
温暖化のせいか寒く成る程良く釣れるね
大きいのは30㎝ぐらいになって大羽《おおば》
ヒラメ釣りの生き餌に使われる20㎝サイズは中羽って漁師は言うんだよね
20年前は400〜500万トンも漁獲が有って養殖魚の餌や畑に肥料として蒔かれる魚…なんてバカにしていたけどアミノ酸もバランス良く豊富だし身体にもベストの状態の栄養が有って貴重な魚なんだよ
欧州なんかマダイより高級な魚として扱われているけど…
近頃は年に1万トン位の漁獲しかないから日本もイワシを崇める様になるかもね

沢山釣れたら…無添加保存食を作りましょう
新鮮な物に限るわよマーケットの魚では生臭身が出るわ
⑤刺身用に切った身を包丁でたたく
⑥ネギのみじん切りを適量混ぜてすり鉢で擂る。粘りが出たらミソを少々混ぜて最後につなぎの片栗粉を少々
⑦3~4㎝の小判型や丸く握り
⑦油で揚げる
熱々をそのまま食べても良いし
大量に作ると保存食
冷凍したり
甘辛く煮付けて弁当のおかずにも使えるよ
さつま揚げ
⑧塩ひとつまみを入れた熱湯で煮る
浮いて来たら出来上がり
茹でたてをショウガしょう油で食べても良いし
汁を作ってつみれ汁や冷凍しておいておでんのタネや鍋物に入れても
つみれ
⑤生酢に塩少々を入れて漬ける
米酢
1〜2時間経ったら食べても良いけど2〜3日置くと味がいい
1週間ぐらい保存がきくよ
なます
これだと片栗粉が少なくてすむのよ
⑤ビニール袋に片栗粉を入れイワシを入れて振って粉を良くまぶす
片栗粉
⑥フライパンに油をひきイワシとショウガの千切りを入れキツネ色にこんがり焼く
⑦イワシを出して市販の麺つゆ50cc・酒90cc・砂糖大さじ2ぐらいをかき混ぜながら半分になるまで煮つめる（蒲焼きのタレでも良いよ）
⑧イワシを戻して汁に良くからめる
⑨丼にご飯を入れイワシを乗せ大葉の千切り・白ゴマを振りかける
かば焼丼

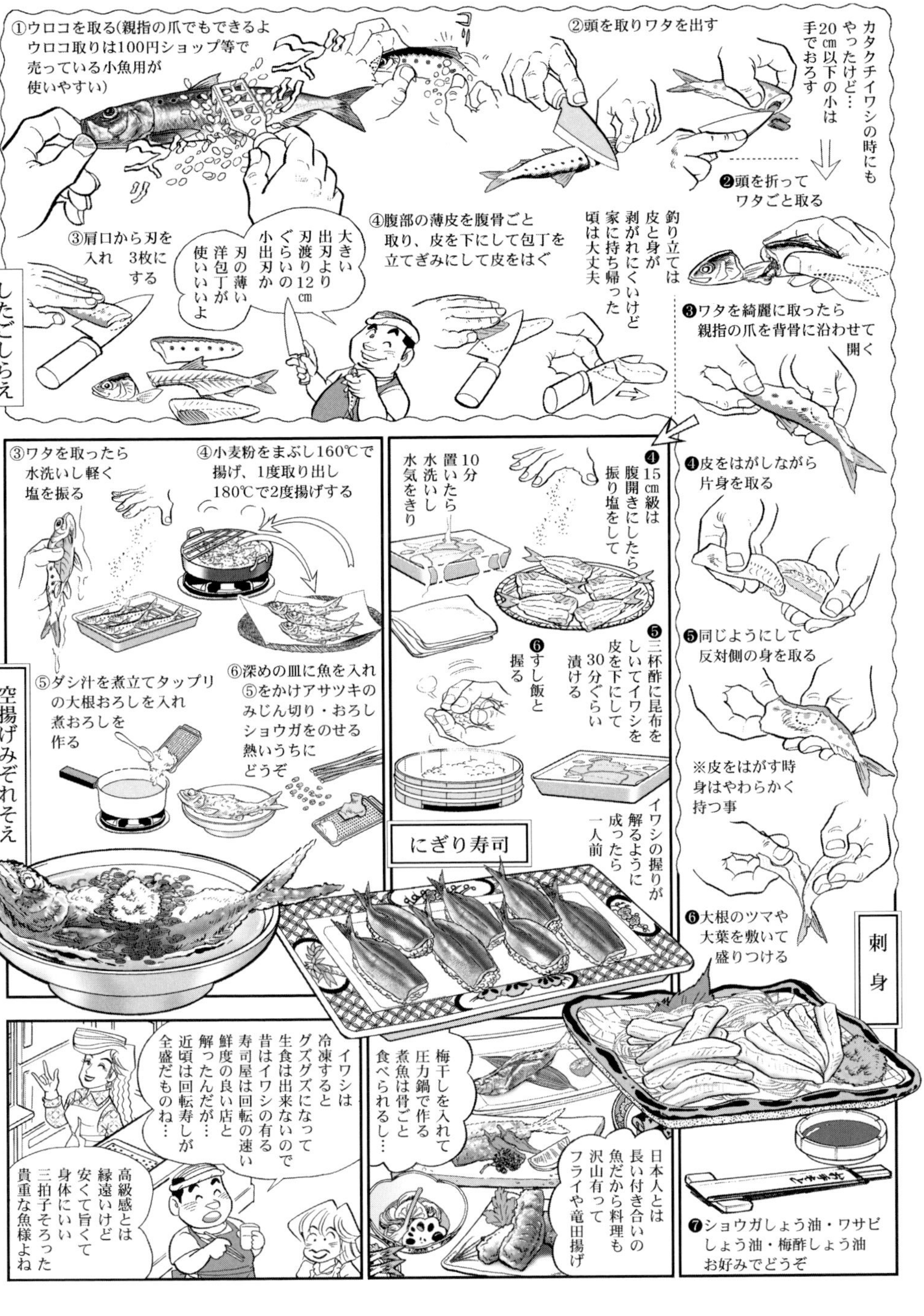
したごしらえ
①ウロコを取る(親指の爪でもできるよ
ウロコ取りは100円ショップ等で
売っている小魚用が
使いやすい)
②頭を取りワタを出す
カタクチイワシの時にもやったけど…20㎝以下の小は手でおろす
❷頭を折ってワタごと取る
③肩口から刃を入れ 3枚にする
大きい出刃より刃渡り12㎝ぐらいの小出刃か刃の薄い洋包丁が使いいいよ
④腹部の薄皮を腹骨ごと取り、皮を下にして包丁を立てぎみにして皮をはぐ
釣り立ては皮と身が剥がれにくいけど家に持ち帰った頃は大丈夫
❸ワタを綺麗に取ったら親指の爪を背骨に沿わせて開く
❹皮をはがしながら片身を取る
❺同じようにして反対側の身を取る
※皮をはがす時身はやわらかく持つ事
❻大根のツマや大葉を敷いて盛りつける
刺身
❼ショウガしょう油・ワサビしょう油・梅酢しょう油お好みでどうぞ
にぎり寿司
❹15㎝級は腹開きにしたら振り塩をして
10分置いたら水洗いし水気をきり
❺三杯酢に昆布をしいてイワシを皮を下にして30分ぐらい漬ける
❻すし飯と握る
イワシの握りが解るように成ったら一人前
空揚げみぞれそえ
③ワタを取ったら水洗いし軽く塩を振る
④小麦粉をまぶし160℃で揚げ、1度取り出し180℃で2度揚げする
⑤ダシ汁を煮立てタップリの大根おろしを入れ煮おろしを作る
⑥深めの皿に魚を入れ⑤をかけアサツキのみじん切り・おろしショウガをのせる熱いうちにどうぞ
日本人とは長い付き合いの魚だから料理も沢山有ってフライや竜田揚げ
梅干しを入れて圧力鍋で作る煮魚は骨ごと食べられるし…
イワシは冷凍するとグズグズになって生食は出来ないので昔はイワシの有る寿司屋は回転の速い鮮度の良い店と解ったんだが…近頃は回転寿しが全盛だものね…
高級感とは縁遠いけど安くて旨くて身体にいい三拍子そろった貴重な魚様よね

86 ヒラメ

鮃2

高タンパク・停脂肪、ミネラルのバランスも良く、消化・吸収も良いので子供やお年寄り・病人食としても最高。

おお大漁ですな～
ま今日は全員オデコなしですもんね
刺身が楽しみです～な
それが悩みなのよ
えっ？
刺身ってあきちゃうのよね
変な自慢？
大丈夫よそんな心配しなくっても
ムニエルや煮物にしたりフライだって出来るし
ありきたりよね
ちょっと気合入れなきゃならないですね
お～し

3日目頃からは火を通した料理もいいわよ
生で食べきれなかったら

羽二重蒸し

⑦薄塩を振って2時間おく

⑧しょう油・ミリン各1・ダシ汁6で汁を作りカブの皮を剥きおろしを作る

⑨カブおろしに卵の黄身をまぜる（おろしに黄色がつく程度）

⑩水の出た身の水分を拭き取り10cmに切る

⑪蒸し皿に入れカブおろしを2杯かけて蒸し器に器ごと入れる

⑫蒸し上がったらダシ汁をヒタヒタに入れ再び蒸し器に2分

カブの代わりにヤマトイモでやるとヤマト蒸し

昆布焼き

⑦10cmぐらいの切り身に塩を振る

⑧大きめの昆布に酒を振って軟らかくしておく

⑨昆布の表面をふきヒラメをのせシイタケ・しめじ等きのこ類をまわりに添えて包み

⑩昆布で作ったヒモでしばりグリルを180℃に熱し10～12分焼く

⑪ししとう焼きとレモンを添える

マスタードクリーム・ソースかけ

⑤小型のぶつ切りの両面に塩・コショウを振っておく

⑥鍋に玉ねぎ・セロリなどの香味野菜の薄切りを敷きヒラメを並べ水カップ2/3・白ワインを振りローリエタイムを入れフタをして火を付ける

⑦煮立って来たら火を弱め10分ほど蒸す

⑧ジャガイモ（小2個）の皮を剥き4等分にして10分程水にさらす

⑨鍋に入れヒタヒタの水を入れて火をつけ煮立ってきたら火を弱め軟らかくなるまで茹でて塩・パセリを振る

⑩カブ（小2株）の茎を少し残し4等分にし塩ゆでにする

⑪ズッキーニ（小2本）を輪切りにしてサラダ油で両面焼き軽く塩・コショウ

⑫ヒラメを器に盛りジャガイモ・カブ・ズッキーニを添える

⑬ヒラメの煮汁をこして小鍋に入れ少し煮つめて生クリーム大さじ6・溶きガラシ小さじ1・塩・コショウ少々を加えソースを作る

⑭ヒラメの上にソースをかけプチトマト・チャイブを添える

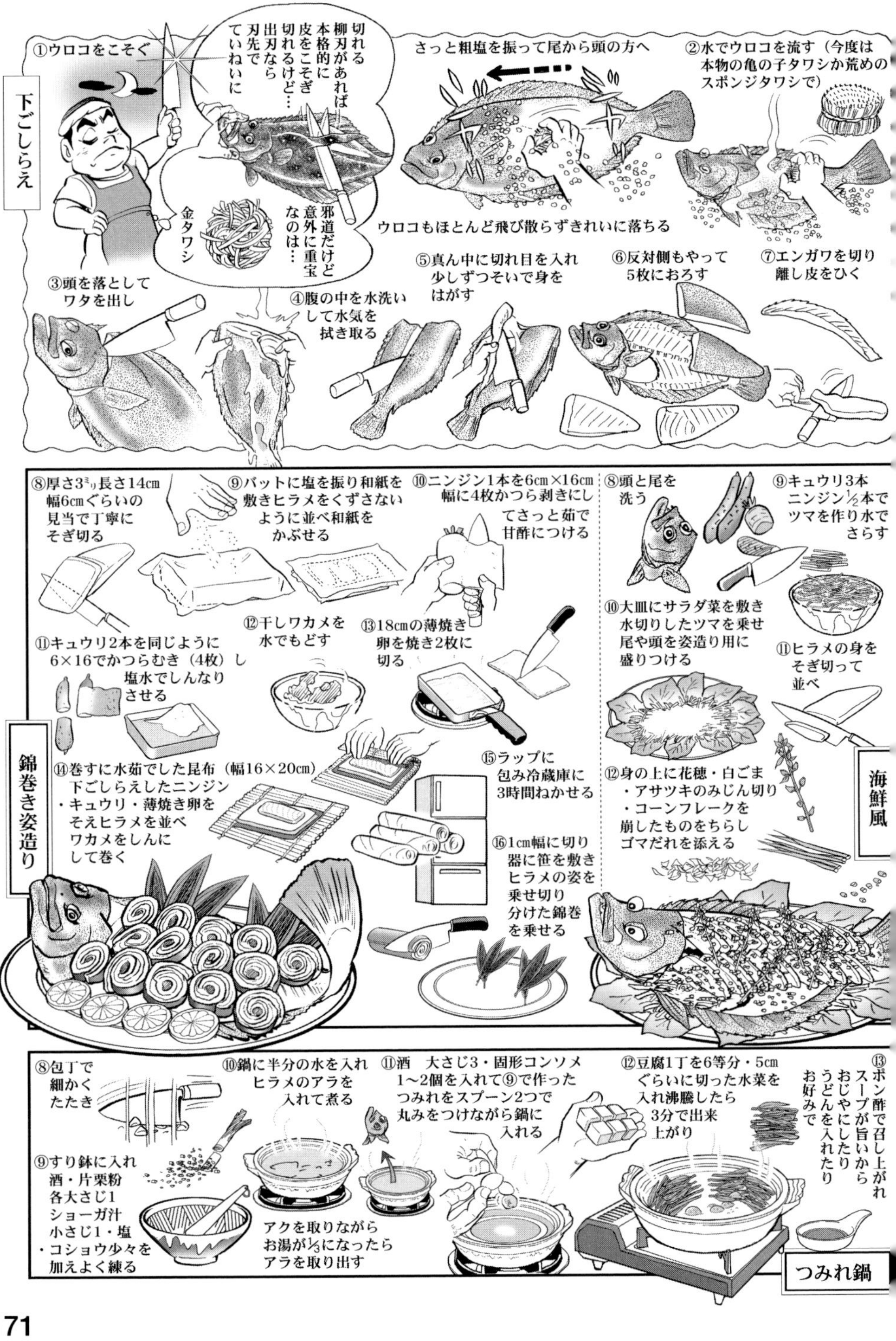
下ごしらえ
①ウロコをこそぐ
切れる柳刃があれば本格的に皮をこそぎ切れるけど…出刃なら刃先でていねいに
邪道だけど意外に重宝なのは…
金タワシ
さっと粗塩を振って尾から頭の方へ
ウロコもほとんど飛び散らずきれいに落ちる
②水でウロコを流す（今度は本物の亀の子タワシか荒めのスポンジタワシで）
③頭を落としてワタを出し
④腹の中を水洗いして水気を拭き取る
⑤真ん中に切れ目を入れ少しずつそいで身をはがす
⑥反対側もやって5枚におろす
⑦エンガワを切り離し皮をひく
錦巻き姿造り
⑧厚さ3㍉長さ14cm幅6cmぐらいの見当で丁寧にそぎ切る
⑨バットに塩を振り和紙を敷きヒラメをくずさないように並べ和紙をかぶせる
⑩ニンジン1本を6cm×16cm幅に4枚かつら剥きにしてさっと茹で甘酢につける
⑪キュウリ2本を同じように6×16でかつらむき（4枚）し塩水でしんなりさせる
⑫干しワカメを水でもどす
⑬18cmの薄焼き卵を焼き2枚に切る
⑭巻すに水茹でした昆布（幅16×20cm）下ごしらえしたニンジン・キュウリ・薄焼き卵をそえヒラメを並べワカメをしんにして巻く
⑮ラップに包み冷蔵庫に3時間ねかせる
⑯1cm幅に切り器に笹を敷きヒラメの姿を乗せ切り分けた錦巻を乗せる
海鮮風
⑧頭と尾を洗う
⑨キュウリ3本ニンジン½本でツマを作り水でさらす
⑩大皿にサラダ菜を敷き水切りしたツマを乗せ尾や頭を姿造り用に盛りつける
⑪ヒラメの身をそぎ切って並べ
⑫身の上に花穂・白ごま・アサツキのみじん切り・コーンフレークを崩したものをちらしゴマだれを添える
つみれ鍋
⑧包丁で細かくたたき
⑨すり鉢に入れ酒・片栗粉各大さじ1ショーガ汁小さじ1・塩・コショウ少々を加えよく練る
⑩鍋に半分の水を入れヒラメのアラを入れて煮る
アクを取りながらお湯が⅓になったらアラを取り出す
⑪酒　大さじ3・固形コンソメ1～2個を入れて⑨で作ったつみれをスプーン2つで丸みをつけながら鍋に入れる
⑫豆腐1丁を6等分・5cmぐらいに切った水菜を入れ沸騰したら3分で出来上がり
⑬ポン酢で召し上がれ
スープが旨いからおじやにしたりうどんを入れたりお好みで

87 マサバ 真鯖

関サバが有名だが、関東・三浦半島沖で捕れるデカいサバも逸品。餌を豊富に食べて育った魚はどれもお腹が赤身をおびた金色に輝いてくる。

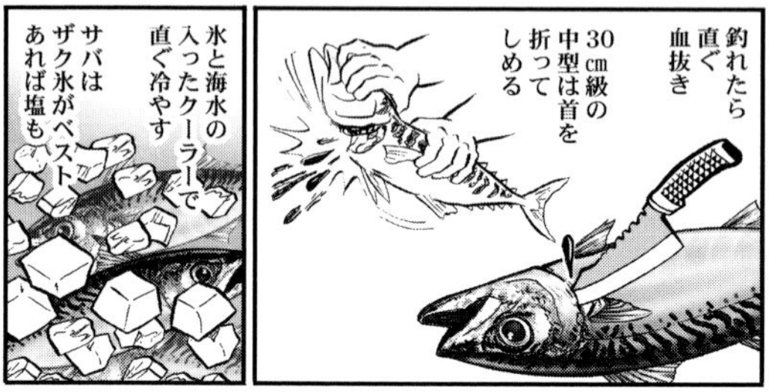

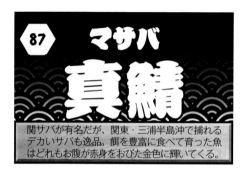

下ごしらえ
①ウロコをこそぐ
②腹ビレの下を斜めに切り 胸ビレの部分も斜めに切って 頭を落とす
③肛門まで切り ワタを出して 水洗い
④水気を拭き取り 尾をもち包丁を 中骨まで入れ 頭の方まで 切り開く
⑤反対側も同じようにして 中骨のところまで刃を入れ 裏側もやって3枚におろす
⑥身の方から 腹骨を そぎ切る
⑦表面の薄皮を肩口から はがす（剥がれにくい時は 酢に漬けた後でも良い）
しめサバ
⑧両面に 塩を 振って 1時間 寝かせる
⑨流水で塩を流し 素早く酢で洗う
⑩昆布で上下をはさみ 全体がひたる程度に 酢を入れて 冷蔵庫で 30分以上 寝かせる
⑪酢を拭き取り中骨を ていねいに抜き取る（子どもが食べる時は ていねいに 薄皮は この後剥いても 良い）
⑫飾り包丁を 入れながら 7ミリ ぐらいに 平造り
バッテラ
⑫やや硬めに炊いた ご飯にすし酢を ふる
⑬荒くみじん切りにした 大葉と白ごまを 合わせ
⑭酢で湿らせた押し型にご飯を 入れ（無ければラップに ご飯とシメサバをのせて 形を整える）
⑮3cm厚さに切って 酢漬けのショー ガをそえる
刺身
⑦尾を皮側に曲げてみて簡単に 身割れするようなら刺身は 諦めて下さい。 ゴマサバよりマサバは身割れの 度合いがグンと高い。 生で食べたければ 酢で締める事
刺身は 釣り人だけの 特権よ
⑧そぎ切って身が 暖まらないうちに ショーガか ワサビ お好みで召し 上がれ
みそ煮
⑥頭と骨を入れ 酒コップ 半分を 入れて 煮る
⑦柔らかく 煮えたら つぶす
⑧根ショーガの スライスを入れ 汁が半分に なるまで 煮たら アミで こす
⑨魚に切れ目を入れ 皮を上にして並べ 刻みショーガ・ 日本酒100cc ミソ少々 （煮詰まった 時にちょうど いいように） 薄いぐらいの 汁で煮る
⑩アルミホイルを くしゃくしゃにして 真ん中に 穴をあけ 落しブタの 代わりに かぶせる
⑪煮上がったら 冷やして味を しみこませ 食べる前に もう一度温め 直す
くしゃくしゃにすると 魚のアクはしわに付く

88 ワニゴチ

鰐鯒

全長60㎝ぐらい。マゴチに比べて小さいが味は良い。タンパク質が多いので食欲が低下した夏バテの人には最適。

おお めずらしい ワニゴチ
根周りに 入ったかな？

沖縄遠征で 荒れて沖に 出られない時 風のないリーフの 中で釣れるのは ほとんど これだったよ
南の方で 良く釣れるせいか マゴチより 不味いなんて 言う人もいるが そんな事はないよ
イネゴチ（40～50㎝）
メゴチ（25㎝）
オニゴチ（25㎝）など 15種類がいる
血圧を下げる カリウムの 多い魚だし…
油を使う 料理をしなければ 肥満の人も安心して 食べられる魚だよ
魚ちり鍋
⑦土鍋にダシ汁・ミリン・淡口しょう油で汁を作り煮立ったら魚を入れる
⑧白菜・春菊・豆腐などを一緒に煮炊きしながら食べる
夏は昆布1枚を入れた湯で炊いてあっさりポン酢とモミジおろしで食べても良いよな
⑥小さな魚は3㎝のぶつ切り 大きめの魚は3枚におろしてから適当な大きさに切る
⑦塩・コショウを振る
ソテー
⑧オリーブオイルを熱し身の両面がキツネ色になるまでソテー
⑨サニーレタス・ミニトマト・レモン等を添えパセリのみじん切りを振りかける
空揚げ
⑧小麦粉をまぶし余分な粉をはたく
⑨170℃ぐらいでキツネ色になるまでカラッと揚げる
旬のアスパラ等は10℃位低い温度で素揚げして添える
澄まし汁
⑧頭や中骨を食べやすい大きさに切り
アラはいったん湯引きしてから
⑨中火でじっくり静かに煮る
強火でやると汁に濁りが出るよ
⑩天然塩で味付けをして刻みネギを入れ淡口しょう油を一滴

マゴチでも同じ料理が楽しめます

下ごしらえ
頭の上のトゲが痛いよ
①ウロコをこそぐ（ウロコが細かいのでスチールウールタワシ等が便利）
②頭の付け根に包丁を入れその左右をも切る
③裏返して腹ビレのあたりの両側を切り腹にも切れ目を入れる
④頭をひっぱるとワタも取れる
⑤中骨のところの血ワタを洗って水気をふき
⑥腹を下にして背ビレに沿って包丁を入れて2つに割り反対側は中骨を下にして3枚におろす
⑦腹骨をすき取り丸くなっていて切れない骨は毛抜きで抜く
⑧身と皮の間に包丁を入れて皮をそぐ
⑨ななめに薄くそぎ切る
皮ポン酢
⑨皮を沸騰寸前のお湯で15～20秒湯通し
⑩氷水で冷やし水分を拭き取り
⑪細切りにしてアサツキのみじん切り・モミジおろし・スダチを添えポン酢で召し上がれ
洗い
⑩氷水の中で手早く洗うとアイナメのように身がはぜる
⑪水気を切り、氷をタップリ入れた器かザルに大根のツマを入れ、その上に身をざっくりと盛る
氷水に入れすぎて死後硬直を起こした魚は鮮度が良くっても身が縮まないよ
⑫好みでモミジおろしとポン酢かワサビしょう油でどうぞ
洗いにする魚は生かして持って来るか帰る直前に締めた魚を使おう
頭の直ぐ上に包丁を刺すと大人しくなるのでそれからエラと尾の付け根を切り
入れて来た海水に入れると血が抜ける
真子の甘辛煮
⑤真子に箸を差し込み皮を破らずに内側と外側をひっくり返す
⑥水にさらし
⑦水少々・酒・みりん・しょう油に落としぶたをして煮る
コチ類は雄雌入れ替わり成魚は雌になるから大きいのは卵を持っているわよ
関東は食欲のない夏が『夏フグ』なんて言われて旬ってことになっているけど四国方面は冬の魚って言われているんだよね
どっちも美味しいってことなんじゃないの

89 ハチビキ

葉血引

全長60㎝、図鑑などにはプランクトン食と書かれているが、ジグでよく釣れ、釣り人には人気がある。

ヒラマサ狙いの遠征なのに赤サバの群れに当たったようだね
ま〜たこれだ
釣れるのは1〜3kgだから引きが強くて面白いけど…疲れた〜
こればっかりだと飽きるわね〜

マグロは赤身だから重宝される魚なのに…
こいつは赤身ゆえに魚屋なんかに敬遠された魚なんだ
赤身ってことは…
鉄分が多く酸化して劣化するのが早いから？
…かも知れないね

敬遠された割には昔はマグロ刺身の代用にも使われた魚だから不味いわけないよ
バラムツと一緒ね
だから釣れたらまず血抜きして
氷の入っているクーラーへ
エラの付け根をハサミで切る
刺身は釣って2日ぐらいだけど
2〜3日後にお客さんに食べさせたい時は氷と塩を入れておろさずそのままクーラーに入れっぱなしで保存
水が多くなったら下はぬるいから撹拌すること
皮の焼き物
⑦皮に塩を振り
⑧焼きアミ2枚を熱す
⑨アミが熱くなったらレモン汁を2枚に塗って熱し、上のアミを持ち上げて下のアミに皮を並べて
⑩アミでサンドイッチにして焼く こうすると丸まらない アナゴもこれ
⑩または長い竹串か金串に巻き付けて焼く
熱いうちに串を回しながら外し食べやすい大きさに切る
大抵の魚は皮が美味しいけどこれも絶品！
幽庵焼き
⑨島寿司に使った汁に（足りない時は同じ分量で作り足す）頭を1〜2日漬け込む
沢山やる時は漬け込んでから1個ずつラップで包んで冷凍 焼く時は解凍せずそのまま遠火で
⑩遠火で焼く（できれば七輪で）
塩を強めに振って塩焼きも良いわよ
塩焼き
⑤適当な大きさに切って皮目に切れ目を入れ
塩を振って10分
⑥遠火の強火で皮目から焼く
ちょっと濃いめの味で煮たのも美味しいよ
❷ガスが発生するので穴を開けた容器に保存。ナス等の野菜や豚肉など何にでも使える 冷蔵庫で1カ月はもつ

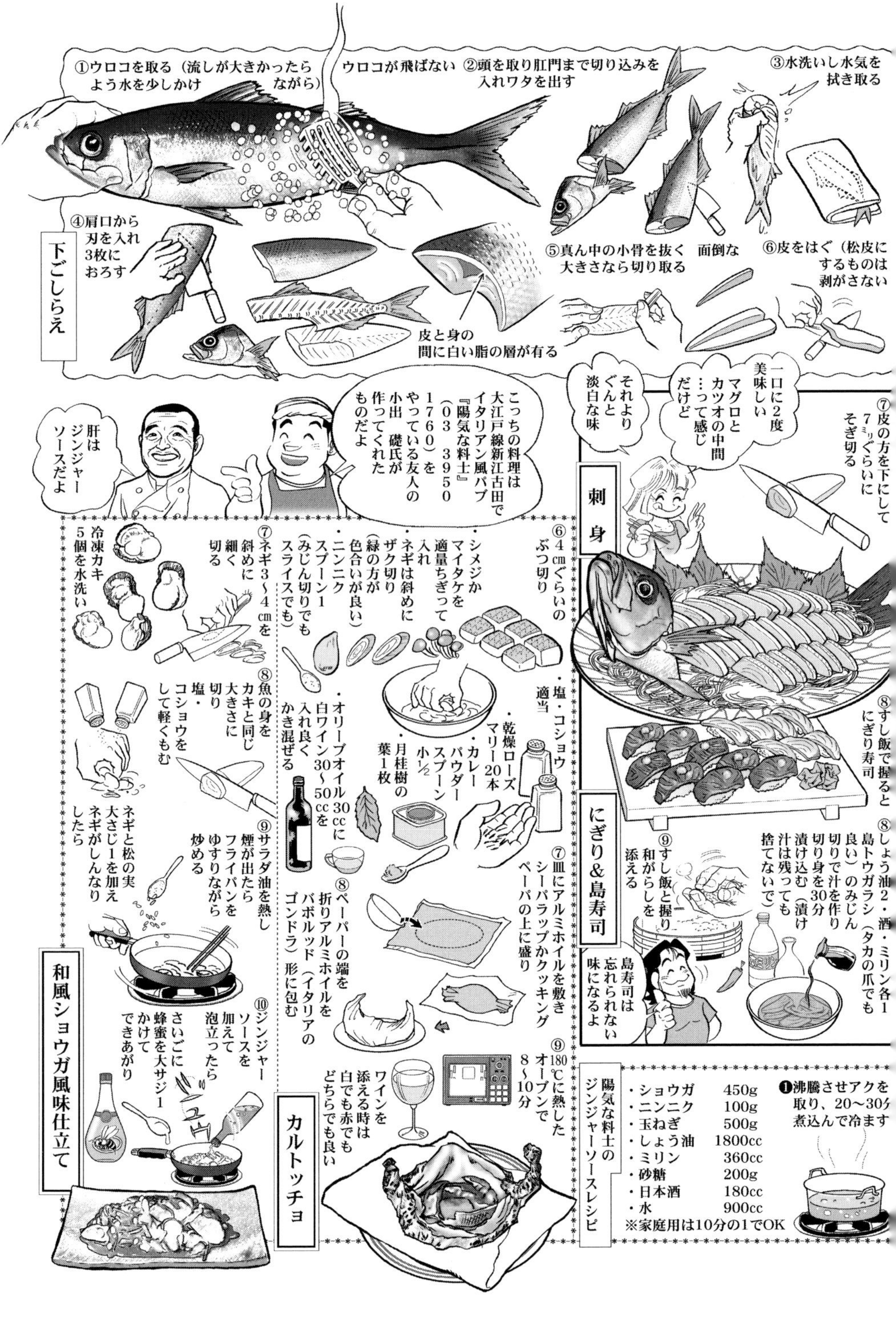
下ごしらえ
①ウロコを取る（流しが大きかったらウロコが飛ばないよう水を少しかけながら）
②頭を取り肛門まで切り込みを入れワタを出す
③水洗いし水気を拭き取る
④肩口から刃を入れ3枚におろす
皮と身の間に白い脂の層が有る
⑤真ん中の小骨を抜く 面倒な大きさなら切り取る
⑥皮をはぐ（松皮にするものは剥がさない
肝はジンジャーソースだよ
こっちの料理は大江戸線新江古田でイタリアン風パブ『陽気な料士』（03 3950 1760）をやっている友人の小出 礎氏が作ってくれたものだよ
一口に2度美味しいマグロとカツオの中間…って感じだけど
それよりぐんと淡白な味
刺身
⑦皮の方を下にして7ミリぐらいにそぎ切る
にぎり&島寿司
⑧すし飯で握るとにぎり寿司
⑧しょう油2・酒・ミリン各1 島トウガラシ（タカの爪でも良い）のみじん切りで汁を作り切り身を30分漬け込む（漬け汁は残っても捨てないで）
⑨すし飯と握り和がらしを添える
島寿司は忘れられない味になるよ
カルトッチョ
⑥4㎝ぐらいのぶつ切り
・塩・コショウ適当
・シメジかマイタケを適量ちぎって入れ
・ネギは斜めにザク切り（緑の方が色合いが良い）
・ニンニクスプーン1（みじん切りでもスライスでも）
・乾燥ローズマリー20本
・カレーパウダースプーン小1/2
・月桂樹の葉1枚
・オリーブオイル30ccに白ワイン30〜50ccを入れ良くかき混ぜる
⑦皿にアルミホイルを敷きシーパラップかクッキングペーパの上に盛り
⑧ペーパーの端を折りアルミホイルをバボルッド（イタリアのゴンドラ）形に包む
⑨180℃に熱したオーブンで8〜10分
ワインを添える時は白でも赤でもどちらでも良い
和風ショウガ風味仕立て
⑦ネギ3〜4㎝を斜めに細く切る
冷凍カキ5個を水洗い
⑧魚の身をカキと同じ大きさに切り塩・コショウをして軽くもむ
⑨サラダ油を熱し煙が出たらフライパンをゆすりながら炒める
ネギと松の実大さじ1を加えネギがしんなりしたら
⑩ジンジャーソースを加えて泡立ったらさいごに蜂蜜を大サジ1かけてできあがり
陽気な料士のジンジャーソースレシピ
・ショウガ 450g
・ニンニク 100g
・玉ねぎ 500g
・しょう油 1800cc
・ミリン 360cc
・砂糖 200g
・日本酒 180cc
・水 900cc
※家庭用は10分の1でOK
❶沸騰させアクを取り、20〜30分煮込んで冷ます

90
ヒラソーダ
平宗太
室戸漁港で「カツオたたき定食」を頼んだらこれが出てきて怒ったのだが、地元ではカツオの仲間は全て一緒くたに扱うのだそう。
入れ食いになっちゃったね
外道扱いで捨てる釣り人がいるけど…
カツオより小さくっても赤身が強い魚で硬い筋もなく美味しいよ
昔…知らないものだから
3kgオーバのワラサだけど交換しない？
漁獲高が少ないから有名にならないけど2kg級ならワラサよりもカツオよりも美味しいよ
騙された～
四国に行った時もカツオ定食頼んだのに
こっちじゃこれもカツオなの！
カルチャーショックだった…
⑦皮目をサッと炙る
⑧厚めに切って
⑨ダシ汁で煮立てアクをすくい
⑩玉ねぎスライスと豆腐がベースの超簡単鍋
あり合わせの野菜を加えてもいいよ
鍋物
脂の多い魚だからガスに直の焼きアミだとガスの臭いが気になる時があるわよ
二重になったアミか七輪がいいわ
⑦ハランボ（胸びれ）に塩を振り
⑧串を打って外側から焼く
⑨熱いうちに金串を外してどうぞ
ハランボ焼き
⑧カツオの身をすり身にして
⑨卵・小麦粉・赤みそ・刻みネギを合わせて混ぜる
⑩油を熱し一口大に箸で入れて揚げる
⑪タルタルソース・ウスターソース・岩塩・しょう油お好みで
ウスターソース
ご飯のおかずにおつまみに最高～
さつまあげ風
⑥酒を沸騰させアルコールを飛ばししょう油・ミリンを加えて一煮立ちさせかけ汁を作る
⑦適当な大きさに切った身を白焼き
⑧魚にかけ汁を3～4回塗りながら焼く
あっさり塩を振った塩焼きもいいよ焼き過ぎない事
ミリン
照り焼き

下ごしらえ
①胸甲部（背とヒレの硬いところ）のウロコを皮ごとこそぐ
胸甲部
②両側から斜めに切れ目を入れ骨を切って頭を外す
③胸びれから肛門まで切れ目を入れワタを出す
④水洗いし水気を拭き取り
⑤両側から中骨まで切り目を入れ片身を外し反対側も繰り返し3枚にする
⑥腹骨をすき取りサクにして血合いを取る
⑦皮をひく
ヒラも鉄分が多く酸化が早いので、食べる直前に切り分けましょう
魚はおろしてしまうと鮮度の落ちるのが早くなるので
おろす直前までタップリの氷と塩水の入ったクーラーに入れておくと3日目でも生食OKです
刺身
⑧5～7ミリ白身の魚よりやや厚めに平きり
⑨ニンニクかショーガのおろしを薬味に召し上がれ
てこね寿司
⑧しょう油カップ1 酒・ミリン各大サジ2 ショーガの絞り汁大サジ1を入れ
⑨厚めに切った刺身を30分漬け込む
⑩酢飯を作り漬けた刺身を乗せるだけ
漁師が沖で簡単に食べたのが始まりだそうで…
これは基本形
甘辛く煮たシイタケやニンジンなど入れてもいい
塩気が足りなかったら…
手で握って和芥子を溶いたしょう油にチョン
自分で握る気取りの無さがいいね
沢山余ったら…
3枚におろしたやつをナマリ節にしておくと酢の物や煮物など後で融通がきくわよ
15分ほど蒸して冷凍保存
ヒラソーダはカツオで出来る煮付けやさつま揚げなど全ての料理法が楽しめます
土佐造り
⑦皮目をサッと焼く
⑨氷水で冷やし水気を拭き取り
⑩5ミリぐらいの厚さに切って器に並べ
⑪ポン酢とニンニクかショーガ好みの薬味でどうぞ
タタキ
⑦ポン酢カップ1にショーガとニンニクのスリおろしを多めに入れ漬け汁を作る（タタキにする時は汁を半分残しておく）
⑨漬け汁に入れて味をなじませるよう皮目から軽くたたく
⑪アサツキかネギのみじん切りニンニクのスライスを少々
その上から漬け汁をかける

91 メジ

めじ

マグロの中の王様の幼魚。まだ脂は乗っていないがしっかりマグロの味。釣ったその日より１日置いた方が濃厚な食べ慣れた味になる。

おおっ大漁ですな
15kgサイズと2～4kgが何本か…
なんか一人で釣ったようなことを
マグロ類は体温が高いから陸に上がったら氷の追加忘れずに！

釣り人のは釣れたら直ぐ血抜きするから最高なんですよ
ほう…
釣れたら直ぐエラの付け根を切って
海水の入ったバケツに入れる
サメがいる時は
大型クーラーの中で血抜き
皮焼き&皮の酢の物
⑪ウロコの無い皮を焼網に乗る大きさに切る
⑫酒に浸してから塩を振る
⑬焼網にレモン汁を塗り網が焼けたら皮を乗せ
⑭皮が曲がらないように上からも網を乗せサンドイッチ
⑮食べやすい大きさに切って熱いうちに
まるで焼き鳥
酒の肴にいいよ
⑪皮に熱湯をかける
⑫ウロコが立ったらこそいできれいにしてから
細切りにして
⑬サッと茹でる
⑭冷水で冷やしキュウリやワカメを添えて三杯酢であえる
ソテー
⑪厚さ2㎝縦横12㎝ぐらいの切り身を作り塩・コショウ
⑫テフロンなら油はハケで塗る程度
⑬煙が上がったら切り身を入れ1分ぐらい
ジューシーラインが半分ぐらいになったら裏返す
⑭仕上げに日本酒を一振り
焼き過ぎは硬くなるよ鮮度の良いうちはレアぐらいが美味しい
スペアリブ
腹骨の部分をアルミに包んでオーブンか焼網で10分焼く
きゃあ～ここ…大トロなのに～

下ごしらえ
①ウロコのある胸甲部の皮をそぎ切る
1～2kgぐらいの小さいのはタスキに刃を入れゆっくりひっぱる
②エラブタを開けエラを外して尻ビレまで切ってワタを出す
皮を引いた魚は内臓を傷つけないよう気を付けて
③水洗いし
④胸びれを取り腹ビレのところから斜めに深く切り
⑤裏も同じ様にして頭を外す
⑥刺身包丁に変え尻びれから尾まで片手で持ち上げる様にして切り込みを入れていく
⑦反対側からも刃を入れ
⑧そのまま中骨に沿って刃を入れ片身をはずす
⑨反対側も同じ様にして三枚におろす
⑩半分に割って皮を剥く
刺　身
⑪包丁の長さを生かして平切りにする
ネギマ鍋
⑪3㎝ぐらいの長方形に切る
⑫鍋にダシ汁を入れ昆布をしいて沸騰したら魚を入れる
⑬アクをすくい斜め切りのネギやシイタケ・豆腐を入れる
⑭おろしショウガを香り付け程度に入れる
こってり味が好みなら溶き卵を入れても良い
タタキ
⑪皮付きのまま皮にまんべんなく塩を振り
⑫扇型に金串を刺して皮目が数ミリ色が変わるぐらいに焼く
⑬氷水を入れたトレイで皮目だけ冷やす
⑭串を抜き皮を下にして平切り
水っぽくならないよう注意
トロ部分で作った寿司も思いっきり食べられるし
大きい魚はほっぺや頭の上の身も珍味
中ぐらいならアルミに包んで換気扇を回して1時間ぐらいじっくり焼いた兜焼き
後片付けが大変なの…よね

92 エソ 鱛

「マエソ」は東南アジアから西オーストラリア一帯に棲息。日本のエソは「クロエソ」とも違い、分類学上「マエソ」「クロエソ」の決着のつかない謎の魚。

まーた こいつだ
ちょっとポイントずれているんじゃない？
捨てないで
全員のを合わせると結構な数になるからね
今回はエソを楽しみましょうよ
ウロコはヌルヌルだし小骨が多いから嫌われものだけど… 身はしっかりしていて美味しいよ

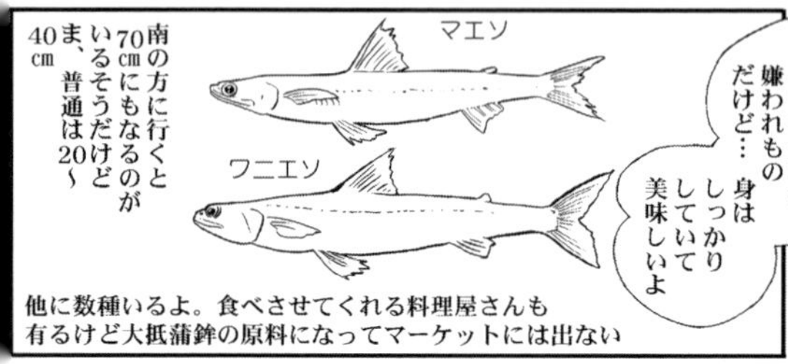
南の方に行くと70cmにもなるのがいるそうだけどま、普通は20～40cm
マエソ
ワニエソ
他に数種いるよ。食べさせてくれる料理屋さんも有るけど大抵蒲鉾の原料になってマーケットには出ない

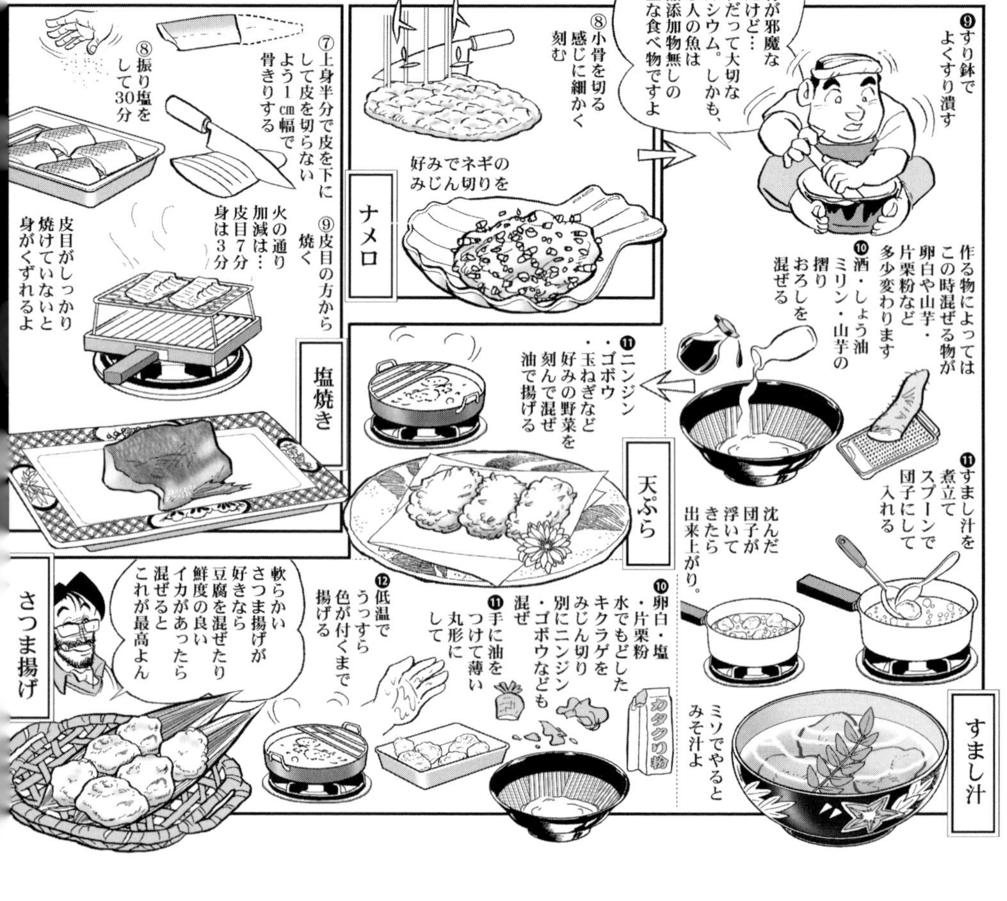
小骨が邪魔な魚だけど…これだって大切なカルシウム。しかも、釣り人の魚は食品添加物無しの安全な食べ物ですよ
❾すり鉢でよくすり潰す
⑧小骨を切る感じに細かく刻む
好みでネギのみじん切りを
ナメロ
⑦上身半分で皮を下にして皮を切らないよう1cm幅で骨きりする
⑧振り塩をして30分
⑨皮目の方から焼く
火の通り加減は…皮目7分身は3分
皮目がしっかり焼けていないと身がくずれるよ
塩焼き
作る物によってはこの時混ぜる物が卵白や山芋・片栗粉など多少変わります
❿酒・しょう油・ミリン・山芋の擂りおろしを混ぜる
⓫ニンジン・ゴボウ・玉ねぎなど好みの野菜を刻んで混ぜ油で揚げる
天ぷら
⓫すまし汁を煮立てスプーンで団子にして入れる
沈んだ団子が浮いてきたら出来上がり。
ミソでやるとみそ汁よ
すまし汁
❿卵白・塩・片栗粉・水でもどしたキクラゲをみじん切り別にニンジン・ゴボウなども混ぜ
カタクリ粉
⓫手に油をつけて薄い丸形にして
⓬低温でうっすら色が付くまで揚げる
軟らかいさつま揚げが好きなら豆腐を混ぜたり鮮度の良いイカがあったら混ぜるとこれが最高よん
さつま揚げ

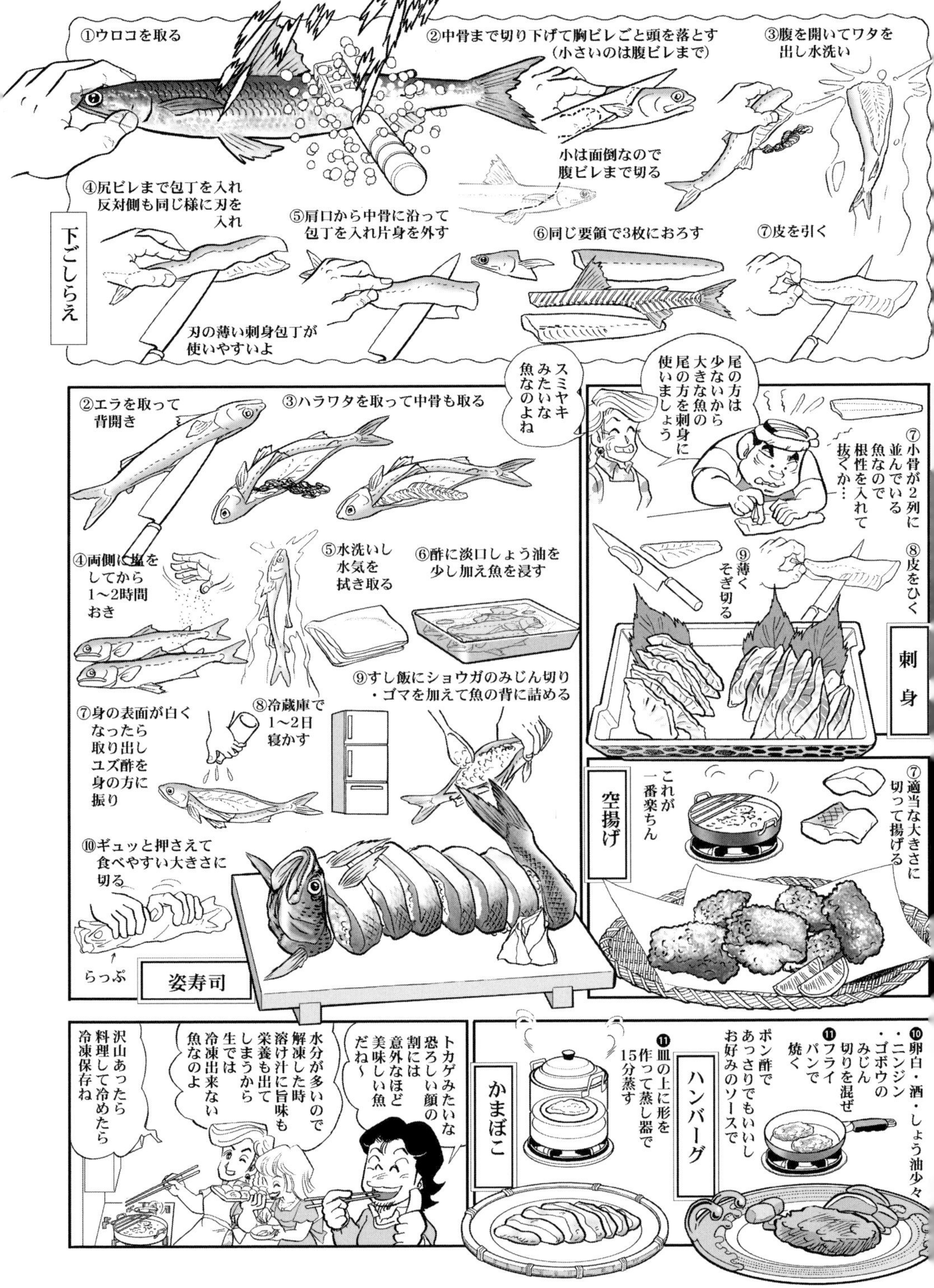

下ごしらえ
①ウロコを取る
②中骨まで切り下げて胸ビレごと頭を落とす
（小さいのは腹ビレまで）
③腹を開いてワタを出し水洗い
小は面倒なので腹ビレまで切る
④尻ビレまで包丁を入れ反対側も同じ様に刃を入れ
⑤肩口から中骨に沿って包丁を入れ片身を外す
⑥同じ要領で3枚におろす
⑦皮を引く
刃の薄い刺身包丁が使いやすいよ
姿寿司
②エラを取って背開き
③ハラワタを取って中骨も取る
スミヤキみたいな魚なのよね
④両側に塩をしてから1～2時間おき
⑤水洗いし水気を拭き取る
⑥酢に淡口しょう油を少し加え魚を浸す
⑦身の表面が白くなったら取り出しユズ酢を身の方に振り
⑧冷蔵庫で1～2日寝かす
⑨すし飯にショウガのみじん切り・ゴマを加えて魚の背に詰める
⑩ギュッと押さえて食べやすい大きさに切る
らっぷ
刺身
尾の方は少ないから大きな魚の尾の方を刺身に使いましょう
⑦小骨が2列に並んでいる魚なので根性を入れて抜くか…
⑧皮をひく
⑨薄くそぎ切る
空揚げ
これが一番楽ちん
⑦適当な大きさに切って揚げる
トカゲみたいな恐ろしい顔の割には意外なほど美味しい魚だね～
水分が多いので解凍した時溶け汁に旨味も栄養も出てしまうから生では冷凍出来ない魚なのよ
沢山あったら料理して冷めたら冷凍保存ね
かまぼこ
⑪皿の上に形を作って蒸し器で15分蒸す
ハンバーグ
⑩卵白・酒・しょう油少々・ニンジン・ゴボウのみじん切りを混ぜ
⑪フライパンで焼く
ポン酢であっさりでもいいしお好みのソースで

93 オコゼ

虎魚

シロギス釣りの外道。食べるには勇気のいる顔だが、添加物まみれの回転寿司やスーパーの魚より旨く、安心して食べられる。

鬼みたいな顔の魚〜
ミシマオコゼだ珍しい〜
ポイント外れたな
…と言ってもオコゼは根掛かり覚悟の岩礁帯で釣れるけど…
オコゼなの
ミシマは砂地に棲んでいてオコゼと言ってても独特の魚よ

数の釣れる魚ではないから昔ははえ縄やトロール漁で獲れた魚を他のエソなどと混ぜて練り物などの材料に使われたんだが
身はしっかりしているし美味しいと見直された魚だよ
釣ったら直ぐ締める

⑤一口大に切って
⑥酒と塩を振って15分ほどおき
⑦水気を拭き取り片栗粉をまぶし
⑧中温でこんがり揚げる
⑨水気をきった大根おろしとレモンを添える
空揚げ
⑤適当な大きさに切って
⑥塩・コショウ
⑦片栗粉をまぶし
バターで両面こんがり焼く
ムニエル
この両方が1番のおすすめ
魚とは思えない味よ
⑤中骨や頭・小さい魚は骨付きのまま筒切り
⑥湯引きして
左下の鍋へ
⑦お湯が沸騰したら魚を入れる
⑧みそを溶き入れ
薄く斜め切りしたネギを加えて一煮立ち
みそ汁
⑧塩ひとつまみしょう油少々で好みの味に
上品な味ですよ
化学調味料を入れるとその味になるから入れてはダメよ
お吸い物

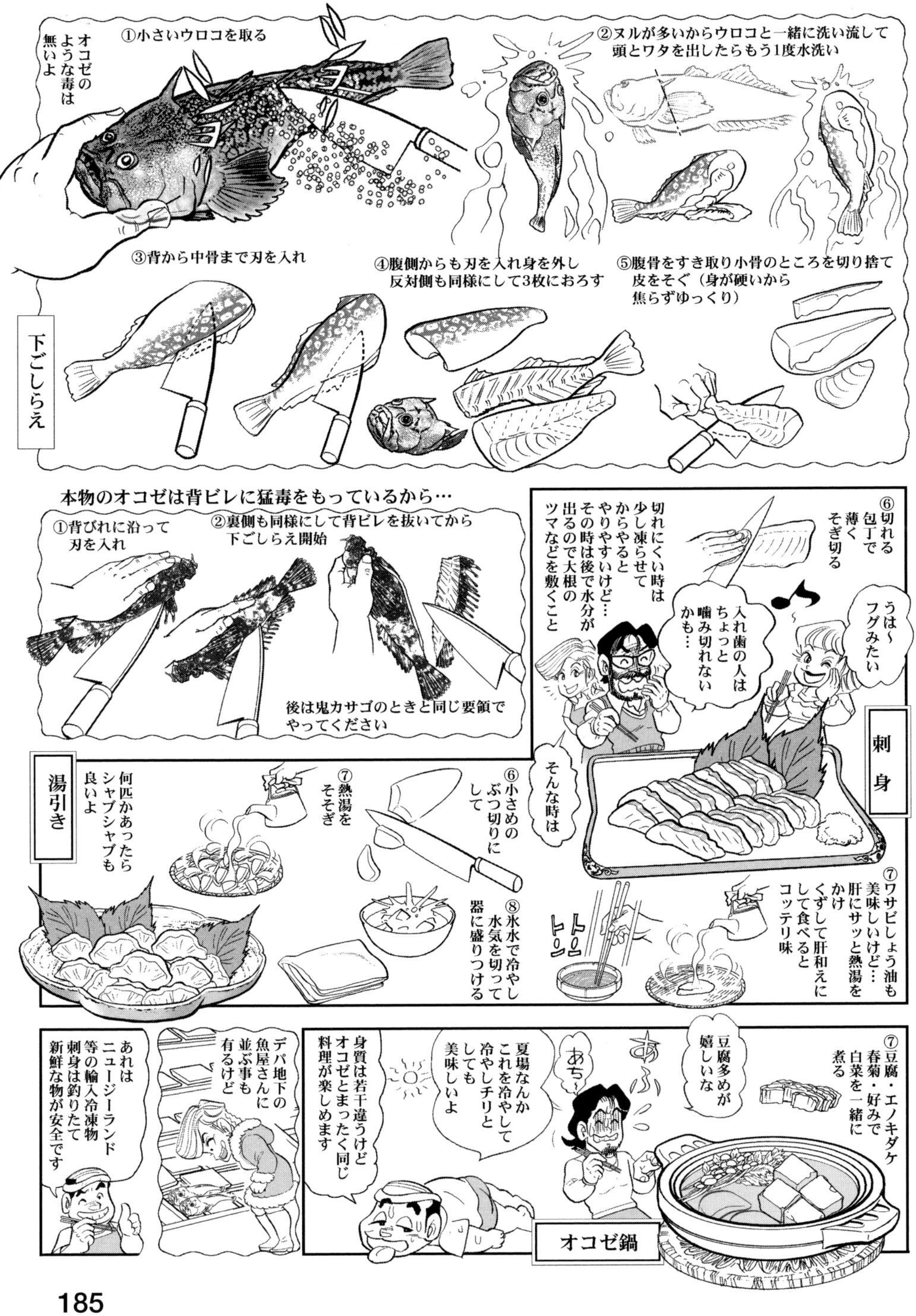
下ごしらえ
①小さいウロコを取る
オコゼのような毒は無いよ
②ヌルが多いからウロコと一緒に洗い流して頭とワタを出したらもう1度水洗い
③背から中骨まで刃を入れ
④腹側からも刃を入れ身を外し反対側も同様にして3枚におろす
⑤腹骨をすき取り小骨のところを切り捨て皮をそぐ（身が硬いから焦らずゆっくり）
本物のオコゼは背ビレに猛毒をもっているから…
①背びれに沿って刃を入れ
②裏側も同様にして背ビレを抜いてから下ごしらえ開始
後は鬼カサゴのときと同じ要領でやってください
刺身
⑥切れる包丁で薄くそぎ切る
切れにくい時は少し凍らせてからやるとやりやすいけど…その時は後で水分が出るので大根のツマなどを敷くこと
うは～フグみたい
入れ歯の人はちょっと噛み切れないかも…
そんな時は
⑦ワサビしょう油も美味しいけど…肝にサッと熱湯をかけくずして肝和えにして食べるとコッテリ味
トン トン
湯引き
⑥小さめのぶつ切りにして
⑦熱湯をそそぐ
⑧氷水で冷やし水気を切って器に盛りつける
何匹かあったらシャブシャブも良いよ
オコゼ鍋
⑦豆腐・エノキダケ春菊・好みで白菜を一緒に煮る
豆腐多めが嬉しいな
あふ
あち～
夏場なんかこれを冷やして冷やしチリとしても美味しいよ
身質は若干違うけどオコゼとまったく同じ料理が楽しめます
デパ地下の魚屋さんに並ぶ事も有るけど
あれはニュージーランド等の輸入冷凍物刺身は釣りたて新鮮な物が安全です

94 エビ

海老類

日本は実に豊穣な国で数多くのエビが食糧になっている。でも護岸の開発や環境の悪化で棲息地が激減している。

そろそろ
あがろうか
えっ
ちょっと早くね～
寄っていきたい所ができたんだ…

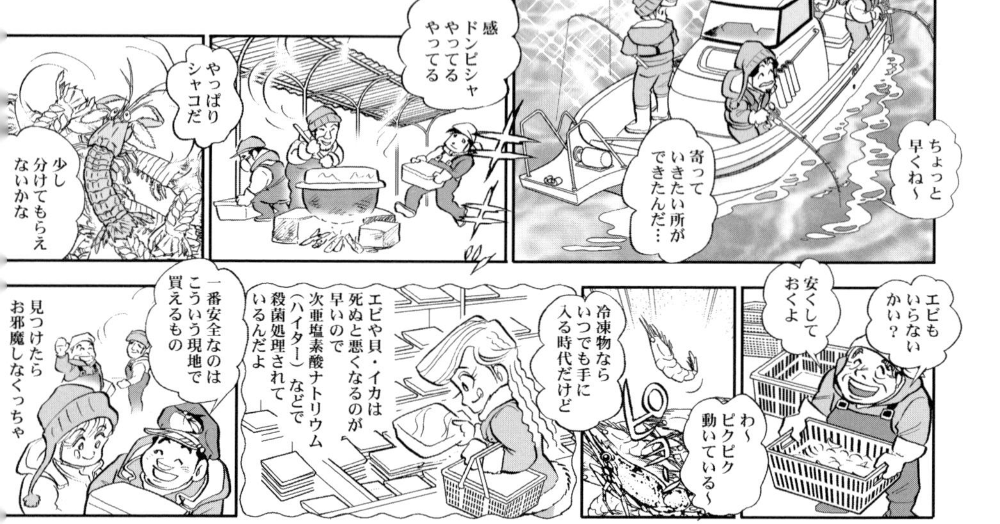
感
ドンピシャ やってる やってる
やっぱりシャコだ
少し分けてもらえないかな
エビもいらないかい？
安くしておくよ
わ～ピクピク動いている～
冷凍物ならいつでも手に入る時代だけど
エビや貝・イカは死ぬと悪くなるのが早いので次亜塩素酸ナトリウム（ハイター）などで殺菌処理されているんだよ
一番安全なのはこういう現地で買えるもの
見つけたらお邪魔しなくっちゃ

茹でシャコ

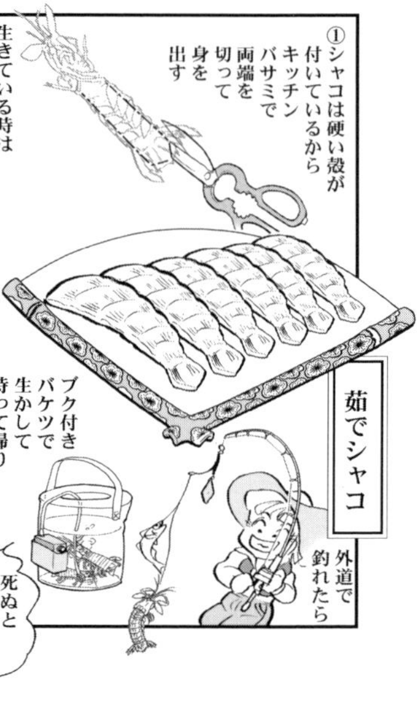

①シャコは硬い殻が付いているからキッチンバサミで両端を切って身を出す

生きている時はパンチが恐い腕にも身が入っているよ割って食べましょう

寿司屋で食べるのとはひと味違います

ブク付きバケツで生かして持って帰り海水と同じ3％の塩を入れて直ぐ茹でる

外道で釣れたら
死ぬとすぐ身がスカスカになるよ

ゴマ揚げ

10㎝以下の小さいエビは…

①頭を取って殻を剥き背ワタを取り尾も撮る

②塩ひとつまみ入れてもみ洗いし水分をふき切る

③包丁で形がなくなるまでたたく

④すり鉢に入れてすり潰し卵白・砂糖・塩少々・片栗粉を加えてよく混ぜる

⑤薄い食パンにすり身を平均に塗り付け

⑥ゴマをすり身の方にタップリ付け

⑦中温でゴマの付いている方から揚げて油を切る

⑧サラダ菜を敷きパンを切って盛り付ける

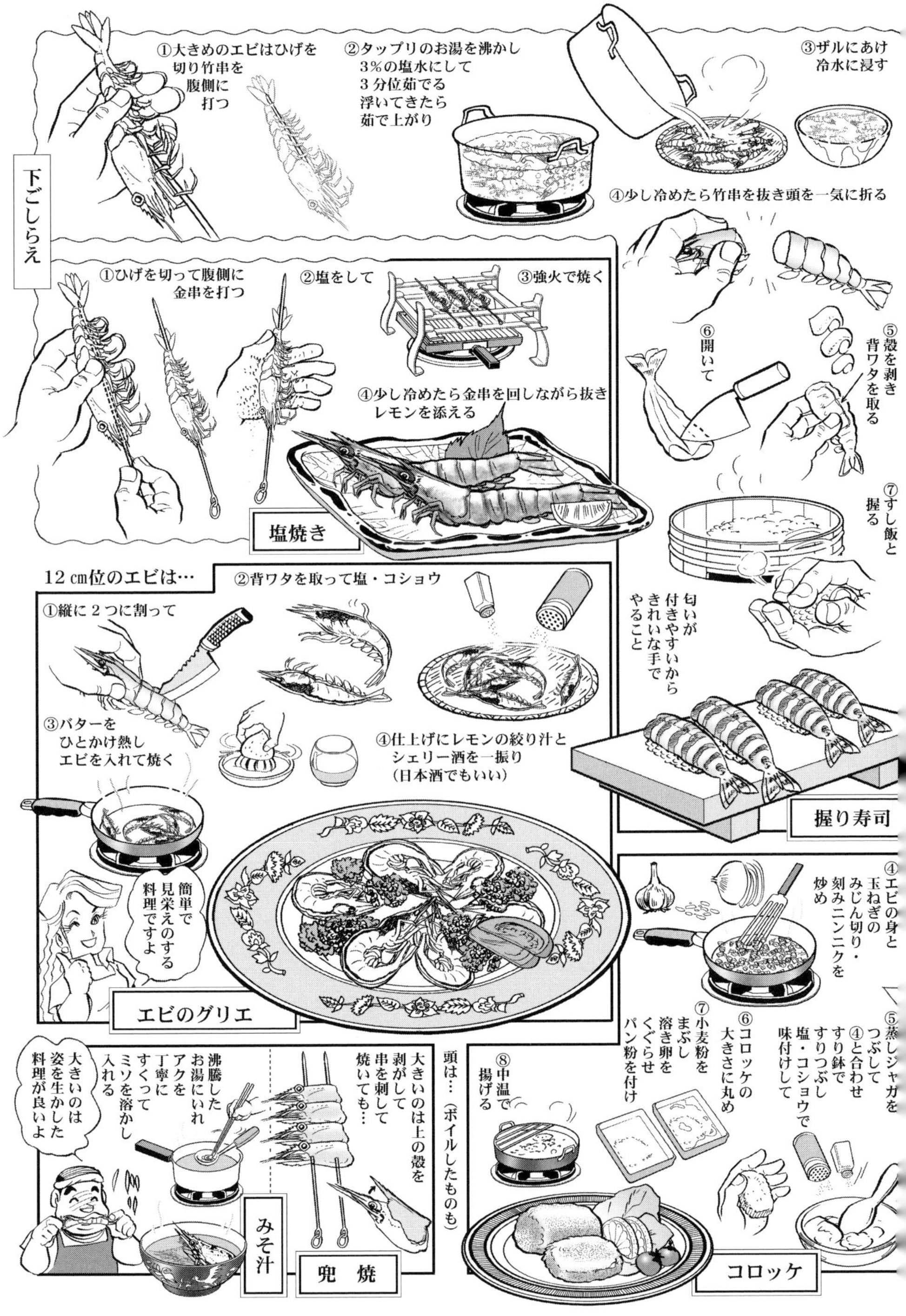
下ごしらえ
①大きめのエビはひげを切り竹串を腹側に打つ
②タップリのお湯を沸かし3％の塩水にして3分位茹でる浮いてきたら茹で上がり
③ザルにあけ冷水に浸す
④少し冷めたら竹串を抜き頭を一気に折る
⑤殻を剥き背ワタを取る
⑥開いて
⑦すし飯と握る
匂いが付きやすいからきれいな手でやること
握り寿司
①ひげを切って腹側に金串を打つ
②塩をして
③強火で焼く
④少し冷めたら金串を回しながら抜きレモンを添える
塩焼き
12㎝位のエビは…
①縦に2つに割って
②背ワタを取って塩・コショウ
③バターをひとかけ熱しエビを入れて焼く
④仕上げにレモンの絞り汁とシェリー酒を一振り（日本酒でもいい）
簡単で見栄えのする料理ですよ
エビのグリエ
④エビの身と玉ねぎのみじん切り・刻みニンニクを炒め
⑤蒸しジャガをつぶして④と合わせすり鉢ですりつぶし塩・コショウで味付けして
⑥コロッケの大きさに丸め
⑦小麦粉をまぶし溶き卵をくぐらせパン粉を付け
⑧中温で揚げる
コロッケ
頭は…（ボイルしたものも）
大きいのは上の殻を剥がして串を刺して焼いても…
兜焼
沸騰したお湯にいれアクを丁寧にすくってミソを溶かし入れる
みそ汁
大きいのは姿を生かした料理が良いよ

95 ワカサギ 鰙

ワカサギは関東地方の名と言われたが、今や全国的・一般的な名前。２～３年生きる大きな物もいるが、５～７㎝の当歳が一番美味い。

秋から初冬はボートで
釣れたらブク付きバケツや
オケに入れておくと食べたエサを吐き出すよ
厳冬はドーム船なんてのもあるよ
外は雪でも中は真夏のように暑い～
みなと
ドーム船は貸し道具付きで2時間体験パックなんてのもあるよ

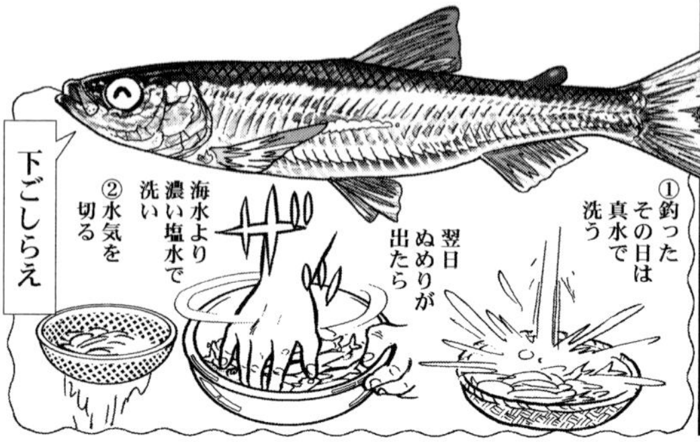

下ごしらえ
①釣ったその日は真水で洗う
翌日ぬめりが出たら
海水より濃い塩水で洗い
②水気を切る

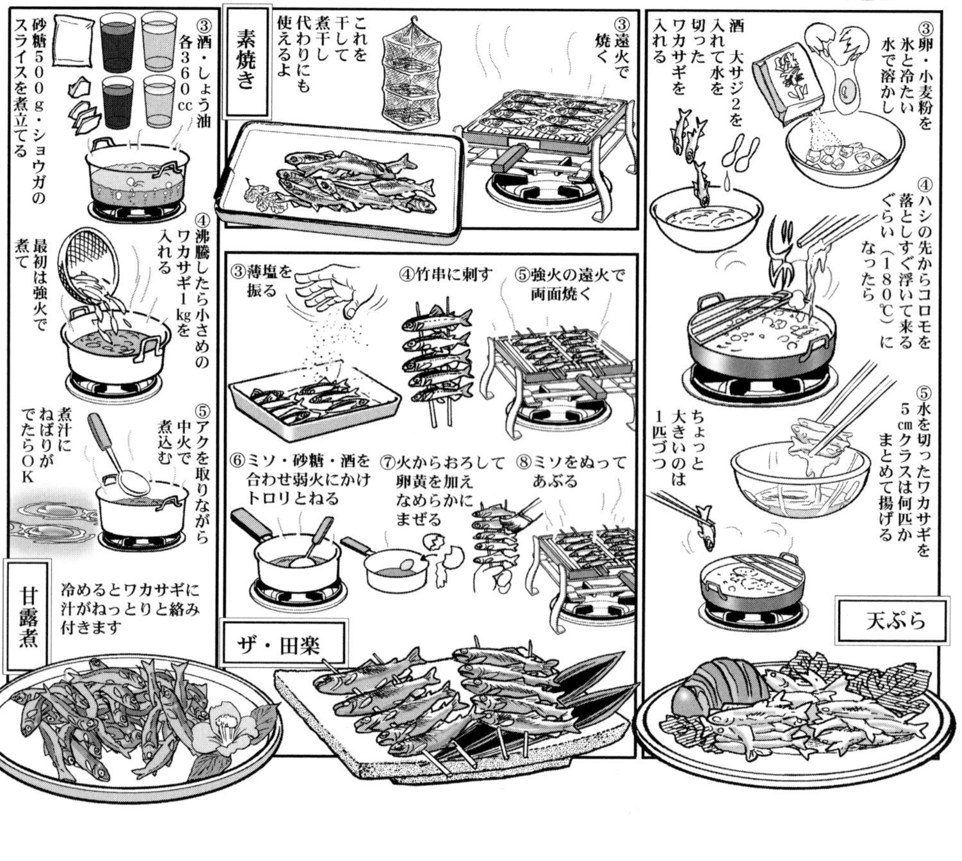

天ぷら
③卵・小麦粉を氷と冷たい水で溶かし
酒大サジ2を入れて水を切ったワカサギを入れる
④ハシの先からコロモを落とすとすぐ浮いて来るぐらい（180℃）になったら
⑤水を切ったワカサギを5㎝クラスは何匹かまとめて揚げる
ちょっと大きいのは1匹づつ
素焼き
③遠火で焼く
これを干して煮干し代わりにも使えるよ
ザ・田楽
③薄塩を振る
④竹串に刺す
⑤強火の遠火で両面焼く
⑥ミソ・砂糖・酒を合わせ弱火にかけトロリとねる
⑦火からおろして卵黄を加えなめらかにまぜる
⑧ミソをぬってあぶる
甘露煮
③酒・しょう油各360cc
砂糖500g・ショウガのスライスを煮立てる
④沸騰したら小さめのワカサギ1kgを入れる
最初は強火で煮て
⑤アクを取りながら中火で煮込む
煮汁にねばりがでたらＯＫ
冷めるとワカサギに汁がねっとりと絡み付きます

コブ巻き
③一夜干しにする
④ワカサギを2匹ぐらいしんにして昆布を巻き
かんぴょうでゆわえる
⑤しょう油・酒各2・砂糖1で
⑥とろ火で2〜3時間煮る
空揚げ4種
③A 小麦粉に粉チーズと塩少々
③B 小麦粉にたっぷりのコショウ
③C しょう油・ミリン・おろしショウガに漬け込んで
③片栗粉をまぶすだけ
④低めの油で泡が出なくなるまで揚げる
大きいのは一度冷ましもう1度揚げる
⑤これだけで4つの味が楽しめる
普通の空揚げに青海苔や七味を振りかけるだけでも違う味が楽しめるわよ
空揚げのオニオン添え
⑥砂糖・ミリン・酢を合わせ火を通す
⑦タカノツメをハサミで細かく切る
⑧玉ねぎを千切りし水にさらす
⑨器に空揚げを下にして玉ねぎをのせ再び空揚げをのせる
魚
⑩玉ねぎとタカノツメをふりかけ⑥の三杯酢を振りかける
南蛮漬け
⑥ミリン・酒・酢・砂糖同量にしょう油をちょっと色付け程度に入れて煮立て
⑦玉ねぎスライス・タカノツメのミジン切りをかけ⑥をかけて保存
⑧1日たったら召し上がれ
バター焼き
③強火でバターを溶かし
④ワカサギを入れゆすりながら焼く
⑤トマトを輪切りにして
⑥トマトを器に敷きその上に焼いたワカサギをのせる
⑦レモン汁かポン酢お好みでどうぞ

96 マダラ

真鱈

旬は冬とされ、白子が多い時を喜ぶが、釣りとしては産卵の為か180mぐらいの浅場に来る夏～秋が狙い目。

ずいぶん釣れたね
マダラは群れで移動しているから
その群れに当たれば大漁さ
今日は運が良かったよ

マダラの刺身って釣った人しか食べれないんでしょ
楽しみだわ～
マダラの旨味成分のイノシン酸は分解が早いため鮮度の落ちるのが早く特有の臭いが出るから
一般には塩をして冷凍した切り身しか流通しないよね
白身魚は身持ちが良いと言われるが
イシモチとマダラは例外ってわけさ

⑤袋ごとの卵に多めの塩を振る
⑥重しをのせて1晩置く
⑦食べやすい厚さに切る
真子の塩漬け
⑤肝を適当な大きさに切り
小麦粉をまぶし
⑥オリーブオイルとバターを熱しニンニクのスライスを炒め肝を焼く
⑦炒めた玉ねぎスライスを敷いてのせる
肝のフォアグラ風
⑤ニンジンを薄く小さく切って炒め
卵を加えて更に炒める
⑥しょう油少々と酒の煮汁で汁が残らないぐらいに弱火で焦がさないよう煮込む
こっこ煮
⑥肝とミソを酒で溶いて切り身を1～2日漬け込む
⑦遠火の強火で焼く
ミソ焼
⑥骨付きの片身をやや大きめの一口大に切る（1人分200～250g）
⑦豆腐と好みの野菜を用意する
⑧白子を一口大に切ってのせる
⑨ダシ汁にミソを溶きタップリとそそぎ入れる
白子は関東ではキク東北ではダダミって言うんだよ
※3日ぐらい時間がたってからこれをやる時は…魚など生ものを先に入れて出たアクをとって酒少々追加して野菜を入れる
白子鍋（ダダミ鍋）

下ごしらえ
①ヌルが強いからしっかり押さえ
ウロコをこそぐ
②塩をまぶしてウロコと
ヌルを水洗い
③水気を拭き取り肛門から浅く包丁を入れ
数回にわけてなぞって切り白子や真子が
あったら傷つけ
ないように
エラと内臓を出す
④胃袋や腸などを切り離し
肝と白子・真子は
血管やヌメリを
流水で洗い
臭みが苦手な
人は2～3割り
日本酒を入れた
氷水に漬けておく
⑤もう1度腹の中などを
洗い水切りして頭を
切り離し
肩口から刃を
入れ2枚に
おろす
⑥腹骨をすき取り
骨の無い方を
サクにして
皮をそぐ
刺身
⑦中骨を丁寧に抜きそぎ切る
⑧皮を適当な大きさに切る
白子・真子・肝も
一口大に切る
昆布じめ
切り身に薄く塩を振る
⑧昆布に酒をしみ込ませた布巾で拭き
⑨タッパに昆布を敷き身と昆布を交互にかさね重しをのせる
⑩1日冷蔵庫に寝かせて刺身風に切る（直ぐに食べたい時は薄切りを酒でやわらかにした昆布で挟むと1時間でもOK）
子つけ
⑪卵を茹でてほぐし軽く炒って
⑫昆布じめにまぶす
シャブシャブ
⑨鍋にダシ
昆布と水を入れ
沸騰させる
⑩好みの野菜を用意し
タラの身はサッと
汁にくぐらす
程度　野菜は
しっかり煮る
鮮度が良いから出来るシャブシャブです
⑪ポン酢でどうぞ
白子の天ぷら
⑤白子にひとつまみ塩を振りヌメリを取る
水で洗い水気を切り
⑥一口大に切る
⑦普通の天ぷらの衣のやわらかさに小麦粉をとき
⑧中温で揚げる
レモンか塩で召し上がれ
さつま揚げ
⑦白身を千切り
たまご　酒大さじ1
塩少々　砂糖小さじ1
片栗粉を
フードプロセッサーで混ぜるまたは包丁でたたく
⑧ニンジン・ゴボウの千切りに枝豆などを入れて混ぜる
⑨手で薄くして揚げる
兜蒸し
⑥頭部をよく水洗いしてから塩を振る
⑦蒸し器で15分ポン酢で召し上がれ
マダラの脂肪含有量は100g中0.2gと極端に少ないので胃腸に負担がかからないから
・ダイエット食・病院の給食・幼児の離乳食・お年寄りの食事にも重宝されるのね

鮮度が悪いと出来ないので、特にお勧めは天ぷらとさつま揚げ。淡白な味が際立つ。更に卵を入れた事でフンワリ。一般のさつま揚げとは違い味も良くなる。

97 キハダマグロ
黄肌鮪

幼魚期はメバチと区別のつきにくい魚もいる。肉質はマグロより薄い色で黄桃色。あっさりした味だが25kgをすぎると脂が乗り出す。

おおっ でっけえ〜
ひい〜
近年の温暖化のせいか？ いろんな所でキハダが釣れるようになったわね
もう横になって回りだしたから力が尽きて来た証拠だよ
ぐん ぐん
ひゃあ
き 記念撮影
近づかないで！
激しく動いている尾に足なんか当たったら骨折だよ
頭の少し窪んでる所を締める
はい もういいよ
ははは やった〜
胃袋の煮物・焼き物
③胃袋を切り開き
④中をきれいに水洗いし湯通し
⑤食べやすい大きさに切る
⑥酒・しょう油・ミリンで煮る
⑥酒で煮て市販の焼き肉のタレに一晩漬け込む
⑦焼く
マグロハンバーグ
⑥マグロ（尾の方で良い）とタマネギを細かくみじん切り
⑦ミソ少々 ・ショーガ汁 ・タマゴ ・パン粉 ・片栗粉を入れて混ぜる
⑧形をととのえ30分位冷蔵庫で寝かせる
⑨油をひいて両面こんがり焼く
⑩ウスターソースとケチャップ・しょう油を一滴混ぜたソースをかける
簡単！照り焼き風
⑥適当な大きさに切って・酒・しょう油同量（甘めが好みならミリンも加え）マグロを浸し1時間漬け込む
⑦油をハケでぬって熱し魚を入れ
⑧1分1分位で両面に焦げ目を付け
⑨漬け汁を少し入れフタをして30秒

マグロ・カツオ類は身に鉄分が多いため切って空気に触れると酸化し劣化が始まります。包丁を入れて刺身風に切った物は時間を置かず食べるか空気に触れないようにしましょう。

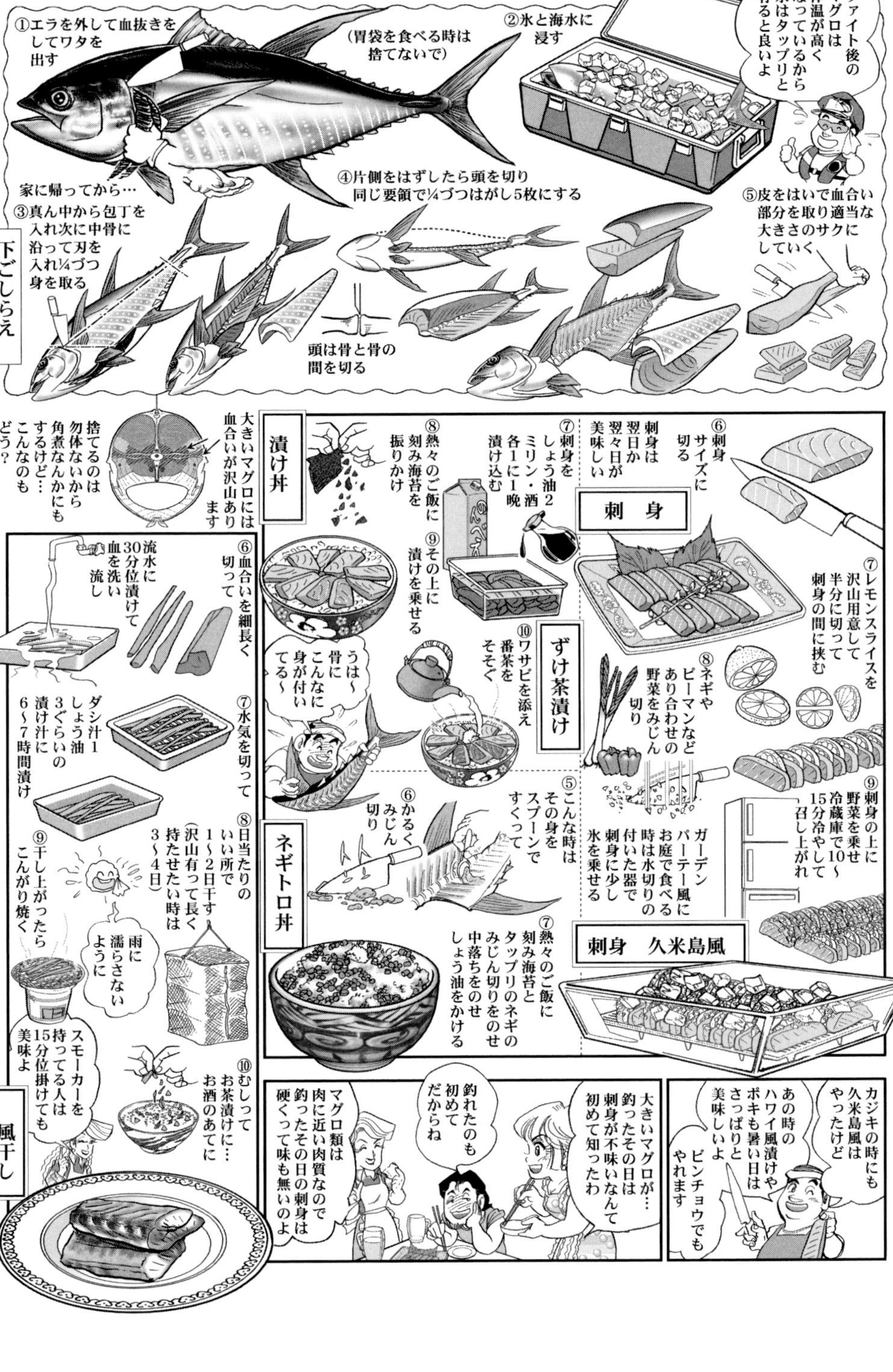

下ごしらえ
①エラを外して血抜きをしてワタを出す
(胃袋を食べる時は捨てないで)
②氷と海水に浸す
ファイト後のマグロは体温が高くなっているから氷はタップリと有ると良いよ
家に帰ってから…
③真ん中から包丁を入れ次に中骨に沿って刃を入れ¼づつ身を取る
④片側をはずしたら頭を切り同じ要領で¼づつはがし5枚にする
頭は骨と骨の間を切る
⑤皮をはいで血合い部分を取り適当な大きさのサクにしていく
大きいマグロには血合いが沢山あります
捨てるのは勿体ないから角煮なんかにもするけど…こんなのもどう？
刺身
⑥刺身サイズに切る
刺身は翌日か翌々日が美味しい
⑦レモンスライスを沢山用意して半分に切って刺身の間に挟む
⑧ネギやピーマンなどあり合わせの野菜をみじん切り
⑨刺身の上に野菜を乗せ冷蔵庫で10～15分冷やして召し上がれ
刺身　久米島風
ガーデンパーティー風にお庭で食べる時は水切りの付いた器で刺身に少し氷を乗せる
漬け丼
⑦刺身をしょう油2ミリン・酒各1に1晩漬け込む
⑧熱々のご飯に刻み海苔を振りかけ
⑨その上に漬けを乗せる
ずけ茶漬け
⑩ワサビを添え番茶をそそぐ
うは～骨にこんなに身が付いてる～
ネギトロ丼
⑤こんな時はその身をスプーンですくって
⑥かるくみじん切り
⑦熱々のご飯に刻み海苔とタップリのみじん切りのネギの中落ちをのせしょう油をかける
風干し
⑥血合いを細長く切って
流水に30分位漬けて血を洗い流し
⑦水気を切って
ダシ汁1しょう油3ぐらいの漬け汁に6～7時間漬け
⑧日当たりのいい所で1～2日干す(沢山有って長く持たせたい時は3～4日)
雨に濡らさないように
⑨干し上がったらこんがり焼く
スモーカーを持ってる人は15分位掛けても美味よ
⑩むしってお茶漬けにお酒のあてに…
カジキの時にも久米島風はやったけど
あの時のハワイ風漬けやポキも暑い日はさっぱりと美味しいよ
ビンチョウでもやれます
大きいマグロが…釣ったその日は刺身が不味いなんて初めて知ったわ
釣れたのも初めてだからね
マグロ類は肉に近い肉質なので釣ったその日の刺身は硬くって味も無いのよ

調理器具 包丁

包丁からナイフの刃物類は、ものすごい種類があるが主に使われるのは…

洋包丁 炭素含有量が高く油で焼き入れされる

①牛刀（元々は肉切り用　その小さいのがペティナイフ）

②文化包丁

③三徳

④サーモンナイフ（パン用）

⑤骨スキ

洋包丁は他にも皮剥用や冷凍ナイフ骨切り用のチャッパーナタやカービンナイフ、腸裂き用等がある

中華包丁 世界一番幅広で重い

和包丁 高価な物は刀剣の技術が生かされている

①出刃

②柳刃（刺身包丁）

③菜切り（牛刀形の文化包丁が出回るまで包丁と言えばこれだった）

④薄刃（ダイコンの桂むき等に使う）

⑤うなぎ・アナゴ裂き

⑥そば切り

和包丁は他にマグロ用やタコ専門寿司用など用途によって細かく作られている。アナゴ裂き等は地方によって形が違う。

材質も、より高質のハイステンレスやセラミックなど色んな材料が使われている。

セラミック ピンクやホワイト花柄模様が付いたのもある

ついでに各部の名称はこんな感じ

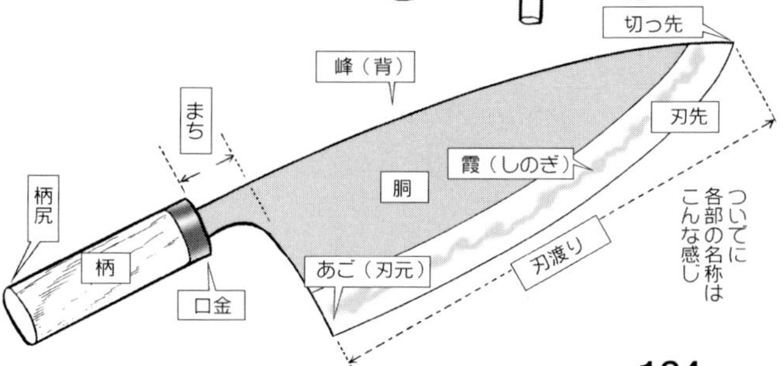

＊霞は鉄と鋼とが結合している部分で、刀で言うなれば波紋。ステンレスや鋼の無垢でできている物にはない

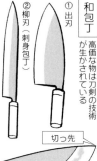

セラミックは、何時も変わらぬ切れ味が売りの包丁ではあるが…面に対し直角の力が加わると
割れると云う不安がある
揃えるなら
魚おろし用としては
①出刃（刃渡り18ｾﾝﾁクラスの物）
②柳刃（刺身薄切り用）
③小出刃（刃渡り10ｾﾝﾁぐらいのもの）
④オールマイティ用に文化包丁1本
この4本あれば大丈夫だな
一つ注意は包丁の重さ
押し切るのにいいだろうなんて名工の重めの物を買ったら使ってもらえないな～んて事もあるわよ
こよい こてつは
選ぶときは…
柄尻から峰（背）を見てまっすぐに伸びている物
曲がったり傾いている物はダメ
持ってみてアゴ（刃元）の部分に重心のある物が作業が長引いても疲れない
刃先の重い物はだめ！
どんな硬い骨でも間接のつなぎ目を切れば切れるわけだから
薄地の洋包丁でも切れるわけだし
一般家庭の魚料理で押し切るというのは
そんなに無いわけだからあまりすごいのは…
せっかく先輩がああ言ってくれてるんだし
でもボート買って間もないし…
現代の名刀剣工が
見栄っ張りプロじゃないんだからウン十万円もする包丁はいらないの！
包丁の値段は、安いのは1000円位からとピンキリだけど、3000円位でも使える物はあるし、和包丁の出刃で5000円～1万円が目安。あまり使用しないなら錆びにくく黒打ちにしたレトロな包丁もある
わしの知り合いで包丁はいいものを沢山持っているけど…
そこの奥さんは刃渡り17ｾﾝﾁのサバイバルナイフがお気に入りでタイやヒラメはもちろん！45ｷﾛ級のマグロもそれ一本で下ろして
箱から出してももらえないのね
大虐殺
青いビニールシート
刺身に薄切りする時は見事牛刀でやってのける
へぇえ
ほっ
ようは使いこなす事だよ
あ～ん決めのセリフ言おうとしてたのに～

調理器具 ウロコ取り、ハサミ、砥石

見栄はらずに普通の包丁で落ち着きましたけど…
あとはどんな物が必要ですかね…
まずウロコ取りでしょう
魚にはやっかいなウロコがあるものね
ウロコ取り
一見すごいと思える…が
裏
この穴へウロコが入って飛び散らないと言うじゃな～い…でも そんなにうまくいくかしら
昔ながらのウロコ取り 500円ぐらいからと安価だがウロコが盛大に飛び散る欠点あり
専用の流し場を持つプロならいざ知らず，狭い自宅のキッチンでは飛び散ったウロコは完璧に捜索し回収しないと後で悪臭の元となる
でも…近頃マーケットでなかなか見かけないですよね
う～む
ハンズや専門店に行った方が選べる…わな
なかにはけっこうバカげた物まであるわよ
ウロコがほとんど飛ばず大きい魚から小さい魚までまるでバリカンで刈り込むみたいにオールマイティなのは…アメリカ製のプラスチックの物だが日本ではなかなか手に入りにくい
3～4$ぐらい
…で同じ発想のこんなのも発売されているが…
小さい物は使える
その他にはキッチンバサミね
また先に言う…
キッチンバサミ
(なんと100円からあるけど安い物は壊れやすいかも…けど イシモチの血抜きには大丈夫)
中国製
毒のあるオニカサゴ類のヒレを切ったり
タチウオのキケンな歯を切ってしまったり
吾作の持っているヘンケル製は当時は高かったけれど30年近く前に買って今だに刃こぼれ一つ無く良く切れる
あと必要なものは…
砥石かな

魚をおろしている最中でも切れあじは落ちていくから
そんな時いちいち研いでいるの面倒だし
焦ってやると大変よ
段ができてよけい切れなくなるし
さっと切れあじを戻すならシャープナー（1500円ぐらいからあってどれも基本原理は同じ）
砥石
……で魚おろしが終わった後に心静かにじっくり研ぐなら
他意はないわよ…ね
荒砥・中砥仕上げ砥の三つあり・・・刃こぼれ用に荒砥と仕上げ用に仕上げ砥石を
面倒なら中砥1つを用意するだけでもいい
水に20分ぐらい漬けて水分をふくんで泡が出なくなってから始めよう
サンドペーパーと同じに番号がついていて数が多いのが仕上げ砥 荒砥で600番台 中砥で800～1000 仕上げ砥で8000番ぐらい 値段は、これもピンキリあるけれど2000～5000円ぐらいが目安
包丁とウロコ取りと砥石でこれをお料理三種の神器かな
おっと肝心なまな板忘れてた
いいのは木のまな板…だけど…
おろした後生臭みを消すのに塩洗いしたり…と始末が面倒でプラスチック製がお勧めかな
何年か前からうちでもプラ製になってしまった…
吾作
一つ注意は…ヌルの強い魚をおろした後など中性洗剤で洗っただけではダメ！塩洗いした後に中性洗剤で洗っておかないとばい菌が繁殖して夏などに悪臭を放つ
あと必要な物は…金串
熱してから使うと消毒に成るし刺さりやすい
？
焼きものなど品良くやる時に必要なのよ
…できれば七輪と…
バーベキュー用の炭はすぐ火力が変わるのでダメ できれば備長炭だが高値なのと火のつきが悪く火が落ち着くまで時間がかかり過ぎるのでナラ炭（6㎏2～3000円）でいい 魚を焼くアミは七輪なら100円ショップのモチ網でいいがガスで焼くなら二重式のように付きにくい物 釣り人たる物グリルで焼いた焼き魚は間違っても人に勧めてはダメ！
この間はごちそうさま七輪で焼いた魚美味しかった
グリルで焼くのが一番マズイ
魚に煙がまわって油くさく
金串はこんな使い方もできるわよ
ドス
ドス
ドス
女房やくほど亭主もてはせず…てね
それもなんか腹立つ言い方

調味料
醤油、味醂、塩、酒
油っこい洋食や中華料理に比べ魚料理は淡白繊細
その味を大切に味わい楽しむ為には調味料もこだわって下さい
八海山
本ミリン
塩魚汁《しょっつる》
時々 マーケット等では1ℓ300円もしない格安目玉商品の醤油が販売されますが…
これは正しくは醤油ではありません
えっ？
醤油
醤油は大豆と小麦食塩でじっくり1年かけて発酵させて作られるが…
格安醤油は正しく言えば『じょうゆ風味調味料』とも言うべき物で…
サラダ油等を摂った脱脂加工大豆のカスを塩酸で溶かし
苛性ソーダで中和しアミノ酸で旨味を味付けし着色料で醤油の色を付け食品添加物15種類ぐらいを入れて作られる
そのため作るのに1カ月位で出来るから安く売る事ができるが
焼き物に使ったときなど醤油本来のコゲる良い匂いがしない
みりん
本物は焼酎ともち米・米こうじ等で半年か～1年かけて作られるが…
やはり格安の物は米やトウモロコシをアルコール発酵させた『発酵調味料』や
シロップにグルタミン酸ナトリウムや酸味料で味付けしカルメラや色素で整えた『みりん風味調味料』とも言う物で
ミリン
サバの煮物などを作ると照りが出なかったりすぐ生臭くなる
純米みりんで作った物は2～3日たってもピカピカ照りがあるし生臭くもならず煮崩れもしない

塩
◎専売公社の塩
電気とイオン交換膜で作る。
1番安いが…
NaClという化学式で書ける程純度は高く大手食品の食糧に大量に使われている。
体内に摂取されると排出できにくい
◎輸入塩
メキシコやオーストラリア中国製等を製品化したもの
◎再生加工塩
輸入した塩を海水で溶かし塩化マグネシウムなどを加えたもの
◎自然海塩
日本古来の塩の作り方で作ったもの。うっすらとした甘みを感じる。固まる欠点があるがニガリ入りの天然塩
味
本ミリン
調味料
生
味 塩こしょう
バター
天然塩なら摂りすぎても水が飲みたくなるだけ…よ
日本酒
●純米酒
米と米こうじで作られるこの中に吟醸や大吟醸があり混じりけ無し正しく日本酒と言えるのはこれだけ
●本醸造酒
米と米こうじで作った1本の酒で何本か作られる足りないぶんは醸造用アルコールを加え味を整え添加物で味調整
●普通酒
醸造用アルコールをベースに・水・糖類・酸味料・添加物で味を整える。正しくは日本酒ではない。
●合成酒
醸造用アルコール・ブドウ糖・水あめ・グリセリン・コハク酸・乳酸・グリシン・グルタミン酸ナトリウム・アラニン・着色料・酸性リン酸カルシウム・香料等で作られる添加物まみれ。2ℓで1000円位の酒はお椀2～3杯500～700gの白砂糖が入っている
お酒もこんなに違うよ
千寿
久保田
冷酒
体裁よくビンに入ってるけど…
のんべえ
醤油の味が硬いと言う人は科学調味料を使わずこんな工夫を
昆布1枚醤油に浸しておく
小出しに使う
お酢も味噌もできれば無添加の物を
生
無添加
調味料を本物にしたところでそんなにガボガボ使う訳ではないから…食卓の経済負担は少ないはずですよ
本物調味料は美味しいでガス
こら!
それで美味しく健康も保てるってわけよね

保存法
締め
せっかく釣り立てのおいしく食べれる魚も…最悪～
これじゃ刺身はムリね
釣りに忙しいのはわかるけど
釣られたお魚さんも成仏できないよ
うまいんだから…うまく食ってよ……ね
ぞぞ
生殺しにしてたら筋肉内の糖質は燃え尽きても甘みもなくなってしまうだろうし
時間がたつと血が魚体中にまわりはじめ下身が赤くまずそうになるよ
?
あっ たまにマーケットなんかであるわね
ワーセ
ウーセ
ワーセ
大量に捕れる魚はイチイチ血抜けをしてないからだよ
よ、釣れたぞ
ちょうどよかった
刺身で食べる魚はやっぱり締めなくちゃ
ちなみに…釣ってすぐ締める事を『野締め』生け簀に生かされている魚を締めるのは『生け締め』と区別して言うんだ
で
締める時に注意すればいい事…って…わかる?
わっかりまぜ～ん
見てくれを気にする姿造りなんかに使う魚には傷をつけないようにするってこと
じゃおろせないじゃない
裏に刃を入れればいい～って事
な～んだ
①中骨の山高骨の間に刃を当てて押し切って

②尾の付け根も切って
③タイやスズキヒラメ等の血の少ない魚は曲げて血をしぼってから…
④海水で洗う
カツオやメジ等の血の気の多いものは
①エラの付け根を切って
②海水を入れたバケツの中で放血させる
サバ等はエラをはずしてバケツに入れる
①コチは尾をしっかりつかまえて頭の付け根へ出刃の刃元を当てて切る
②尾に近い中骨も包丁を入れて折る。
※小さい魚はコチと同じ淡水のコイなんかもこのやり方だよ
その他の魚
イカやタコは目と目の間を
鋭いアイスピック等で刺す
アイスピック…
あぶない人…じゃなかったのね
あとは大きなクーラーと氷…
魚がひたるぐらいの海水でもいいんだけど…
このままだと帰り道のカーブ等で魚がいたむから…
いてて
ムギュ
…って死んでるだろ
やはり氷をくだいて氷水にするのがいいが…
ただし
プロは…
①新聞紙などにくるんで
②さらにビニール袋に入れたりして、氷を敷いた上へのせ
③上からも氷をかける
万一…氷が溶けていたり、なかった場合は…
中骨を切ったら頭を折りその中骨へ細いアイスピックを刺して神経を殺す。
え～
この方法は魚が水っぽくなるからってプロはやらないんだって…
おいしい知識はすごいけど…
食べるには釣らなくっちゃ…ね。
それともうち来る？

保存法

冷蔵、冷凍

冷凍なら急速冷凍を！

おせち料理は釣り場直送の新鮮組
自分で釣った魚で正月をエンジョイしましょう

ちょっと待って
大きな魚のどこをどうやって食べるか考えましたか？大切な命をいただいた魚ですから大切に使いたいですよね
ズバッとおろして刺身で食ったら残ったのは焼き物か？煮物か？
はあ？
粗末にすると化けて出たりして
おいおい
例えば…3㌔位のマダイならこんな具合に
煮物用
刺身または煮物
鍋物用
焼き物・煮物
ヒレ酒用
よし！
…と決めてから初めて下ごしらえ
お正月まであと1週間ぐらい…と言う時なら大丈夫！
下ごしらえ次第ではずいぶん長い間新鮮に食べられるのですよ
元旦
30
29
28
26
27
2度と釣れないかもしれない大切な魚なんだから
鮮度良く保存しなくっちゃ
お正月の不意のお客様に焦らないためにも
ん？2度と釣れない
…ですがちょっと待って
え〜またなの？

下ごしらえ
①まずエラとワタを取る
ウロコは落としちゃダメよ
②背骨の下の血を出刃でこそぎ落とすかタワシや歯ブラシでしっかり取る
残ると臭みの元よ
イカは胴と足を外してワタをきれいにこそぎ
冷蔵
正月まで1週間以内なら
③うす目の食塩水で洗い
④ペーパータオルなどで水分を拭き取る
⑤形が崩れない程度に腹の中やエラ部にペーパータオルを詰め込む
⑥ペーパータオルで二重ぐらいに包みビニール袋に入れてパーシャルか氷温で保存
ガサガサ
適度に水分が抜けて身のしかりした刺身が食べられます
水っぽく普段あまりありがたがられない魚もビックリするほど旨くなるよ
冷凍
お正月まで…10日以上あるなら
水分が抜けないようにビニール袋で包む
ハナダイや小ダイなら薄い食塩水ごとって言う方法もあります
溶かすとき時間が掛かるけど一番味が変わりません
セルロイド状の軟骨や目玉も取り刺身用と煮物用は別にラップに包む
刺身用
ワタ
煮物用
ワタと別にすることで冷凍中のワタ焼けが防げる
アマダイ つまみ用 中骨 12/28
ヒラメ 刺身用 12/30
部分で冷凍する時は…松皮造りのようにする物は皮を付けたまま普通の刺身用は皮を引いて冷凍庫へ
食べる30分～1時間前に出してシャーベット状の物を薄く切る
タチウオは古くなると銀ぱくが生臭くなるのでピカピカの銀ぱくをこそぎ落としヒレから1身の方に伸びている小骨も取る
天ぷら用や唐揚げ・フライ用はパン粉やカタクリ粉をまぶしてから小分けしてレッテルをはって冷凍
4 5 6 7日 8 9 10 11 12 13 14日
上の状態で鯛やメジナ等白身の魚は1週間ならピンピン
イナダ等の青物は状態が良ければ2週間近く持つけど…ま、釣り人は鮮度の良いうちに食べましょう
やっちゃいけないのは魚の上に他の物を乗せないこと!
ドッ
ドッ
すご～
形が崩れるのね
注2 冬は温度差の激しい冷蔵庫の中は意外なほど腐りやすいことも事実なので肝に命じて冷蔵庫を過信しないよう
釣り人でグルメならこのぐらいは常識…だね
いつも獲物の少ないパパはお魚を大切にするのでした
年末に釣りに出かける時はあらかじめ保存を頭に入れて出かけるってのがいいよね
がっ

保存法 スモーク

あんまり美味しくない小さいニジマスなんか
ビックリするくらいのいい味になるよ。

飲み会のつまみ釣ってきたぞ〜
お〜っイシモチ ちゃんと血抜きはしてきたでしょうね
もっちろんさ 釣ったらすぐエラの後の心臓（小さい玉）を切って放血させ
血が出なくなったら氷の入ったクーラーへ入れて来たから鮮度は最高
ブライン液は作ってある？
はい もう冷えてるわよ
夏は濃いめ 冬はひかえめ…ね
煮立てて溶かして冷やす
ブライン液（ソミュール液）とも言う 水1ℓに対し粗塩100〜150ｇブラウンシュガー50〜120ｇ 吾作は奄美のうす茶の砂糖を使っている 白砂糖や三温糖は化学薬品！使っちゃダメ！
下ごしらえ
①ウロコを取りエラ・ワタを出し
まとめてやっているとまたヌルが出るから塩をまぶしてヌルを洗い流す
注・中骨周りの血合いもきれいにこそぐこと
②水切りしたらブライン液に浸して冷蔵庫に6〜8時間 塩辛いのがいやな人は3〜4時間
小さいニジマスなんか3時間で十分 アユみたいに皮の薄い魚はもっと少なくっていい
③ブライン液を捨て塩抜きをする
※時々魚をひっくり返し水道の水を30分〜1時間流す
ちょろちょろ
水の冷たい冬の方が美味しく出来る訳…よね
④魚の水分を取り腹の中はペーパータオルでふき取り
GABAN
ブラックペッパー
⑤ブラックペッパーを腹の内側にすりこんで ツマヨウジを半分に折って腹がくっつかないようにして涼しい所で2時間ぐらい干す
またはこんな物を作って冷蔵庫で干す（夏場はこれ）
テリが出たらスモーク開始
スモークチップがあると…
ふいのお客さんには中華鍋とモチ網で…
安いハンバーグや塩ジャケしかなくともチップをひとつまみし
5〜10分スモークして焼けばごちそうに早変わり
HICKORY
いい匂い
薫製の香りって嫌いな人超少ないよね
同じ要領でスモークフレーバーを楽しむにはバーベキューコンロは炭を使うタイプ
炭を使うのが面倒という人はラバロック（溶岩）使用のバーナーが良い

こんなのが
あってね…
⊙冷燻（15～30℃で1～3週間かかる本格的なもの。熟成完成に1～3年なんて生ハムもこれよ設備がないとムリ）
⊙温燻（40～60℃で5～12時間。時間は掛かるが一番失敗がない）
⊙熱燻（80～100℃で30分～1時間。短時間で出来るが焦げたりする欠点がある）
高さ1mくらいの温燻器
大物用のパイプ
網棚は3段
たれてくる油受けがある
こちらの2つは熱燻用　小型です
自分で作ってみたい…なんて人は一斗缶を重ねた物や段ボール箱で作ってもできるよ
大きい魚は吊す
煙抜きの穴をあける
段ボールのときは燃えないようアルミ箔などを貼る
小物用の網棚
油受け
小さい電熱器と20㎝ぐらいのフライパン（テフロン加工はダメ）
スモークチップやウッドタイプはルアー店や東急ハンズなどで5～6種類販売されていてその日の気分で使い分ける
SMOKE CHIPS
SMOKE CHIPS
HICKORY
例えばちょっと甘めの香りが欲しいときはチェリーとか…魚に無難なのはナラ・ブナ・オニグルミヒッコリー・アップル
平に入れ灰になったら変える
⑦フライパンを取りだしそのまま乾燥に入る
⑧魚の身が締まってきたら出来上がり
夏場、湿気が多いと時間は長く冬は、魚の大きさにもよるが6～12時間
保存する時は1匹ずつラップにくるんで冷凍用の袋に入れて冷蔵なら2週間冷凍なら2ヵ月ぐらい風味を損ねることなくいただける
その分美味さは格別
この間なんかこの網に乗る分12匹をやったら友人がみんな取りに来て
手間かかるんすね～
鼻が良いというか感が良いというか
自分で食べたのは1匹だけよ
酒のつまみでも良いし
ほぐして醤油をたらしてお茶漬け
う～んどっちも美味いわ
スモークチーズは15分よ
鶏肉やハムをスモークしてから細かく切ってご飯と炒めると薫り高いチャーハンの出来上がり…ね
肉や魚・干物が焼き上がる直前にひとつまみ入れるだけで香り高いスモークフレーバーが楽しめる
生で食べれる物は超簡単ウッドでも良いよ

あとがき

桜多吾作

　自分が初めて釣りの楽しさを知ったのは物心ついたころだが、本格的に釣りをやるようになったのは27歳で結婚して以降だ。あるとき、講談社の海の家があった南房・千倉に誘われるままに10数名で出かけたが、海はあいにくの大荒れで、船釣りは中止。だが、せっかくここまで来たのだからと、釣具屋で振出の竿と5000番クラスの大型スピニングを買って海岸に出た（底荒れのせいか掛かったのは海藻ばかりだったが）。
　その後、せっかく釣り具を買ったんだからと、仲間から誘われるたびに出かけるようになったが、なぜか自分だけが釣れない。負けん気に火がついて、釣り入門書やマップ集も買い、一人でも釣りに出かけるようになった。それでも1年ぐらいは釣れないままで、堤防で釣りをしているお年寄りにワンカップを差し出して教えを乞うと、「一人前になるには3年はかかるよ」と笑われたものだ。
　だが悩んで工夫したのが良かったのか、楽しいはずの釣りがストレスになろうとしたころにようやく釣れるようになってきた。やがて磯釣りクラブに入ったことで、いろんな釣りにのめり込みはじめた。
　中でも熱中したのはヒラマサだ。初めて行った神津島でそのパワーに魅了され、その後の半年間に新発売のカーボンロッドを12本も揃えた。内緒で買ったので、家内が天袋の竿掛けを眺めて変な顔をしているとヒヤヒヤした。
『釣りバカ大将』を描きはじめたころは、宿から「ヒラマサが出はじめたぞ」と電話が来ると、人物だけペン入れし、アシスタントに「担当さんには『夏風邪ひいて寝てる』って言っておいて」と頼んで東海汽船に飛び乗り、3泊4日で八丈島に行ったりもした。……担当さんには日焼けでバレていたようだけれど。
　銭州通いが始まって少し飽きてきたころ、「クエなんかの大物はやらないよ」と家内と約束していたのに、スキューバが趣味の友人から「騙されたと思って」と誘われて行った沖縄の久米島で、あまりの魚影の濃さに仰天、すっかりハマった。それ以来、「久米島貯金」なるものをして、最低年に1回、多いときには4～5回、もう26年も通っている（さすがに67歳になってしんどくなってきたが）。

さて、前置きが長くなったが、この『直伝！　釣りたての食卓』は、この長い釣り人生のなかでも２００５～２０１３年までの足掛け9年にわたって連載してきたものである。

本書を描きはじめて間もなく、「食べ物や周りの環境のせいで、３代先の赤ちゃんが危ない」と危惧する医師グループと知り合い、魚を取り巻く養殖やマーケットでの扱いなど、現在の環境を知ることができた。

マーケットでは次亜塩素酸ナトリウム（大手商品名ではハイター、キッチンハイター、カビキラー）などで殺菌し、色を抜くために過酸化水素や、見栄えを良くするため発色剤や防腐剤を使うなどと、信じがたいことが起こっているという。

食品添加物に至っては１５００種も使われていて、その基準たるや「○○グラムでネズミが死んだから、人間はその１００分の1なら安全だろう」といういい加減なもの。野菜も中国産だけが問題なのではなく、日本の農薬使用量は中国・韓国と競って世界トップになろうとしている。そのことは『赤ちゃんからのメッセージ』シリーズ4冊、『現代日本食事情』シリーズの牛乳・砂糖・パン・肉の4冊、『子宮頸ガンワクチンは、もういらない！』などで漫画にした。（美健ガイド社　ネット販売 03-5825-6263）

魚は、多くの食品に添加物や薬品を使用することが当たり前になっているこの日本で、もっとも手に入れやすい「未加工の食品」の一つだ。処理や調理だってそんなに難しくはない。なにより、釣りは子どもから大人までずっと楽しめる最高の趣味でもある。

安全で安心して食べられるのは自分で釣った魚のみ……という現状は寂しいかぎりだが、だからこそ釣れてくれた魚に感謝して、ありがたく大切に、そしてなるべくおいしく食べたいと思う次第。

本書を書くに当たって、長年快く教えてくれた釣宿・料理屋さんに心から感謝いたします。

■著者紹介

桜多吾作（おうた・ごさく）

1948年、山形県生まれ。石ノ森章太郎に師事し、チーフアシスタントを務めたのち独立。石ノ森のアシスタント時代に出会った永井豪との交流を経て、初のコミカライズ作品『マジンガーZ』に携わった。以降、『ゲッターロボ』『グレートマジンガー』『ゲッターロボG』『鋼鉄ジーグ』『UFOロボ グレンダイザー』など多くのSF漫画を執筆。近年ではマンガショップより『マジンガーZ［新編集 桜多吾作版］』『マッハＳＯＳ』が単行本化された。多くのオリジナル作品も発表しており、代表作『釣りバカ大将』を始めとして、趣味である釣りをテーマにした入門書や漫画も数多く手がけている。ルアーフィッシングやボート釣りの経験も豊富で、スポーツ新聞や釣り雑誌でも活躍中。

2015年 2 月 2 日 初版第 1 刷発行

直伝！ 釣りたての食卓
――漁父・料理人に伝わる釣魚の食べ方

著　者　桜多吾作
発行者　後藤康徳
発行所　パンローリング株式会社
〒160-0023　東京都新宿区西新宿 7-9-18-6F
TEL 03-5386-7391　FAX 03-5386-7393
http://www.panrolling.com/
E-mail　info@panrolling.com
装　丁　パンローリング装丁室
印刷・製本　株式会社シナノ

ISBN978-4-7759-4133-1